Piñera y Felipe: escándalo y mito

Rosa Ileana Boudet

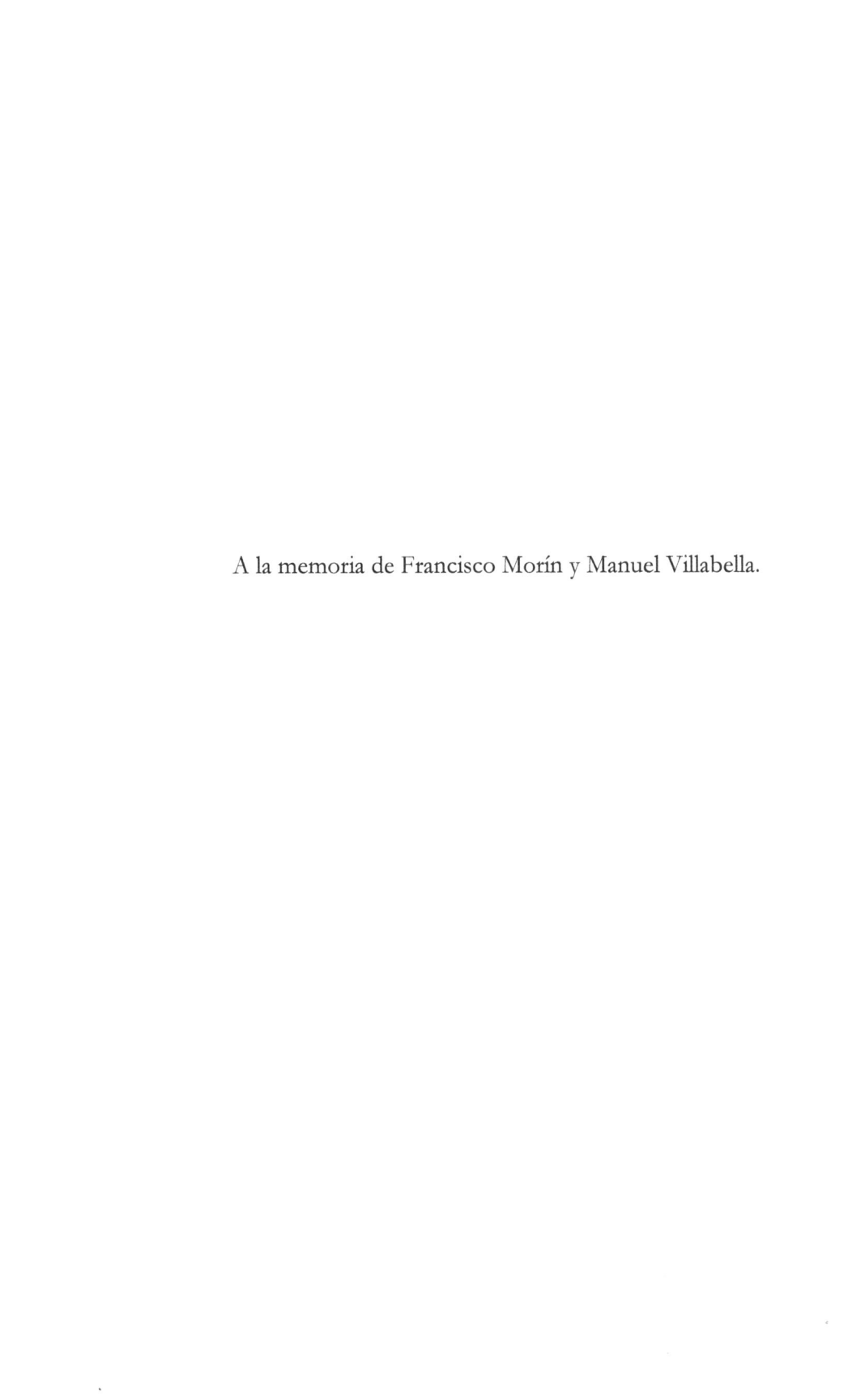

A la memoria de Francisco Morín y Manuel Villabella.

Portada: Reproducción de una portada de *Carteles* de Andrés García Benítez.

Copyright ©2019 por Rosa Ileana Boudet
Todos los derechos reservados
ISBN: 978-0-9884486-8-1
Ediciones de la Flecha
Santa Mónica, California
https://www.edicionesdelaflecha.com

Agradecimientos: A los autores de las compilaciones de obras, cartas, artículos y textos de Virgilio Piñera y Carlos Felipe.
A los archivos que atesoran esos materiales y a quienes los digitalizan para beneficio de la investigación.

Agradezco a Yasnay Cuesta Álvarez, Diana Caso García, Carlos Padrón, Lili Rentería, Laura Zarrabeitia, Eddy Díaz Souza, Juan Cueto, Lillian Manzor, Cira Romero, Enrique Pineda Barnet, Ernesto Fundora, los familiares de Eduardo Moure y muchos otros, su colaboración.
Tengo una deuda permanente con Abelardo Estorino por tantas muestras de afecto. Y con Humberto Arenal, mi vecino en Infanta y Manglar, por las discusiones amables aún en las noches en las que un norte amenazaba con derribar las ventanas.

Los ausentes más mencionados en este libro son Andrés García Benítez y Rosa Felipe. El primero, artista gráfico, decorador y vestuarista. Colabora con casi todos los empeños escénicos entre las décadas del cuarenta y sesenta a la par que realiza su obra como pintor y diseñador. Como mi intento por recuperar sus bocetos para *Electra Garrigó* y el vestuario de *El chino* ha sido inútil, en su recuerdo he fragmentado una viñeta suya sobre *Electra...* a lo largo del texto.

Rosa Felipe, premiada por sus interpretaciones, hace pequeños papeles en las piezas de su hermano Carlos, Renata la silenciosa en *El chino* y Estefanía en *El travieso Jimmy*, también fue exigente protectora de su legado.

Pórtico

En los años que nos separan del estreno de *El chino* de Carlos Felipe y *Electra Garrigó,* de Virgilio Piñera, los estudios teatrales han logrado entenderlas en lo profundo, aunque a cada rato un académico pretenda emplazarnos a repetir los mismos argumentos, como si el significado y/o la repercusión de una obra fuesen inmutables y sus críticos no cambiásemos junto con los textos y las odiseas de una época. Propone que en lugar de diseccionarlas y rebatirlas, amarlas y contradecirlas, nos conformemos con lo establecido.

Este libro se acerca a la relación de ambos autores con la escenificación. La puesta de *Electra Garrigó* fue una noche iluminada y transgresora, cenital y controvertida pero no única. En 1947 Alicia Alonso baila *Antes del alba*, coreografía de Alberto Alonso con música de Hilario González, ballet clásico fundido con guarachas, sones y «ñáñigo». *El chino,* estrenada en octubre de ese año, dirigida por Modesto Centeno y Julio Martínez Aparicio, buscó en el interior de Palma, exploró el teatro dentro del teatro y estableció la necesidad de revivir lo perdido como la marca de un tatuaje. *Electra…* dirigida por Francisco Morín, desacralizó el mito, y según el director, fue un gran choteo. Por su ruptura, abrió el camino a otras.

A pesar de su indiscutida fama, Piñera se lee y pondera pero su teatro representado casi no se estudia. Felipe, editado en 1988 con sumo cuidado, no ha sido redescubierto y apenas sabemos de sus representaciones. Sobre *Electra*... ni siquiera podemos acreditar quien dijo la frase fulminante: "¡un escupitajo al Olimpo!" a la salida de la primera noche. ¿Un director? ¿Un crítico airado? "Se afirma", pero no se ha delatado al agresor como tiene paternidad "el coturno y la chancleta" de Rine Leal y el teatro "municipal y espeso", que tomó en préstamo de Luis Amado Blanco y Miguel de Marcos. La representación, huérfana de la disección pertinente, espera.

Electra... escandaliza, no su lectura, sino la representación, a las 9 y media de la noche del 23 de octubre de 1948, en la sala de la Escuela Valdés Rodríguez del Vedado. Y la polémica que desata, sobre la que se cuentan anécdotas tan sabrosas y vitales como sus parlamentos.

Después de conocer al director que la descubrió y montó en varias ocasiones –ese héroe del teatro cubano en palabras de Piñera–, Francisco Morín, mi percepción varió notablemente al oír detalles e interioridades que aunque algo desdibujados por el paso del tiempo, me devuelven no la *Electra...* mayestática, estatuaria, grave y magnífica de su lectura sino la forjada en la parodia y crecida en la provocación. El director la escogió con su habitual falta de solemnidad. Yo la «pongo», le dijo a Virgilio. Y como me ha dicho, no solo la descubrió sino costeó la producción, que en esa época era decisivo pues nadie recibía patrocinios. Los asociados a las instituciones más importantes –ADAD y Patronato– pagaban una cuota mensual como también los miembros de Teatro Popular para ver casi siempre un espectáculo al mes. Virgilio como se sabe, partió a Argentina con una beca y no tenía un centavo. Cuando regresa, Francisco Morín, apartado de ADAD, quiere hacer su camino propio en *Prometeo*, la revista que empezó en 1947, el grupo iniciado con el montaje de *Ligados* de O'Neill y más tarde el nombre de su «salita».

Otra gran falsedad es considerar de «salón» el teatro anterior, desconocer que a partir de los treinta Luis A. Baralt, Carlos Felipe, Paco Alfonso, José Antonio Ramos, Marcelo Salinas, Modesto Centeno, Flora Díaz Parrado y muchos otros, escriben y representan. De ahí que para adentrarse en la relación del autor dramático con la escena, aunque es esquemático, hay que repasar el repertorio vigente, las características de los espacios y adivinar, a través de los dos o tres adjetivos de rigor que calzan las críticas, el estilo de los montajes. Antes y después de *El chino* y *Electra Garrigó*.

Algunos aspectos narrados aquí necesariamente redundan con mis libros anteriores y varios capítulos son en esencia "material".[1] He citado ampliamente a Mirta Aguirre, Francisco Ichaso, Regina de Marcos y Manuel Casal, entre otros cronistas, porque son insustituibles, aunque sé que leer que tal actor "salvó" la obra, alguien se "embridó" demasiado y otras frases por el estilo, son parte del diálogo del crítico con hacedores y lectores, pero pueden aburrir y resultar abrumadores. Se publican más de veinte críticas o reseñas sobre las puestas en escena así como la polémica de *Electra Garrigó* para "cerrar" una investigación de varios años.

¿A quién crees que le interese esto? me preguntó Morín. Ahora me debato con la misma preocupación. He dudado mucho sobre la posible utilidad de reconstruir el periodo 1940-1958 y decidí conservar el testimonio *verbatim*, para entender *El chino* y *Electra Garrigó* en relación con el ejercicio crítico que, como en todas las épocas, tiene su jerga y su

---

[1] Boudet, Rosa Ileana. *El teatro perdido de los 50. Conversaciones con Francisco Morín.* Santa Mónica: Ediciones de la Flecha, 2011.
—*Francisco Morín: profesión y mito*, digital, 2018.

lenguaje cifrado, emitido por un oráculo de entendidos. A partir de un excelente inventario, discuto los argumentos e ideas que nutren el discurso ancilar a la representación. [2] Intento no explicar sino ubicar algunos montajes en su contexto.

En lugar de pensar *Electra...* como un momento definitivo, prefiero imaginar la rebambaramba que provoca.

Ambos tienen una compleja relación con la escena.

Felipe, humilde y apocado, trabaja como aduanero del puerto de La Habana, gana casi todos los premios de la época y estrena casi todos hasta 1951. Su hermana Rosa, actriz de fuerte temperamento, es su intermediaria con la escena. Piñera parece más interesado en Barrault y el Odeón que en los actores que interpretaron sus obras y los directores que se arriesgaron con él.

Me adentro en un terreno resbaladizo. *Electra Garrigó* ha dejado de ser subversiva para ser una pieza de repertorio y Virgilio ha pasado de marginado a autor de culto. A Carlos Felipe le llega su momento en 1965 pero no puede sostenerlo. Me acerco a ambos e intento recopilar un expediente, con la idea no solo de reconocer a los críticos que nos anteceden, sino que estas notas sirvan a otros más distantes todavía que esta cronista de la batalla de Palma y la Garrigó.

---

[2] González, Jorge Antonio. *Cronología del teatro dramático habanero 1936-1960*. La Habana: Centro de Investigación Juan Marinello y Centro Nacional de Investigaciones de las Artes Escénicas, 2003.

La puesta en escena 1940-1945

Liliom, de Ferenc Molnar, dirección de Ludwig Schajowicz en el teatro América. 1942. Decorados de Federico Villalba.

Aunque es imposible inventariar la puesta en escena ni definir con propiedad estilos, concepciones e influencias a tantos años de distancia y sin el debido registro de la crítica o la revisión de la prensa y otras fuentes documentales, en los 40' surgen las figuras más importantes de la actuación y la dirección teatral –especialidad casi inexistente– que muy pronto sostienen la vida escénica, sobre todo de la capital. Si se compara la cartelera del año 1940 con la de tres años después, aparecen de manera creciente montajes de los profesores de ADADEL (Academia de Artes Dramáticas de la Escuela Libre de la Habana) y sus alumnos. En 1940 la generalidad de los espectáculos pertenece a las compañías españolas de visita (Blanca Castejón, Alpuente-López-Pepita Díaz, Manolo Collado) entre otras, con dramas, revistas, zarzuelas, tango, humor y musicales al estilo de *La revista maravillosa* del Alkázar, dirigida por Julio Richard con escenografía de Nono Noriega o *La fiesta del teatro*, para celebrar el Sábado de Gloria en el Martí. Díaz

Collado se recuerda por su vínculo con Alejandro Casona [3] mientras es un aparte, requerido de estudios mayores, la popular y versátil de los cómicos Alberto Garrido y Federico Piñero.

En 1941 la compañía de Nicolás Rodríguez, exiliado español, ocupa La Comedia y estrena junto al repertorio tradicional, obras modernas. Entre las primeras, *Juan José*, de Dicenta, obligada el primero de mayo y el *Tenorio*, de Zorrilla, el día de los fieles difuntos, las que alternan con *Palco no. 3* de Maurice Diamant Berger y *La tonta del rizo*, de Muñoz Seca. Representa *Tobacco Road, de* Jack Kirkland y Erskine Caldwell, siete años en la cartelera de Broadway, traducida por Álvaro Muñoz Custodio y *Las inocentes*, de Lillian Hellman. La obra cubana no es preponderante a no ser por esporádicos estrenos. La capital es radiofónica, aficionada a las comedias transmitidas por Radio O'Shea, que Mario Parajón recuerda como una gran escuela, pero lamenta Atila, comentarista del periódico *Hoy*, por emitir hasta el cansancio versiones de Muñoz Seca, Luis de Vargas y Antonio Paso. "La calidad de la radiofonía, el más popular y extenso de los espectáculos, deja mucho que desear, para convertirse en un medio de embrutecimiento colectivo, un terrible estímulo para la pereza en la juventud y para la frivolidad". Critica los programas con premios en metálico como Kolinos Paga, en el cual el oyente habla durante cinco minutos sobre costura o dice en setenta palabras por qué es un dentífrico inmejorable, cuántos pelos tiene un perro en la frente o cosas así. O El Preguntón musical cuyos premios recaen en quienes identifican la melodía a los primeros compases; la Bolsa del Saber, pugilato de adivinanzas o jeroglíficos históricos, o las clases de Agapito y Timoteo sobre ¿cómo se sabe en los cafés de Francia si un cliente ha pagado la consumición?

---

[3] Contratada por el Principal de la Comedia, arriba el 6 de abril de 1939 por tercera vez con piezas de Alejandro Casona en repertorio. El 8 se anuncia serían transmitidas por radio. No hay un montaje cubano de Casona hasta 1944.

o ¿quién inventó la goma de mascar? Criterio parecido le merecen las "aventuras noveladas" de *Manuel García, rey de los campos de Cuba, El guajiro solitario, Chan Li Po,* policíacas imitadas de Charlie Chan o los programas musicales Nace una canción, la Hora de Competidora gaditana, Regalías el Cuño y La corte suprema del arte.[4]

El auge del cine, a partir de los años veinte, obliga a los teatros a convertirse también en salas de proyección y alternar funciones con filmes y teatro en vivo. El crítico decreta "la decadencia del teatro".

> Mientras los cines se modernizan de día en día, los teatros envejecen a pasos agigantados. Las películas –mejores o peores– constituyen el espectáculo del momento. Vistosas, multiformes, veloces e intensas en la acción, satisfacen las ansias imaginativas del público, que prefiere ver desarrollarse rápidamente la acción, sin necesidad de esfuerzo mental alguno por su parte, a tener que pensar por su cuenta en los arduos problemas dramáticos que suelen presentársele en la escena teatral. Por otra parte, ese otro teatro frívolo de la revista tampoco alcanza nunca la brillantez deslumbrante de un cuadro fílmico. Los bastidores y las bambalinas han perdido ya su prestigio de antaño, sus colores desvaídos de vejez, no pueden ya atraer la atención de nuestras gentes que han avanzado mucho y no pueden hacerse creer de que aquellas paredes de papel son paredes auténticas.
> El cine va aún hacia adelante, el porvenir es suyo, mientras el teatro va hacia atrás, se va quedando ya en el siglo de oro. El cine como invento de nuestro tiempo, tiene unas dimensiones magníficas de universalidad mientras el teatro queda circunscrito a distintos países y regiones, o cuando mucho a la limitada universalidad de los eruditos y los literatos, en los estudiantes de

---

[4] Atila. Pincha y corta. "Programa de radio". *Hoy.* 3 de agosto de 1941. p. 8.

las bibliotecas de los distintos países del mundo. O en una palabra, el cine es obra viva, de acción general y el teatro es obra muerta de meditación; como si comparamos un estadio en fiesta con un cementerio, en el primero encontramos vitalidad física y parecer espiritual, en el segundo solamente reposo, silencio y campo propicio para meditaciones de orden fisiológico. Triste es decirlo pero esta es la amarga verdad. [5]

Pero a pesar de los juicios peyorativos de un sector de la prensa sobre el estado de la radio o el ímpetu del cine en perjuicio de la escena, el teatro continúa. En 1938 Teatro de Selección programó montajes de varios dramaturgos premiados, Luis A. Baralt y José Antonio Ramos, entre ellos, en un intento de superar la aislada temporada. Un narrador, convertido en autor ocasional, Carlos Montenegro, estrena *Los perros de Radziwill*, el 3 de febrero de 1940 en el Estadio la Polar, con actuación de Pituka de Foronda y dirección de Paco Alfonso, después de una intensa campaña de publicidad. Continúa el propósito de *Tururí ñán ñán*, con el que creían concretar las ideas y sugerencias de Clifford Odets en sus visitas a La Habana. Endebles dramáticamente, panfletos antifascistas con argumentos de melodrama, son éxitos de público, en los que intervienen músicos, bailarines y actores profesionales y aficionados. "Balalaikas, canciones, bestias, látigos, rescate de la tierra y la alegría, castigo de los asesinos de Kamenka", reza el cartel de propaganda, pero carezco de una crítica ajena. La recomendación de *Tururí...* viene de cerca, la poeta y periodista Emma Pérez, esposa del autor.[6] Otro narrador, Lino Novás

---

[5] Castro Chané, Emilio. "La decadencia del teatro". *Hoy*. 14 de abril de 1940. p. 8.
[6] Pérez Emma. Mi verdad y la vuestra. "Sobre Tururí ñán ñán". *Hoy*. 5 de septiembre de 1939. pp. 2, 8.

Calvo publica en *Hoy* otra pieza de agitación, *Los alzados del cuadrilátero*.[7] Del mismo modo que Baralt se apropia de la plaza de la Catedral con el Festival Lope de Vega en 1935, Alfonso y Montenegro ocupan los estadios. Un joven autor, Carlos Felipe, gana en 1939 el premio del Ministerio de Educación con *Esta noche en el bosque,* no estrenada y en 1941, inadvertida por el público y la crítica, Flora Díaz Parrado publica *El velorio de Pura.*

En los años transcurridos entre la creación de la Academia de Artes Dramáticas de la Escuela Libre (ADADEL), (15 de junio de 1940) y la puesta de Francisco Morín de *Electra Garrigó* (23 de octubre de 1948) la ciudad se beneficia del talento surgido en la Academia, afiliada a los postulados educativos de la Escuela Libre de La Habana, iniciativa de cubanos y españoles para apoyar a los intelectuales recién llegados, perseguidos por el nazismo. Influida por las ideas de Gener de los Ríos y financiada con el apoyo de María Luisa Gómez Mena, se declara "una tribuna sin cortapisas y un mirador alerta sobre el mundo de la cultura" de acuerdo a su catálogo (1939).[8] La rama teatral de ese empeño la dirige un exiliado, miliciano de la guerra de España, José Rubia Barcia (1914-1989), egresado de la Universidad de Granada y director de su teatro universitario. Allí estudian los que serán figuras de la actuación y la dirección, el teatro moderno que constituyó el sueño de Luis A. Baralt desde antes de La Cueva.

Nacido en Ferrol, Galicia, Rubia Barcia llega a Cuba en 1939. Graduado de Letras y estudios árabes, ha participado con el profesor Antonio Gallego Burín del teatro universitario de Granada, en el que Lorca fue actor antes de La Carreta. Conoció al poeta, asistió a sus

---

[7] Novás Calvo, Lino. "Los alzados del cuadrilátero". *Magazine de Hoy*. 10 de marzo de 1940. pp. 8-10.
[8] Citado por Vázquez Matos, Dania. "La Escuela Libre de La Habana: vivero de inquietudes y desvelos renovadores". Alicante, Biblioteca Virtual Miguel de Cervantes: 1-10.

peñas, participó en el montaje de *La moza del cántaro* e interpretó a San José en un auto sacramental con motivo del centenario de Lope de Vega. Con menos de veinte años, humanista de pensamiento, ha sido miliciano en el frente, periodista y conferencista. *Una vida contada*, su libro testimonial, explica la admiración y el respeto que despierta en sus alumnos (Rosa Felipe y Francisco Morín entre estos) a pesar de que su inserción en la vida cubana no es fácil debido a los fondos precarios de la escuela y las fuertes restricciones para el ingreso a los cargos públicos de los extranjeros.[9] El 27 de diciembre de 1939 dirige *El convidado de piedra* y *Festín durante la peste*, de Pushkin, en el Auditórium, con decorados de Mariano, Portocarrero y González Puig, traducción de Manuel Altolaguirre y O. Savich. *Hoy* publica la fotografía del telón inmenso de líneas silueteadas art *deco*, en el que se observa, debajo, a los actores como diminutos comensales. Sin ningún comentario, presumo que algún otro periódico la reseña.[10] Al año siguiente la editorial La Verónica publica bajo el seudónimo Juan Bartolomé de Roxas *Tres en uno*, «auto sacramental a la usanza antigua», escrita en 1937, dedicado a César Anguera Martí, "muerto en la guerra por la paz de España". 156 páginas, formato pequeño, pliegos cosidos, dibujos de Mariano y Portocarrero y hermosa tipografía. Es el 8 de marzo de 1940. Raúl Roa escribe en la nota liminar: "Sensibilidad depurada, espíritu cristalino, mente electa". Una de las piezas más bellas y renovadoras, muy ignorada, destaca entre tanto teatro de ocasión o pretendidamente moderno como las estrenadas por españoles en esos años, entre estas, *Llamémosle X*, de Álvaro Muñoz Custodio. Según Fernández Granell "es la primera obra publicada en América por un miembro de la

---

[9] González Herrán, José Manuel. *José Rubia Barcia. Unha vida contada*. Santiago de Compostela: Consello Da Cultura Galega, 2014;. Rubia Barcia, José. *Palabras al viento. Selección testimonial sobre la vida y obra fuera de España de un transterrado iberogalaico*. A Coruña: Edicios Do Castro. 1997.
[10] "Teatro de Pushkin". *Hoy*. 29 de diciembre de 1939. p. 2.

diáspora española y una de las primeras del exilio"… que se adelanta veinte años al teatro del absurdo. [11]

Francisco Morín siente una justificada admiración por Rubia Barcia. Sus ganas de hacer, su energía y conocimientos contagian a sus estudiantes. Empiezan sus funciones públicas. La primera, el 5 de febrero, en el salón de actos del Women's Club, en Avenida de los Presidentes y calle 19, con *Antes del desayuno,* de O'Neill. Debuta Marisabel Sáenz, dirigida por Ludwig Schajowicz; *La cueva de Salamanca*, de Cervantes, por Rubia Barcia; *Becky Sharp,* por Lorna de Sosa, con Teté Casuso y Manolo Pérez, a partir de un capítulo de la novela *Feria de vanidades*, de William M. Tackeray y *A la sombra de la cañada*, de Synge, por Luis A. Baralt. El claustro se enriquece con la norteamericana de Sosa (Cincinnati, 1913-2009), graduada de drama, música y literatura en la Universidad de esa ciudad, vinculada a su conservatorio de música y fundadora del Cincinnati Theater Guild. En 1940, casada con el cubano Salvador Bonilla Sosa, se muda a La Habana y se reúne con el grupo de talentosos intelectuales europeos y cubanos. El austriaco Ludwig Schajowicz, (1910-2003) doctor en filosofía, procede de la escuela de Reinhardt en Viena y Luis A Baralt, profesor y traductor, escenifica desde los años veinte a Synge, Pirandello y Evreinov y es miembro fundador de La Cueva. Alejo Carpentier, Luis Amado Blanco y José Manuel Valdés Rodríguez también pertenecen al claustro.

El 4 de junio de 1941 vuelve un programa de obras cortas, entre ellas, *Escaleras*, de Ramón Gómez de la Serna, bajo la dirección de Rubia Barcia y *Sumergidos*, de H. Stuart Cottman y Le Vergne Shaw, por de Sosa. Cuando en junio de 1941 le corresponde a Custodio reseñar esos montajes, está enfrascado en la traducción y dirección de *Tobacco*

---

[11] *Tres en uno, lo escribió en cinco cuadros y tres jornadas Juan Bartolomé de Roxas* [pseud.] En *El teatro perdido de los cincuenta. conversaciones con Francisco Morín,* me extiendo en los valores del texto.

Road, con la compañía de Nicolás Rodríguez, basada en la novela de Caldwell, sobre la vida de los recogedores de algodón en Georgia en los años 30.[12] Aclara que tiene «expresiones violentísimas», nunca oídas por nuestro público y la acompaña de la selección de las mejores piezas norteamericanas de John Gassner.[13] Protagonizada por Martha Muñiz y Paco Alfonso, en el reparto, entre otros, Nicolás y Antonio Rodríguez, Rosa Felipe, María Valero y María Brenes. No tienen éxito de taquilla.

En julio de 1941 el público deja casi vacío el Auditórium –asisten setenta y tres personas según *Hoy*– a *El divino impaciente*, de José María Pemán, poeta oficial de la España de Franco de gira en Perú en campaña por la hispanidad que, dirigida por Otto Sirgo, enfrenta la ira de la mayoría de los medios que lo acusan de falangista. El actor se excusa y se declara "al margen de todo ideario" y para probarlo anuncia que dirigirá *Mariana Pineda*.[14] La Habana es un hervidero político que acoge a decenas de exiliados del fascismo. No hay público para Pemán pero un grupo de actores, entre ellos, el «gallego» José Sanabria, Julito Díaz y Julio Gallo representan *El jurado de la mangadera* en el Actualidades auspiciado por el jabón Tornillo. El teatro bufo no termina con el cierre del Alhambra en 1935.

Desde 1939 está en La Habana el austriaco Schajowicz, y aunque Morín sugiere que reemplaza a Rubia Barcia mediante intrigas, a nivel crítico, los montajes del gallego Rubia, como le llaman sus alumnos, no logran suficiente impacto. Según el recuerdo de Morín, de veintidós años, alumno de la Academia, Schajowicz impide que el joven profesor se abra paso ya que el director del "inexistente teatro Bleu", ironía de Morín, se impone en el Teatro Universitario con la puesta de *Antígona*

---
[12] Custodio. "Tobacco Road". *Hoy*. 7 de junio de 1941 y 17 de junio. y p. 8.
[13] Custodio. "Palabras del traductor". *Hoy* 5 de junio de 1941. p. 8.
[14] "Una carta y una puntualización". Carta de Otto Sirgo. *Hoy*. 25 de julio de 1941. p. 8.

el 20 de mayo de 1941 a la que sigue el 4 de diciembre *Las coéforas* de Esquilo e *Ifigenia en Táuride*, de Goethe, con la Universidad Espiritual.[15] En el reparto Carlos Castellanos (Egisto), Adela Rumayor (la Nodriza), Orestes Zayas Bazán (Siervo) y el coro de coéforas, encargadas de las libaciones en el funeral.[16] Hay una disputa entre Rubia y Schajowicz relatada en las memorias de Morín.[17] Algunos estudiantes lo juzgan ingrato ya que el español ayuda al recién llegado con su deficiente dominio del idioma para su primera charla y en corto tiempo lo suplanta. Y *algo* hubo porque en la vida «contada», Rubia habla de un *tal* Sajovich [sic] y confiesa que la Escuela fracasó porque no aceptó un soborno. El futuro historiador deberá buscar sus colaboraciones para *Carteles, Bohemia, Pueblo* y profundizar en el incidente (un soborno de ciento cincuenta mil dólares de los cuales él cobraría cincuenta mil) así como los motivos de su salida del claustro. Se interrumpe la labor de la primera academia teatral de Hispanoamérica.[18]

Sin embargo, el modo de hacer de Schajowicz-director permanece bastante difuso. Manuel Bisbé insiste, en el programa de *Antígona*, en su conocimiento del drama griego pero no en su plasmación escénica. Sus espectáculos de diciembre no entusiasman a Custodio quien relativiza

---

[15] Custodio. "*Las coéforas* e *Ifigenia en Táuride*". *Hoy* 7 de diciembre de 1941. p. 12.
[16] Se escenificó el 4 de diciembre. *Las coéforas* de Esquilo, traducida del griego por F. S. Brieva y Salvatierra y adaptada por Ludwig Schajowicz. Reparto Orestes (Antonio Vázquez Gallo); Pílades, Enrique Camará; Electra, Luisa Caballero; Clitemnestra, Sara Seco; Egisto, Carlos Castellanos; Nodriza, Adela Rumayor; Siervo, Orestes Zayas Bazán. Coro de coéforas, Teresa Born, Muñeca Sánchez, Elda Bilbao, Isabel García Bermúdez, Ana Rosa Sierra, Luz Merino, Gloria Medina, Ivelise Aguilera, Hilda Fundora, Gladys Peñate, Aida Vázquez, Araceli Goberna, Haydée González, Carmelina Poldo, Nenita Acosta, Mercedes Rodríguez Iznaga. Las Furias, Matildita Rodríguez. *Ifigenia en Táuride*, de Goethe, traducida por Fanny G. Garrido, adaptación de Schajowicz. Ifigenia Ana Saínz; Arkas, César Carbó; Thoas, Aníbal Díaz; Orestes, Antonio Vázquez Gallo; Pílades, Enrique Camará. Asesor musical, Alejo Carpentier. Diseños José Socarrás. *Hoy*. 4 de diciembre.
[17] Morín, Francisco. *Por amor al arte. Memorias de un teatrista cubano. (1940-1970)*. Miami: Ediciones Universal, 1998.
[18] González Herrán, José Manuel. (Ed) *Unha vida*... ob. cit. p. 77.

lo que se considera su aporte, la utilización del espacio de los edificios y las columnas de la Universidad de La Habana. El director aprovecha el ámbito neoclásico de la arquitectura inspirado por la acrópolis, pero a Custodio por el contrario, la escalinata del Felipe Poey le parece raquítica, inadecuada, la escena visible solo para los que se sientan en las primeras filas, la música como para un *film* sonoro, sin la plasticidad requerida. Tampoco comparte la elección de la *Ifigenia* de Goethe porque la de Racine le parece superior. El poeta Ángel Lázaro en cambio apreció "éxtasis, cántico, poema", una obra que resistía y pedía el aire libre y era poesía y melodía en los silencios.[19] Teatro Universitario se oficializa dos años después con un seminario anexo para la formación de actores.

Lorna de Sosa comienza a destacarse. Hasta los prejuiciados encomian la puesta de *Fiebre de primavera*, de Noel Coward, el 25 de noviembre de 1941, traducida y protagonizada por Marisabel Sáenz, por el buen gusto de la representación, la "certera e impecable dirección" y la eficacia de los métodos pedagógicos de la escuela a menos de un año de labor. Sáenz es temperamental y de inteligencia, con auténtica vis cómica, y Modesto Centeno brilla como actor de carácter como Julio Valnoir.[20] Es la primera de una temporada en el Auditórium, alentada por la esposa del ministro Juan J. Remos, la pintora Mercedes Carballal. Le sigue *El sí de las niñas*, de Moratín y se anuncia *Héroes*, de Bernard Shaw, luego cancelada. Custodio es implacable contra la de Moratín, dirigida por Rubia Barcia, pues cree que "carece de dimensión literaria" y en su lugar hubiese escogido a Ramón de la Cruz. El director los "condenó a dos horas de aburrimiento" y otros argumentos propios de tertulias de café sobre quién sabe más del tema. En el renglón de las interpretaciones,

---

[19] Lázaro, Ángel. "Teatro universitario." *Carteles*. [sin fecha].
[20] Custodio. "Fiebre de primavera". *Hoy*. 28 de noviembre de 1941. p. 12.

14

Marisabel Sáenz se lleva la palma en Doña Irene, por su "sentido, vehemencia y comicidad". Martha Elba Fombellida, –periodista de *Avance*, que accede al cine y parte pronto a México– es monótona en la niña toda inocencia y candor, mientras Reinaldo de Zúñiga encarna al viejo, que defendió con mucha dignidad, Ángel Aguirre fue un discreto galán de comedia, Alejandro Lugo logró la comicidad y Rosa Felipe estuvo graciosa como la bailarina-doncella aunque con una tendencia al grotesco, que en *Fiebre...* calificó de ordinariez.[21]

Los reparos de Custodio hacia Schajowicz continúan con *Noche de reyes*, de Shakespeare: "no ha salido ni una sola vez de lo común en lo que se refiere a la concepción escénica y dramática, [...] el movimiento de personajes, la música, la forma de decir. Todo su bagaje teórico, que parece sólido desde la tribuna de conferencias, se vuelve agua cuando pretende darle plasticidad. Y téngase en cuenta que es el director que más oportunidades ha tenido de manifestar su pensamiento. Vimos acartonamiento, rigidez dramática". [22] La dirección de Schajowicz es desigual o el crítico es demasiado exigente.

La tercera del abono de ADADEL, entonces ADAD, (Academia de Artes Dramáticas) traducida por Luis A. Baralt, es la comedia *Días felices*, de Claude André Puget, [dirigida por de Sosa aunque no lo dice] en la que sobresalen Teté Casuso, Julio Valnoir y Antonio Hernández. El crítico sugiere escoger obras más ambiciosas y repasa los logros de la Academia, cuya mejor dirección ha sido la de Lorna de Sosa y los actores más completos, Sáenz y Valnoir.[23] La obra se repite en abril en el Campoamor. Casuso, poeta y activista revolucionaria, autora de *Realengo 18*, ha sido actriz en el montaje de *La luna en el pantano*, de Baralt (1936) y Valnoir, de impresionante figura por las fotografías, es

---

[21] Custodio. "El sí de las niñas." *Hoy*. 9 de diciembre de 1941. p. 12.
[22] Custodio. "Noche de reyes en la Universidad." *Hoy* 5 de septiembre de 1942. p. 6.
[23] Custodio. "Días felices". 8 de febrero de 1942. *Hoy*. p. 12.

un valor surgido de la Academia que desgraciadamente muere de tifus el 19 de agosto. Ensayaba *El corsario* de Marcel Achard. En mayo Rubia Barcia presenta en el Campoamor una breve temporada con *El sí de las niñas*, de Moratín, auspiciada por Amado Trinidad, dueño de RHC Cadena Azul. Concebida para Fombellida, (preferida de Rubia según Morín), es la protagonista del filme *La que se murió de amor*, de Jean Angelo, en cuyos diálogos colabora el español. Custodio resume los logros de la temporada: Una capital sin teatro, "Un pueblo sin arte": "El teatro no asomó la cabeza sino en las dos molestas reminiscencias zarzueleras del Martí y la Comedia o las esporádicas apariciones de la Academia de Artes Dramáticas".[24]

El 29 de mayo de 1942 comienza Patronato del Teatro con *Liliom*, del húngaro Ferenc Molnar, autor conocido desde los veinte, traducida y adaptada por Mary Munné, en el teatro América, con la Escuela Teatral de Schajowicz La Guilda.[25] Según el programa citado por Custodio, sigue el modelo de Pro Arte y la Filarmónica ya que "aunando los esfuerzos de todos los aficionados al buen arte teatral puede superarse el gran obstáculo —es decir, el económico—. Se cuenta ya con un público seguro y con las cuotas abonadas por los socios, destinadas íntegramente a los gastos de presentación de las obras... [...] Es una empresa cultural, no mercantil. Tampoco es una institución de cenáculo, con carácter de grupo artístico de determinada tendencia. Está animado de un amplio espíritu y se propone presentar obras del teatro universal (dramático, lírico o coreográfico), invitando con tal objeto, a todos los que cultivan el arte teatral, en sus diversos aspectos sean nacionales o extranjeros, profesionales o no profesionales".

---

[24] Custodio. "Un pueblo sin arte" *Hoy*. 10 de mayo de 1942. p. 12.
[25] En *Social* 12 (diciembre de 1923) Gonzalo G. de Mello traduce unas escenas de *Calle tal, número tantos.* pp. 22, 47.

Custodio reconoce "el sentido moderno, los decorados de exquisito gusto (Federico «Fico» Villalba), la buena dirección escénica de Schajowicz" y los buenos actores, no «impecables» porque son aprendices, Luisa Caballero (Julia) y Jorge Guerrero (Liliom). Como curiosidad, se utiliza música de *La ópera de los tres centavos* de «Bert» Brecht y Kurt Weill.[26] Por la fotografía publicada en *Artes*, tiene un bello decorado con figuras estáticas y un sugerente contraste entre el blanco y el negro muy similar al de la puesta de *El festín...* de Rubia Barcia.

En diciembre Rubia Barcia dirige en Patronato *A los diecisiete*, de Jacques Deval, la mejor interpretación hasta el momento de sus alumnos Teté Casuso, Modesto Centeno, Antonio Hernández, Rosa Felipe y Ángel Aguirre, entre otros. Pero el director se anota "un tanto". Según Custodio, solo le falta "un público con sensibilidad" que no sólo cotice sus recibos.[27] Al año siguiente, Rubia intenta dirigir de nuevo allí, pero escribe en un periódico habanero sobre la "descalificación" de Patronato del Teatro a Tirso de Molina al rechazar una puesta suya de *Don Gil de las calzas verdes*, anunciada para julio.[28] Un acto de inmadurez, no lo beneficia ventilarlo en la prensa. El presidente de la institución, Baldomero Grau, contesta que el Patronato analiza la conveniencia, los gastos, y otros factores y no la calidad indiscutible de Tirso. Lorna de Sosa dirige otra comedia intrascendente, la astracanada *Arsénico para los viejos*, de Joseph Kesselring, ya que "lleva al Patronato obras ligeras como vacías". "Inconclusa" según Custodio, destaca a Marisabel Sáenz, "la gran futura actriz del teatro cubano", Violeta Casal y al joven Morín como el derrengado Einstein, la revelación de la

---

[26] Custodio. "Liliom". *Hoy*. 2 de junio de 1942. p. 6.
[27] Custodio. "A los diecisiete." *Hoy*. 8 y 9 de diciembre de 1942. p. 6.
[28] [...] "Tirso de Molina y el Patronato del teatro". *Hoy*. 23 de julio de 1943 p. 6.

noche "por el cabal sentido revulsivo de su personaje". El futuro director firma Francois.[29] ¿Actuó Carlos Felipe?

En junio, Francisco Martínez Allende, profesor de ADADEL, exiliado de regreso de Buenos Aires, dirige *La comedia de la felicidad* de Nicolás Evreinov, el montaje más complejo de la Academia por "su gran movimiento, numerosos personajes en escena y duras exigencias de expresividad y matización. Obra de un *metteur en scene*, cuyo segundo cuadro, sobre un escenario, coincide con el principio literario de Pirandello, que Evreinov conoce bien cuando afirma: 'Estimo que la vida es una triste y grotesca comedia, los hombres tenemos necesidad de ocultarnos lo más posible la realidad". Con escenografía y trajes de Andrés García Benítez (su primera incursión escénica), la escenografía es pobre e ineficaz gracias a una puerta demasiado pequeña y no funcional. Annie Rau está a cargo de la coreografía. "El director se encaprichó en una obra de pobre contenido", escribe el crítico y señala que los héroes de la noche son Modesto Centeno en el Dr. Magnet y Rosa Felipe en la institutriz.[30] Martínez Allende escribe en agosto sobre *Los guerrilleros*, pieza antifascista luego conocida como *Los guerrilleros soviéticos*, escrita y dirigida por A. Guet, con aficionados de la comunidad hebrea.

Serge A. Vermel dirige *Sor Beatriz* de Maeterlinck. Si bien no aporta desde el punto de vista del contenido, "salvo la virgen que baja de su altar para ocupar el lugar de la monjita", "falta el nudo dramático, acentuado porque el director le insufló un tono declamatorio y actitudes hieráticas". Custodio se imagina en su lugar —con sorna— una escena de *music hall*. "Ya es hora de que el Patronato del Teatro abandone la esterilidad como principio inspirador de sus represen-

---

[29] Custodio. "Arsénico para los viejos." *Hoy*. 11 de octubre de 1942. p. 6.
[30] Custodio. "Patronato del Teatro. "La comedia de la felicidad". *Hoy* 1º de julio de 1942. p. 6.

taciones y de paso al espíritu nuevo del siglo siendo menos pacato en la elección de las obras. Y que los doctores-directores discípulos de Reinhardt, Meyerhold y Stanislavski, que parece se han dado cita en La Habana, dejen un poco mejor a sus maestros y al maltrecho teatro del viejo mundo". Se refiere a Schajowicz, avalado como alumno de Reinhardt y a Vermel, de Meyerhold. [31] A estas agrupaciones se suman las obras *agit-pro* de Paco Alfonso, participante en las luchas políticas y gremiales por el decreto 1396. [32] Actor, director, cantante y dramaturgo, protagoniza *Tobacco Road* influido no sólo por las experiencias escénicas de la guerra civil española y la Unión Soviética, sino el realismo norteamericano. La familiaridad es tanta que en un artículo de la revista *Artes*, del Teatro Popular, se escribe sobre Clifford (sin apellido) mientras Joshua Logan es un nombre habitual.

En su columna Motivo del periódico *Hoy*, el poeta Nicolás Guillén hace un llamado por el "teatro popular".

> … El movimiento revolucionario en Cuba ganaría, pues, un enorme terreno, si lograra llevar desde las tablas hasta el pueblo todo cuanto por otros caminos le llegaría tarde o estragado. ¿No es verdad, Paco Alfonso? Nuestro campesino, como el labriego español, tendría ocasión de conocer así muchísimas obras del ingenio humano que de lo contrario le estarían vedadas por mucho tiempo, de gustar las grandes realizaciones artísticas que solo se hallan al alcance de las personas ricas…
>
> Si se trabaja seriamente, como de seguro se quiere y se puede hacer, un teatro popular abrirá perspectivas inusitadas a la instrucción y alertamiento de las grandes masas del país, y aun

---

[31] Custodio. "Sor Beatriz". *Hoy*. 10 de noviembre de 1942. p. 6.
[32] Alfonso, Paco. "Los artistas teatrales y el decreto 1396." *Hoy*. I y II. 31 de diciembre de 1940 y 1º de enero de 1941. p. 2, 6.

serviría de tirón vigoroso para el nacimiento del teatro nacional, que no anda por ninguna parte.

Avizora una *troupe* móvil, "simple en sus recursos, de modo que circule en la isla con el mínimo de gasto y el máximo de eficacia artística". [33]

De inmediato algunos se adhieren al mensaje mientras transcurre en Patronato y ADADEL un repertorio de «arte», reflejo de los intereses de una juventud atenta a la renovación europea, ansiosa de medirse con esos textos más que con los propios. Mientras estas instituciones tienen exiguos «asociados» y funciones de una sola noche, en el Teatro Martí y otros recintos, transcurren largas temporadas con un cartel cambiante y títulos tan sugerentes como *El año fulastre*, *El muerto se fue de rumba*, *Cantinflas en La Habana*, *El regreso de Don Fulgencio*, *Trespatines se divorcia*, efímeras piezas satíricas de Carlos Robreño, Pedro Castany, Agustín Rodríguez y Ruper Fernández, entre otros, que cambian en dos días, cuyos libretos se perdieron, interpretadas por el popular dúo de Garrido y Piñero con el respaldo de figuras estelares y excelentes músicos. La tradición de periodismo teatral de actualidad sedimentada desde el bufo y el Alhambra.

Espectáculo de singular belleza, *La fiesta de los villancicos*, dirigida por Rubia Barcia, se representa el 6 de enero de 1943 en la Plaza de la Catedral, con coros y cantorías de la Beneficencia y del Círculo Militar dirigidos por María Muñoz de Quevedo, como parte del auto de Navidad, *El nacimiento de Cristo*, de Lope de Vega. Los actores ocupan los balcones aledaños y se mueven alrededor de un ingenuo belén pintado por Fico Villalba. Custodio escribe: "la visión de los coros numerosos en la luz azulada de los focos bajo la arquitectura solemne

---

[33] Guillén, Nicolás. Motivo. "Pueblo y teatro". *Hoy* 9 de enero de 1942. p. 2.

de la Catedral valía por sí solo el espectáculo. Las figuras de la Gracia y el Ángel, en lo alto de la misma Catedral, eran de bellísimo efecto. En cambio, las que hablaban desde los balcones de dos casas adyacentes daban la sensación de artificio. Así mismo el retablo de los reyes magos adorando al niño Jesús, era una estampa de bolsillo. Muchas voces se perdieron en los altavoces y la participación de los coros fue para aquel lugar, excesiva. Pero pese a estas pequeñas fallas de rigor, fue un acto artístico de rango que dignifica nuestra ciudad".[34]

Custodio hace una crítica incendiaria de *Salomé* de Oscar Wilde, dirigida por Sergio A. Vermel para Patronato. "Es un fiasco, uno de los *bluff* más amenazadores que ha desfilado por la Habana. Un *show* de primera clase para cualquier *night club*, aún cuando la «conga pantera» que presentó David Lichine en Tropicana le lleva ventaja." De todas maneras creyó ver en Ana Saínz un temperamento interesante, además de sus bellas formas.[35] Schajowicz dirige *Los caprichos de Mariana*, de Musset, con el Teatro Universitario, montaje cinematográfico "en el que cada personaje se corresponde con la definición de un color a manera de *leitmotiv* "como la dulce Marina envuelta en un halo de luz blanca enfrentándose al color rojo de Claudio". Los personajes hacen mutis adentrándose en la oscuridad y no como en los tradicionales «vases», es decir, hace de las salidas un "juego poético". Gaspar de Santelices tiene facultades de primer orden para llegar a ser el actor de fuste que necesita el teatro en Cuba, simpático y atractivo.[36]

Sobre el estreno que le sigue, *Tartufo*, de Moliere, escribe que "los jóvenes del teatro universitario no prosperan y no es culpa de ellos, sino de Schajowicz por su extrema superficialidad. La evolución del director no es una línea ascendente". La puesta está «vestida» con cien

---

[34] Custodio. "La fiesta de los villancicos" En "Salomé". *Hoy*. 10 de enero de 1943. p. 10.
[35] Custodio. "Salomé". Ob. cit.
[36] Custodio. "Los caprichos de Mariana". I y II. *Hoy*. 22 y 23 de enero de 1943. p. 6.

años de retraso, propio de una obra de Beaumarchais, como si se utilizaran saxofones en lugar de fagots en una sinfonía de Mozart. Gordo y corpulento según las acotaciones, Antonio Vázquez Gallo es todo lo contrario y no «vistió» con la sotana del predicador, sino con una casaca negra y peluca blanca, así como el vestuario de las damas no se corresponde con el de los caballeros. La dicción es demasiado criolla para una obra clásica. Los gestos, poco acompasados y las situaciones cómicas, desaprovechadas. [37]

Pero quizás el acontecimiento más importante de 1943 es la primera función de Teatro Popular, el 14 de enero, en el Salón teatro de Torcedores en San Miguel 662 con dos obras, *Con los pies en el suelo*, de José Luis de la Torre y *Guerrilleros*, de Oscar Valdés, ambas dirigidas por Paco Alfonso con un reparto de profesionales, entre ellos Agustín Campos, Jorge Guerrero, Nidia Sarol y aficionados obreros. Tres días después, el crítico, a pesar de su simpatía, dice que "el mensaje es inactual" por la endeblez de los textos, pero reclama apoyo para la iniciativa que debe fomentar la cultura teatral. [38] Oficializado el 27 de octubre, quiere ser nacional en la forma y universal en el contenido. [39] También pretende ganar a público con adaptaciones para el cuadro de comedias de la emisora Mil Diez, con *El ricachón en la corte*, de Moliere, que como el *Don Juan*, de Zorrilla, se representa en la Catedral. El 24 de febrero, en el anfiteatro municipal, Paco Alfonso dirige *Siembra*, de Ángel Lázaro, otro refugiado español. "Concebido como una exposición del afán del campo cubano en esta hora nona, la idea de la siembra es traída al hogar de unos campesinos desesperanzados por la pérdida de una hija, que viene a recordarles la idea de la siembra perentoria". Con décimas guajiras –cantadas por Guillermo Portabales–

---

[37] Custodio. "Tartufo". *Hoy*. 20 de abril de 1943. p. 6.
[38] "Teatro Popular. "Con los pies en el suelo y Guerrilleros". *Hoy*. 17 de enero de 1943. p. 10.
[39] "Se ha constituido el Teatro Popular de Cuba" *Hoy*. 27 de octubre de 1942. p. 6.

(populariza la guajira de salón) y en el estilo del auto sacramental, "la Caña de Azúcar, la Tierra, la Usura, el Hambre, rememoran el fuego, la tierra, el agua y el aire de *La vida es sueño*, procedimiento calderoniano para exponer la angustia más palpitante del pueblo cubano. La intención del poeta fue resuelta con dignidad y noble propósito".[40]

Patronato se recupera con la puesta de Luis A. Baralt de *La gaviota*, de Chejov, traducida por él, según Custodio el mejor espectáculo de su corta vida de espectador en La Habana. Dedica al texto la mayor parte de la reseña, destaca el conjunto, la dirección señaladísima por su ponderación. Enrique Santiesteban no podría ser mejorado en su Trigorin, "con un tono de sobriedad y contención asimilado de la moderna técnica interpretativa. A no ser por los titubeos del reparto aficionado y los fallos del electricista, creíamos estar en un teatro europeo". Aunque débil y descuidada la traducción de Baralt, consideró buena la idea del decorado de Lilian Mederos y excelente la actuación de Marisabel Sáenz como Elsa Adams. Sobre Rosa Felipe anticipa: "es la mejor futura actriz de carácter del teatro cubano".[41]

Teatro Popular prosigue, a pesar del cronista que califica el *Poema con niños* de Nicolás Guillén, con respeto, de "intento tímido" en montaje de Martínez Allende en forma de abstracción estilizada; *Estampa martiana*, de Félix Lizaso, no pasa de ser "un pretexto patriótico con visos de melodrama" sobre la reconciliación entre José Maceo y Flor Crombet en Costa Rica con la mediación de José Martí (Carlos Paulín). "El intento es noble, pero el resultado mediocre". Sobre *La recurva*, de José Antonio Ramos, dirigida por Paco Alfonso, con crudo realismo, reitera uno de los lugares comunes de la crítica de Ramos, su simbología difícil para el público que según Custodio, se levantaba de su asiento sin comprender "por lo ajenos que están a lo

---

[40] Custodio. "Comentarios de actualidad". *Hoy*. 26 de febrero de 1943. p. 6.
[41] Custodio. "La gaviota". *Hoy* 7 de febrero de 1943. p. 10.

que los espectadores tienen ante sí". [42] Se hace eco del prólogo de Ramos a *En las manos de Dios*: "Antes que jugar al autor de moda, *exo* o esotérico, y buscar el aplauso de mis contemporáneos... prefiero imaginarme el autor ignorado e incomprendido en su época y reconocido después". Antes le dedica una semblanza.[43] Representada por Luis Pons, Juan de Dios Rodríguez y Leonor Vidal, cuesta trabajo aceptar que un público convocado por las organizaciones sindicales es ajeno al drama de *La recurva*.

Mientras, María Julia Casanova y Olga de Blanck debutan con *Vivimos hoy* en el Auditórium, comedia musical de *parties, cocktails, soirées* y *night clubs*, según Custodio "pepillismo de salón", escrita y dirigida por ambas con música de Olga de Blanck y actuación de Rosita Fornés. Pero la descalifica: no es cubana, no es comedia y tiene poco de musical. [44] La puesta de Lorna de Sosa de *Deseo bajo los olmos*, de O'Neill es muy defectuosa, pero Eduardo Casado, Lita Lasa y Alejandro Lugo la "salvan". [45] Sosa también dirige *El amor de un extraño*, de Frank Vosper, protagonizado por Marisabel. En julio, sin embargo, *Volpone* de Schajovicz para Patronato es satisfactorio, por la calidad de Ben Johnson, puesta sumamente sencilla y discreta, auxiliada por el desempeño de Jorge Guerrero. A Gaspar de Santelices le critica "las inflexiones de la voz, su tono ampuloso, su uso arbitrario de inflexiones exageradas". [46] En cambio estas gustaron a la norteamericana de Sosa, que le sacó mejor partido en *Sumergidos* donde lo hizo decir ¡el cabrón de Satanás!

---

[42] Custodio. " Poema con niños. Estampa martiana y La recurva". *Hoy*. 11 de marzo de 1943. p. 6.
[43] Custodio. "José Antonio Ramos". *Hoy*. 7 de marzo de 1943. p. 10.
[44] Custodio. "Vivimos hoy". *Hoy*. 20 de marzo de 1943. p. 6.
[45] Custodio. "Deseo bajo los olmos". *Hoy*. 11 de junio de 1943. p. 6.
[46] Custodio. "Volpone". *Hoy*. 2 de julio de 1943. p. 6.

Teatro Popular estrena *Mariana Pineda*, de García Lorca, que como símbolo de la libertad amordazada de España, tiene en Cuba largo recorrido. Dirigida por José López Ruiz dentro de criterios tradicionales y suma discreción, la protagonista Magda Iturrioz tiene escasa experiencia teatral y vieja escuela interpretativa. Custodio señala en cambio su intenso temperamento. Aunque es también un colaborador de Teatro Popular, observa que, a pesar de sus escasos recursos, deja atrás vacilaciones y titubeos. El presidente Grau asiste a la representación.[47] La popular Blanca Becerra –del elenco del teatro Alhambra– se une a *Sabanimar*, de Alfonso, pieza de denuncia social, según Nicolás Dorr una Fuenteovejuna latinoamericana.[48] Se representa entre otras, la divertida comedia *Llamémosle X*, de Custodio, de temática española, que según José Antonio Portuondo, crítico ocasional de *Hoy*, no penetró demasiado en el público cubano, a pesar de su intento de huir del astracán.[49] *Tembladera*, de José Antonio Ramos, *Vida subterránea*, de Benicio Rodríguez Vélez, sobre las condiciones inhumanas de la vida de los mineros debido a la guerra y *Junto al río* de Luis A. Baralt, se representan una cada mes para sus socios.[50]

El 28 de julio de 1943, Custodio dirige *Los hombres rusos*, de Konstantin Simonov, en un programa conjunto con *La oración* de Felipe Pichardo Moya, dirección de Paco Alfonso y *Azul, rojo y blanco* de José Luis de la Torre, montaje de Agustín Campos en el Principal de la Comedia con escenografía de Roberto Diago. La reacción de la crítica fue tan violenta que Custodio hace un balance de las condiciones y recursos de Teatro Popular en comparación con las de Patronato. Describe la penuria en la que trabajan cuando sus socios no llegan a mil

---

[47] Custodio. "Marina Pineda". *Hoy*. 1º de julio de 1943. p. 6.
[48] Portuondo, José Antonio. "Sabanimar señala el camino". *Hoy*. 2 de mayo de 1943. p. 10.
[49] Portuondo, José Antonio. "Llamémosle X". *Hoy*. 30 de mayo de 1943. p. 10.
[50] Custodio. "Junto al río". *Hoy*. 2 de diciembre de 1943. p. 6.

y pagan 30 centavos al mes, la recaudación no llega ni a doscientos cincuenta pesos mensuales, los actores, tramoyistas y técnicos trabajan de gratis y ello ocasiona los desajustes y la pobreza de las que se resienten las puestas. Por el contrario, Patronato tiene dos mil socios que cotizan entre setenta y cinco centavos y dos pesos, aparte de contribuciones de firmas y entidades, pagan a sus actores y escenógrafos y las condiciones de sus teatros no son las del Principal de la Comedia.[51]

José Antonio Ramos, con dos obras, es el autor cubano del momento, tres años antes de su muerte. Al finalizar la función de *Tembladera*, el 31 de agosto de 1943, el público lo ovaciona, la última y única que recibe en vida.[52] Si en 1941 muchos intelectuales protestan cuando un grupo de veteranos propone su expulsión del servicio diplomático por una carta suya dirigida a Blas Roca,[53] ahora se le reconoce "una obra valiente de gran honradez literaria para su época". Tradujo "la angustia de su medio, denunció la irresponsabilidad de aquella clase social que dejaba escapar a Cuba de sus propias manos, la falta de perspectiva histórica de los hombres de aquel tiempo", para insistir en las objeciones tradicionales: su influencia española, su falta de hondura dramática, el fallido tercer acto, el tono grave mantenido de principio a fin. Marisabel es la actriz destacada de la noche por la espiritualidad y vida que comunica a Isolina. Junto a Zulema Casal, Victoria Vázquez y Esperanza Zabala, Luis Manuel Ruiz acertó en el

---

[51] Custodio. "Crítica y autocrítica". *Hoy*. 4 de agosto de 1943. p. 6.
[52] Suelto con el reparto. *Hoy*. 31 de agosto de 1943. p. 6. Principal de la Comedia. Isolina. Marisabel Sáenz; Gabriela, Zulema Casal; Isabel, Victoria Vázquez; María, Esperanza Zabala; Joaquín Artigas, Paco Alfonso. Don Fernando González de la Rosa, Agustín Campos. Mario, Santiago García Ortega; Gustavo, Carlos Paulín; Luciano, José Coya; Teófilo, Luis Manuel Ruiz. Dirección de Paco Alfonso. Escenografía de Amador Domínguez.
[53] "Protestan los intelectuales cubanos del injusto acuerdo contra José Antonio Ramos". *Hoy*. 29 de marzo de 1941. p. 1.

cínico Teófilo y Agustín Campos, con los recursos de la vieja escuela, se identificó con el patriarca, como Paco Alfonso con Artigas y Carlos Paulín con Gustavo. Custodio acostumbra no a juzgar la obra que ve, sino la que pudo haber sido, en este caso sin el tercer acto. [54] A pesar de sus estrenos de Teatro Popular, Ramos es un incomprendido que la crítica no consigue situar en su lugar. Portuondo subraya su actualidad y de paso le enmienda la plana a Custodio. "El público va al teatro a verse, a purificarse y no sólo a entretenerse. No conviene olvidar eso en aras de un simple afán de novedad, de espectáculo. Es preciso que el teatro recobre todo su sentido social, que se preocupe otra vez de la catarsis y que no aspire solamente a expresar las inquietudes o los sueños de un autor, de una escuela o de un grupo". [55]

El 18 de noviembre, terminadas las funciones exclusivas de Louis Jouvet en el Auditórium y Pro-Arte, Custodio asume al *crítico que se las trae* y las baja del pedestal, a pesar de reconocer los méritos del francés como actor. Dice por lo claro que llevaba en el corazón la Francia de Vichy y la temporada tuvo un sabor rancio y añejo. Francisco Martínez Allende –libretista de Pro Arte Musical– entre ellos del ballet *La hija del general*, música de Strauss, coreografía de Alberto Alonso y diseños de Andrés, se mantiene en la Comedia por largas temporadas con sus alumnos de ADADEL. En noviembre estrena *La máscara y el rostro*, de Luigi Chiarelli, bien construida e interesante, refleja un trabajo muy dedicado con sus jóvenes actores, en especial, para lograr que Modesto Centeno consiguiera comicidad y "exaltación dramática". Marisabel Sáenz demostró que su personaje no podría ser mejorado por ninguna otra actriz cubana. [56]

---

[54] Custodio. "Tembladera". *Hoy*. 2 de septiembre de 1943. p. 6.
[55] Portuondo, José Antonio. "En torno a Tembladera". *Hoy* 5 de septiembre de 1943. p. 10.
[56] Custodio. "La máscara y el rostro". *Hoy* 25 de noviembre de 1943. p. 6.

El qué dirán de Cuqui Ponce de León e Isabel de Amado Blanco

Nuestra gente de Oscar Valdés, escenografía de Gerardo Tejedor

Puesta de Theatralia. Escenografía de Luis Márquez

En diciembre, inspirada por Louis Jouvet, surge Theatralia, que contrata el montaje de *Judith*, de *Giradoux*, con amplio despliegue de cortinas, estilización y recursos de los cuales al parecer abusa. [57] Después de esa primera función y con la sugerencia de Custodio de no elegir autores fascistas, comienza la agrupación de la exótica h. ¿Por qué no Teatralia pregunta? Presidida por el mecenas Roberto G. de Mendoza, dueño del jardín Milagros, uno de los escasos que ha tenido el teatro de la isla, comienza con *Una mujer*, de Jean Paul Antoine, –hijo de Antoine, del Teatro de Arte– dirigida por Guillermo de la Mancha. Martha Muñiz tiene "gracia, cierta finura y excelente dicción", mientras Carlos Badías es monótono en los brazos, tiene buena voz y excelente figura, pero no acostumbrado al escenario, mira al público cada vez que dice una frase. Pero lo peor es la dirección. De la Mancha no sabe lo que hace y la convierte en una pieza bufa". A pesar de sus reparos, el crítico celebra su lujoso montaje "con dos excelentes decorados de Juan Stacholy realizados por Luis Márquez –la casa del marido y la *garconniere* del amante– [...] con excelentes vestidos femeninos, bellos muebles, profusión de flores, buena iluminación y música de fondo [...] que dan una sensación de amplitud de recursos que en otros espectáculos tanto echábamos de menos".[58]

Rubia Barcia parte a los Estados Unidos mientras sus alumnos desconsolados quieren continuar. Algunos se convierten de la noche a la mañana en directores. El primero en despuntar es Reinaldo de Zúñiga con *La zapatera prodigiosa*, de García Lorca, con Patronato, decorados de Luis Márquez y vestuario de Andrés. Pero no convence a Custodio ni siquiera por Marisabel, "impecable", pero que a pesar de su desenvoltura y agilidad, no matiza el contraste entre la zapatera real y la que sueña. Francisco Morín como El Mirlo y Eduardo Egea, el Mozo,

---

[57] Custodio. "Judith". *Hoy* 12 de diciembre de 1943. p. 10.
[58] Custodio. "Una mujer". *Hoy*. 25 de diciembre de 1943. p. 6.

no entienden la obra. Destaca a Georgina Loy en las canciones, pero no muestra el entusiasmo que mucho después consigue la puesta, representada en mayo en la ARTYC (Asociación de Redactores Teatrales y Cinematográficos) para conmemorar al pueblo español que combate el fascismo.[59] Muy diferente es la opinión de Amado Blanco que cree fue "un milagro, el milagro de llegar a ese público dispar del Patronato, sacando de él, del fondo de su entrañable pozo, una emoción continuada y tensa. La obra con su sentido eterno" en contraposición con "la falsa orientación de Theatralia que buscaba el pasatiempo y la frivolidad".[60]

Desde enero de 1943 "aumenta el interés por el teatro": Mario Martínez Casado se instala en el América con *Don Rigoberto* de A. Mook y *Topacio*, de Marcel Pagnol, con la rutilante Rosita Fornés. Al cabo de un año de labor, Custodio reseña *Atrévete Susana*, de Ladislao Fedor, en el Principal de la Comedia, que el público acompaña cuatro días a la semana con la atractiva mexicana Magda Haller, futura pareja de Otto Sirgo.[61]

Contra la corriente, de Luis Felipe Rodríguez, se representa el 29 de diciembre de 1943 y se repite en los primeros días de enero de 1944, dentro del rescate de la dramaturgia cubana de Teatro Popular. En su afán por sumar autores, el público acude con fervor a las funciones pesar de la "calidad relativa" de piezas como esta, escribe José Antonio Portuondo. Cuadro de la novela *Cómo opinaba Damián Paredes* (1916), transcribo su descripción de los personajes —se observa su parentesco con *Tembladera* y *Junto al río*— la riqueza de su trama y un interés dramático muy por encima de otras piezas de la temporada.

---

[59] Custodio. "La zapatera prodigiosa". *Hoy*. 27 de abril de 1944. p. 6.
[60] Amado Blanco, Luis. "El milagro de La zapatera prodigiosa". *Artes* 2. pp. 17-18.
[61] Custodio. "Atrévete Susana". *Hoy*. 1º de febrero de 1944. p. 6.

Damián Paredes es un criollo observador y agudo que describe con humor que destiló de sus lecturas de Eca de Queiroz y Anatole France —los autores de moda en ese instante junto con el Nietzsche que difundió también la biblioteca Sempere— los personajes y las peripecias de la villa de Tontópolis, hasta ir a parar con sus huesos en la cárcel por socialista. Libertado, Damián Paredes se refugia, con un poco de amargura, en el cultivo del conuco familiar. [...] *Contra la corriente* es un cuadro que acaso olvidó Luis Felipe Rodríguez insertar en su novela. Sus personajes, don Fausto, el criollo vivo y politiquero, con el descarnado cinismo que suele entre nosotros llamarse con un eufemismo, franqueza; Tomás Machuca, el sargento político de ayer, de hoy y todavía de un mañana inmediato; Doña María, la madre criolla, más atenta al qué dirán y a la prosperidad y felicidad material de los suyos que a los medios de que se vale su cónyuge para conseguirlos; Mr. Smith, el inevitable socio norteamericano que explota la viveza del criollo politiquero y carga con la parte del león, Elena, la hija nacida entre comodidades que las reclama a toda costa, doña Caridad, el reverso de doña María, viuda de un patriota que parece que está en las nubes porque no entra en los turbios manejos de sus vecinos terrenales, Alberto, su hijo, el idealista que se empeña en vivir contra la corriente, especie de Damián Paredes, que, sin el arma de la ironía de este, se rinde al comienzo de la jornada, don Roberto, el criollo escéptico y sentencioso que aparece en cada situación difícil para pronunciar graves razones que nada resuelven pero que sirven para informarnos de lo que opina el autor en cada caso. Hasta el nombre Villafeliz de la ciudad provinciana en que transcurre la

acción del drama, parece un remedo de la Tontópolis de la novela.
62

Portuondo defiende por una parte "la creación de un teatro de esencias nacionales, de afirmación profunda del más legítimo acento cubano con resonancia universal" y por otra, al juzgar el texto representado, cuya elaboración demoró a su autor veinte años, titubea, no sólo porque el suicidio del protagonista entre bastidores es "políticamente incorrecto", (debió haber sido farsa y no tragedia) sino porque por fortuna los hombres de esa generación no han tenido que suicidarse y han seguido "por los justos cauces de la corriente." El teatro de los 40' está lastrado no sólo por la indiferencia sino por las descalificaciones o la conveniencia política. La incesante pero desigual actividad de Teatro Popular no tiene correlato en la crítica, ni la interesada de Custodio o la partidista de Portuondo y a pesar del apoyo entusiasta de escritores, artistas, músicos y técnicos no siempre fue comprendido ni valorado. Marcelo Salinas lo acusa de tendencioso. [63]

El 22 de febrero Patronato presenta *El qué dirán*, de Cuqui Ponce de León e Isabel de Amado Blanco, comedia de dieciséis personajes y dos actos, para algunos una burla de la burguesía habanera en el trasfondo de la II Guerra Mundial y la compasión femenina. [64] El montaje en marzo de *Calle del ángel* de Patrick Hamilton, por Luis Amado Blanco, escritor y periodista, profesor de ADADEL, se considera bastante afortunado: mueve las figuras del melodrama policiaco con escasa acción, utiliza la luz, los trastos, pero ni por

---

[62] Portuondo, José Antonio. "Contra la corriente". *Hoy.* 2 de enero de 1944. p. 10.
[63] Alpízar, Félix P. "Lo tendencioso en teatro popular". *Hoy.* 22 de junio de 1944. p. 6.
[65] Ortega, Antonio. "El qué dirán". *Bohemia* del 20 de febrero de 1944. pp. 14-15, 61, 64.

Marisabel Sáenz Custodio vence el sopor que le produce el texto.[65] *Artes* publica una fotografía del autor rodeado del selecto público del Patronato que acude a cada estreno de frac y traje largo, como en Nueva York o Londres y una nota muy elogiosa de Rafael Marquina. Destaca a Rosa Felipe, "justa en la elocuencia de sus silencios y en la justeza del ademán" y a Violeta Jiménez "con una interpretación no cuajada". Alejandro Lugo "dijo casi bien, se movió casi mal y tuvo el acierto de la alegría" mientras Santelices resultó abrumador al encarnarlo "con mejor voluntad que fortuna". Escribe dentro de la costumbre crítica de recorrer uno a uno los personajes y adjudicarles un adjetivo o una valoración arbitraria.[66] *Artes* es la flamante revista de Teatro Popular que, dirigida por Paco Alfonso, alcanza cuatro ediciones.

Theatralia escenifica *Tovarich*, de Jacques Deval, teatro político tendencioso "con personajes apócrifos, ambiente imaginario e intenciones falsas". Dirigido por María Tubau, también la princesa Tatiana, interpretan Otto Sirgo, Enrique Santiesteban y Agustín Campos con escenografía de Luis Márquez.[67] Un encarte fotográfico de *Artes* muestra al elegante público de Theatralia y el del Principal de la Comedia.

Sequía, drama rural de de José Montes López, se estrena en mayo de 1944 aunque se ha escenificado en 1938 y 1940. A juicio de Agustín Tamargo, es deficiente por los pocos ensayos y otras situaciones adversas pero así todo Teatro Popular es oportunidad para los nuevos autores.[68] *El relevo*, de Félix Pita Rodríguez, se valora como una puesta renovadora, "con dignidad literaria y un concepto más moderno, la resistencia china al invasor japonés llegó al público emocionadamente",

[65] Custodio. "Calle del ángel". *Hoy*. 31 de marzo de 1944. p. 6.
[66] Marquina, Rafael. "Calle del ángel". *Artes*. (Mayo) 1944. Año 1. no. 1.
[67] Losada, Antonio. "Tovarich". *Artes* 1. p. 20.
[68] Tamargo, Agustín. "La sequía". *Hoy*. 28 de abril de 1944. p. 6.

escribe Custodio. Paco Alfonso la dirige sobre la base de luces y cambios de cortinas. Antonia Valdés, Santiago García Ortega, Elodia Riovega y Carlos Paulín realizan una meritoria labor apoyados por la escenografía de Gerardo Tejedor y Romero Arciaga. Francois Baguer agradece su factura moderna ya que "los moldes arcaicos debían ser retirados de los escenarios", insiste en el bello texto de Pita pero señala fallos de la luz.[69] Carlos Felipe envía una carta al director, conmovido por la simpleza y eficacia de sus recursos.[70] Se habla de teatro sintético, directo y ultramoderno.[71] Teatro Popular con *Sancho Panza en la ínsula de Barataria*, de Alejandro Casona, puesta de José López Ruiz ocupa el programa de marzo.

La primera comedia musical cubana, de Olga de Blanck, libreto de María Julia Casanova, *Hotel tropical*, se estrena bajo la dirección de Baralt con "señoritas aficionadas" apoyadas por Enrique Santiesteban y Rosita Fornés, "cuya juventud, figura y entusiasmo harán de ella una actriz cómica, pero eso sí que destierre la música", comenta el reseñista. Un tema intrascendente –la duquesa que desea transformarse en una simple muchacha– fue un éxito rotundo.[72]

El primero de mayo de 1944, Teatro Popular estrena *Invasión*, de Leonid Leonov, recipiente del premio nacional (Stalin) del gobierno soviético. En la obra, la madre de una familia tradicional detiene el avance de los fascistas. A juicio de José Antonio Ramos no hay en ella "una sola de las novelerías comerciales del llamado teatro ultramoderno y quizás ofenda la psicología mariposa de nuestros públicos cine-radio-apáticos." Con el elenco habitual de Teatro Popular (Carlos Paulín y

---

[69] Baguer, Francois. "El relevo de F. Pita Rodríguez". *Arte*s 1. p. 8-10.
[70] Custodio. "Sancho Panza en la ínsula Barataria y El relevo". *Hoy*. 1º de abril de 1944. p. 6. "Una carta sobre Teatro Popular" *Hoy*. 12 de mayo de 1944. p. 6.
[71] Galbe, José Luis. "Un gran aporte a la propaganda de la guerra y el arte teatral nacional." *Hoy*. 29 de abril de 1944. p. 6.
[72] Tamargo. Agustín. "Hotel Tropical". *Hoy*. 16 de abril de 1944. p. 10.

Rosa Felipe entre otros) se presenta junto a Tito Guízar y una disertación de Amado Trinidad.

Ramos sostiene la posición radical de sus últimos años en los que, aunque no milita en el Partido Comunista, defiende sus ideas. [73] Teatro Popular quiere aumentar su membresía, lograr tres mil abonados para alquilar-construir una sede y ofrecer funciones populares en calles y plazas.

Numancia, de Cervantes, dirigida por Schajowicz, según Custodio, es desconcertante. Si su *Hécuba* fue regia –no asiste debido a un cambio de fechas y debe referirse a su repercusión– *Numancia* «renquea». *Hécuba*, estrenada el 1º de octubre, de 1943, con motivo del congreso de profesores emigrados españoles, se anuncia con Lita Lasa como protagonista pero la representa Violeta Casal. Mirta Aguirre defiende a Schajowicz en una carta, conmovida porque en sus «notas al programa» informó que utilizaba la versión de Rafael Alberti (1937) para crear una analogía en momentos de gran incertidumbre europea. Custodio responde a Aguirre –que favorece la utilización política del teatro ya que "no se hubiese representado si gobernasen los fascistas" con parecidos argumentos pero insiste en los fallos de la puesta en escena. Sus días están contados. [74] El 11 de mayo terminan las colaboraciones de Custodio en *Noticias de Hoy* iniciadas el 11 de abril de 1941. El 14 de mayo de 1944, con "Palabras iniciales", empieza la columna de Mirta Aguirre. Si Custodio es un conocedor parcializado con Teatro Popular donde estrena y al que no siempre justifica sus defectos, Aguirre es una escritora comunista que aprecia las comedias banales de Patronato, el teatro universal y detesta la chabacanería y la vulgaridad. Una de sus

---

[73] Ramos, José Antonio. "Sobre Invasión". *Hoy*. 7 de mayo de 1944. p. 10.
[74] Custodio. "Los caprichos de Mariana" *Hoy* .I y II, 22 y 23 de enero de 1943. "Numancia". *Hoy*. 5 de febrero de 1944. La carta de Mirta Aguirre aparece el 10 de febrero y la respuesta del crítico el 11.

primeras notas se dedica a la revista *Artes*.[75] Después a *La moza del cántaro*, de Lope de Vega, puesta de Luis A. Baralt con Patronato en su segundo aniversario, ponderada por su agilidad y picaresca a pesar de que el grupo carece de una figura masculina de los quilates de Marisabel Sáenz o Ana Saínz [76]

No reseña *Nuestra gente*, de Oscar Valdés, en dos actos, cuya acción tiene lugar en un miserable barrio de indigentes y cuyos personajes "son la gente que tiene que dar 365 brazadas para no llegar a la meta, bucea en los latones de basura, cazadora infatigable de un pedazo de pan mugriento y agrio, que cambia periódicos y ropas viejas por víveres en la bodega de la esquina". Agustín Campos la dirige con escenografía "fuerte y sobria" de Gerardo Tejedor y actuaciones de Antonia Valdés, Carlos Paulín y del destacado actor negro Amador Domínguez.[77] En cambio escribe sobre Moliere antes del estreno por Teatro Popular de *El ricachón en la corte*, traducción de *El burgués gentilhombre*, al que critica la supresión de escenas de ballet, entre otras, debido a la «necesidad» y cree que el público se divirtió con este burgués obsedido por la admiración hacia la nobleza, representado por Paco Alfonso mientras la esposa, Rosa Felipe, estaba "demasiado fina". "Un burgués ignorante, tonto, ambicioso, capaz de darlo todo por una sonrisa real. Tipo que, con pequeñas diferencias, sigue existiendo. No falta por ahí rico que anhela unir a una orquesta de cámara, una trompa marina. Ni quien deje de estar convencido de que tan pronto como abre la boca o toma la pluma, crea prosa".[78] El día antes fulminó la resurrección-homenaje de los hermanos Álvarez Quintero con *La flor de la vida*, puesta de Amado Blanco en Patronato con la bella Ana Saínz, precedida de una peroración de Francisco Ichaso en defensa de los

---

[75] Aguirre, Mirta. "Artes" *Hoy*. 24 de mayo de 1944. p. 6.
[76] Aguirre, Mirta. "La moza del cántaro". *Hoy*. 27 de mayo de 1944. p. 6.
[77] Tamargo, Agustín. "Nuestra gente". *Hoy*, 29 de julio de 1944. p. 6.
[78] Aguirre, Mirta. "El ricachón en la corte". *Hoy*. 2 de septiembre de 1944. p. 6.

hermanos que no hay que borrar de un plumazo. [79] Comenta el recién publicado *Teatro* de Flora Díaz Parrado, de visita en la redacción, porque lo más terrible, "más que el capillismo o la peña, el aplauso o la censura, es la hosquedad del silencio de las publicaciones". [80] También el recital de Dalia Iñiguez, las visitas de Blanquita Amaro de triunfo en triunfo en Buenos Aires, dos figuras nacientes, las cantantes Celia Cruz y Julieta Peñalver, con un programa en Mil Diez y las actrices de la emisora, Elvira Cervera, Antonia Valdés, Bellita Borges y Thelma Norton. [81]

Con tono conciliatorio, analiza en junio las puestas de Schajowicz en el tercer año de Teatro Universitario, entre estas un espectáculo "muy sobrio y digno que ninguna agrupación dramática desdeñaría contar en su haber" integrado por *Una tragedia florentina*, de Oscar Wilde, *La dama morena de los sonetos*, de Bernard Shaw y *La carroza de la Pericholi*, de Merimée. En *La dama morena...* los intérpretes, Antonio Vázquez Gallo, guarda de palacio; Shakespeare, Ramonín Valenzuela; la reina Isabel, Dolores Rubinstein; y la Dama Morena, Ofelia Olz, intentaron actualizarla con los problemas de la agrupación. Ramonín, como el Cisne de Avon, no pide a la reina protección para el teatro isabelino como en Shaw, sino solicita al rector de la Universidad ayuda para conseguir una sede ya que representan a la luz de las estrellas y a expensas de la lluvia. "Nosotros, escribe Aguirre, aplaudimos allí como graduados del Alma Mater y como críticos en espera de una reacción favorable de la rectoría". La más elogiosa de sus reseñas, quizás porque gracias a *Numancia* gana su lugar como comentarista o siente empatía por la erudición del director. Un espectáculo "ascético, en total desnudez escenográfica, fijándolo todo a un uso muy discreto de la luz,

---

[79] Aguirre, Mirta. "La flor de la vida". *Hoy*. 1º de septiembre de 1944. p. 6.
[80] Aguirre, Mirta. "Un tomo de teatro". *Hoy*. 29 de septiembre de 1944. p. 6
[81] Aguirre, Mirta. "Mujeres de Mil Diez". *Hoy*. 16 de agosto de 1944. p. 6.

la música y la capacidad de los intérpretes [...]. El Teatro Universitario no es ni quiere ser teatro puro. Aspira a ser —y va camino de serlo— teatro grande y riguroso transido de un espíritu no partidista pero sí anchamente humano y social".[82] Celebra *Divórciate y verás*, *Let's be gay*, de Rachel Crothers, que a petición de Ichaso, de la comisión de obras del Patronato, se estrena dirigida por el binomio Ponce de León-Amado Blanco, con Mercedes Dora Mestre, Violeta Jiménez, Marisabel Sáenz y Juan Lado.[83] Y en julio, a propósito de *El forjador de almas*, de Fernando de Soignie, se adentra en la relación teatro y público. Traza los límites de su apoyo a Teatro Popular al analizar el daño producido por obras seudo revolucionarias como esta. Protagonizada por Paco Alfonso, sin embargo alcanzó llenos de público. Discute la contradicción entre calidad y popularidad. [84]¿Acaso no tolera el mismo fenómeno en el Auditórium con *Divórciate y verás*?

El segundo montaje de Reinaldo de Zúñiga con Patronato es *Mi mujer es un gran hombre*, de Berr y Verneuil. Aguirre escribe una de sus críticas más sueltas y juguetonas. Cuenta cómo en un restaurante cercano, en una noche de calor, oyó los chismes y habladurías de la grey de actores, escudada en ser una cronista desconocida cuando estos sabían que José Manuel [Valdés Rodríguez, de *El Mundo*] no estaba cerca, pero por cautela, se guarda lo que oyó. La obra es "lenta, tonta, pasada de moda". Patronato escoge obras "veraniegas". Zúñiga hizo una "fina" creación en la anterior, pero en esta: "¿Qué quieren ustedes? No hay director capaz de transformar una obra mala en buena". [85] *Biografía* de Behrman, en traducción de José Z. Tallet, en Patronato, marca el debut como director de Ramón Antonio Crusellas, montaje encomiado por Aguirre debido a su calidad, superior a mucho de lo

---

[82] Aguirre. "Teatro Universitario". *Hoy*. 22 de junio de 1944. p. 6.
[83] Aguirre, Mirta. "Divórciate y verás." *Hoy*. 29 de junio de 1944. p. 6.
[84] Aguirre Mirta. "Teatro y público." *Hoy* 2 de julio de 1944. p. 6.
[85] Aguirre, Mirta. "Mi mujer es un gran hombre." *Hoy*. 29 de julio, p. 6.

representado, ya que es más útil a la cultura una buena obra aunque sea pobre en decorados. [86]

Respetuosa, comenta *FU-3001* de Ramos sin saber por qué no se estrena cuando es un encargo de Teatro Popular. Su autor es más que un «predecesor respetable», un compañero actual lleno de vitalidad juvenil. Cita fragmentos del prólogo de Ramos a la edición, "polémico, zumbón, agresivo".

A mí me importa el teatro como arte social en acción, como creación artística, como expresión en diálogo, de forma platónica, universal e insuperable– de todo lo que siente y piensa un pueblo, a través de sus más amorosos y profundos exégetas. Lo demás me parece baratija, abalorios, cuentecitas de vidrio: buhonería de mercaderes.

Pero también señala sus reparos. "Quizás se equivoca él al regatear su confianza a las instituciones dramáticas habaneras; quizás es un tanto desorbitada su dura alusión a los cronistas teatrales de esta hora; quizás su nacionalismo es un tanto rígido, quizás –quizás– hay un poco de amargura en las palabras que preceden al texto. Pero hay también verdades que está bien que haya dicho alguien de cuya honestidad intelectual no se puede dudar". Con estos quizás, la más dura crítica a la politiquería, *FU-3001*, farsa sobre varias formas de decencia indecente, no se ha estrenado nunca. [87] El artículo de Aguirre se cita en las ediciones cubanas, pero no se reproduce la introducción de Ramos. [88] Dos años después lo despide con motivo de su muerte. [89]

---

[86] Aguirre, Mirta. "Biografía de Behrman." *Hoy*. 30 de septiembre de 1944. p. 6.
[87] Aguirre, Mirta. "FU-3001". *Hoy*. 10 de octubre de 1944, p. 10.
[88] Ramos, José Antonio. *Teatro*. Selección y prólogo de Francisco Garzón Céspedes. Biblioteca Básica de Autores Cubanos, 1976 y *La recurva y otras obras*. Prólogo de Humberto Arenal, 2013. Ambas incluyen *FU-3001* sin el prólogo.
[89] Aguirre, Mirta. "Duelo en la cultura cubana". *Hoy*. 1º de septiembre de 1946. p. 10.

Frenesí de Charles Peyret Chappuis, se representa el 5 de junio de 1944. La puesta pobre de Guillermo de la Mancha no satisface las expectativas y recursos de Theatralia. Luis Amado Blanco dirige *Cordón de plata* de Sydney Howard, con Martha Muñiz, Marisabel Sáenz, Alberto González Rubio, Eduardo Egea y Violeta Jiménez.[90] Schajowicz dirige con mucha finura a los actores de La Guilda, en *La sirena varada* de Casona, interpretada en Patronato por Luisa Caballero.[91] Antes *Sancho Panza en la ínsula de Barataria*, de Casona, dirigida por José López Ruiz, es el primer montaje cubano del dramaturgo, aunque Custodio lo considera del "viejo estilo teatral". Theatralia presenta *Jacobowsky y el coronel*, de Franz Werfel, en versión norteamericana, adaptada por Behrman, reducida "a lo cómico superficial" por la directora Lorna de Sosa. Paco Alfonso interpreta el coronel.[92]

---

[90] Aguirre, Mirta. "Cordón de plata". *Hoy*. 2 de noviembre de 1944. p. 6.
[91] Aguirre, Mirta. "La sirena varada". *Hoy*. 1º de diciembre de 1944. p. 6.
[92] Aguirre, Mirta. "Jacobowsky y el coronel". *Hoy*. 11 de noviembre de 1944. p. 6.

Experimentos en la Academia

ADAD (Academia de Arte Dramático) se constituye como institución de asociados presidida por Modesto Centeno. Uno de sus primeros montajes es *Doña Rosita la soltera*, dirigida ágilmente, con absoluto respeto a "ese perfume de vieja hoja seca" por Reinaldo de Zúñiga, con vestuario de Andrés y escenografía de Luis Márquez. En el reparto, Violeta Jiménez, Regina Suárez y Gina Cabrera como las exageradas señoritas cursi y por supuesto, el personaje estelar, interpretado por Marisabel Sáenz que con tres años y medio de labor, se ha impuesto como una consagrada al actuar con diferentes directores y en distintos géneros, estilos y épocas y demostrar su talento y versatilidad. [93] Se escriben artículos sobre ella y se publican entrevistas y fotografías. A fines del año, en *Espíritu burlón* de Noel Coward, del Patronato, sobresale "su tendencia a resolver la comicidad mediante el grotesco". [94]

En enero de 1945 Teatro Popular presenta *El alcalde de Zalamea*, de Calderón de la Barca, dirigida por Paco Alfonso; Patronato, El c*amino del cementerio*, de Rafael Suárez Solís, dirigida por Baralt y la notable, de acuerdo a la crítica de Aguirre, dirección de Isabel de Amado Blanco y

---

[93] Aguirre, Mirta. "Doña Rosita la soltera". *Hoy* 9 de noviembre de 1944. p. 6 y Tamargo, Agustín. "Marisabel Sáenz y García Lorca". 7 de noviembre. p. 6.
[94] Aguirre, Mirta. "Espíritu burlón". *Hoy*. 23 de diciembre de 1944. p. 6.

Cuqui Ponce de León, de *El tío Enrique,* de Thomas Job, en el Auditórium. Theatralia, *Teatro,* de Somerset Maughan y Guy Bolton, por Lorna de Sosa, con una actuación aplaudida de Violeta Casal y Gaspar de Santelices, secundados por Zulema Casal y Eduardo Egea.[95] Carlos Badías protagoniza y dirige una antigualla, *La enemiga* de Darío Niccodemi, de conflicto grueso, ambiente fofo, primitiva técnica y ampuloso diálogo, acechados por un "Freud nicodémico". Pilar Mata fue sustituida a última hora por Martha Muñiz, "sólida" artista aún en condiciones desfavorables, Carlos Badías estuvo huérfano de movimientos, inseguro, gélido y bastante deficiente Eva Vázquez.[96] Le sigue en marzo *Romance*, de Edward Sheldon, dirigida por de Sosa.

ADAD (Asociación de Arte Dramático) se inaugura en febrero de 1945. Un teatro fundado "como sacudida, inquietud y aprendizaje" escribe Aguirre. "En nuestro país de improvisaciones artísticas […] nace bajo el signo de la humildad y el estudio. Esto basta para que el proyecto haya de ser visto con simpatía". Con sutileza subraya el carácter experimental de la agrupación que se inicia.

> Si el Teatro ADAD se encamina con el tiempo por las huellas del Patronato del Teatro, del Teatro Universitario o de Theatralia, no diremos que su existencia sería superflua porque eso sería faltar a la verdad, pero sí que sus fundadores no supieron llenar la gran laguna teatral de nuestro país. Si por el contrario, el Teatro ADAD se convierte realmente en el refugio de los especializados en las cuestiones dramáticas, en la fragua de sus inquietudes, en un verdadero teatro experimental, no solamente en la forma –esto es relativamente fácil de lograr– sino también y principalmente en el fondo; si […] se propone ser lo que en suma, puede y debe, lograría

---

[95] Críticas de Aguirre en *Hoy* del 19, 20 y 27 de enero de 1945. p. 6.
[96] Aguirre, Mirta. "La enemiga". *Hoy*. 21 de febrero de 1945. p. 6.

ser el teatro de los artistas sin conservadurismos estéticos ni afanes de éxito comercial ni esos regodeos minoritarios que con tanta frecuencia malogran en otros campos iniciativas similares.

Integran su ejecutivo Modesto Centeno, presidente; Julio Martínez Aparicio, Francisco Morín y Reinaldo de Zúñiga, vocales; Lolita Centeno, secretaria; y tesorera, Marisabel Sáenz.

Hechizo, de Modesto Centeno, bajo su dirección, *Música de hojas caídas*, de Rosso di San Secondo, dirigida por Manuel Estanillo y *Un hombre del tipo de Napoleón*, de Sacha Guitry, por Julio Martínez Aparicio, se estrenan en el Lyceum. La de Centeno es la más esperada. Dos personajes y ninguna acción conducen una trama poética y simbólica, "sobre el duelo eterno entre el desaliento humano y la resurrección de la esperanza". Interpretada por Eduardo Egea y Luisa (Gina) Cabrera, Aguirre estimó que la de Guitry era un «borroncito en el camino», a pesar de la "ágil" dirección de Martínez Aparicio y les recomendó no usar la música con sentido radiofónico.[97]

Zúñiga dirige en Teatro Popular *Todos los hijos de Dios tienen alas*, de O'Neill, con Teté Vergara, Antonia Valdés, Eduardo Acuña, Elena Bernal, Santiago García Ortega, entre otros, montaje de finura y fuerza, que consigue una mención de ARTYC.[98] La segunda noche (25 de marzo) se representa *Las aceitunas*, de Lope de Rueda, dirigida por Manuel Estanillo, *Noche de esperanzas* de Flora Díaz Parrado, por Rubén Vigón y *La venganza de Pierrot*, de Rafael de la Paz, por Julio Martínez Aparicio. Aguirre se va antes de la tercera obra y sobre *Noche…* remite al libro reseñado porque "padeció de una gruesa insistencia en lo grotesco. Escenas como la del burro hicieron esto muy perceptible. No en balde, una de las cosas más difíciles de conseguir en el teatro, es el

---

[97] Aguirre, Mirta. "Teatro ADAD". *Hoy*. 6 de febrero de 1945. p. 6
[98] Aguirre, Mirta. "Todos los hijos de dios tienen alas." *Hoy* 2 de marzo de 1945. p. 6.

tono justo de la farsa. Marisabel Sáenz cayó, frecuentemente, en el grito, defecto que nuestra estimada actriz debe vigilarse cuidadosamente." Se oficializa como sede de ADAD el escenario de la Escuela Valdés Rodríguez, moderna construcción de Emilio Vasconcelos, escuela municipal para varones, situada en la calle 6 entre Tercera y Quinta, Vedado. Díaz Parrado se menciona una vez más, con motivo de un encuentro amistoso y no se vuelve a hablar de Paz. [99]

Suicidio, de Luis Amado Blanco, se anuncia por sus innovaciones técnicas –un plano de luces del ingeniero José Cadreche nunca antes usado y el sonido del ingeniero Iñigo para las selecciones musicales de José Ardévol– pero el resultado al parecer fue deficiente. Juan Marinello se excusa porque no lograba oír los textos y se defrauda con el comportamiento del público. [100] Estrenada el 3 de abril, se supone Francois Baguer escribió en *Crisol* y Francisco Ichaso en el *Diario de la Marina*. Integran el elenco Marta Muñiz, Miguel Llao, Alejandro Lugo, Rosa Felipe, Rafael Ugarte, Ernesto de Gali y Eduardo Egea.

Teatro Popular estrena *Los bajos fondos* de Gorki, dirigida por Paco Alfonso, con el auxilio de Manuel Estanillo, con las experimentadas Antonia Valdés y Zulema Casal y la debutante Raquel Revuelta como Ana "toda voz y únicamente voz, un personaje soberbiamente conseguido sin insistencias melodramáticas ni lloronas". [101] Un lento y tradicional montaje de *Barranca abajo*, de Florencio Sánchez, por José López Ruiz y *El mendigo rojo*, de Luaces, muy satisfactorio, de Santiago García Ortega, entre otros, colocan al grupo, de golpe, en unos meses, pese a las limitaciones económicas, a la cabeza del movimiento teatral.

---

[99] Aguirre, Mirta. "Teatro." *Hoy*. 28 de marzo de 1945. p. 2. Ver "El sitierito", crónica del 29 de marzo de 1946. p. 6. [Sobre un encuentro amistoso de la escritora con Sarah Hernández Catá, Ofelia Rodríguez Acosta y el músico Eliseo Grenet, autor de El sitierito.]
[100] Cuadriello, Jorge Domingo. "Amado Blanco en su Centenario". *La Gaceta de Cuba* 2, (2003): 26-31.
[101] Aguirre, Mirta. "Los bajos fondos." *Hoy*. 12 de abril de 1945. p. 6.

[102] El presidente de la República anuncia ha destinado a sus fondos uno de los sorteos de la Lotería Nacional.

Un programa conjunto ocupa en mayo a ADAD: *Magdala* de Centeno, obra de cámara sobre la fantasía trágica de una solterona interpretada por Rosa Felipe y Elena Bernal. Mirta Aguirre se pregunta "¿Por qué [Centeno] no sale de los límites introspectivos, torturadores y demoníacos? ¿Por qué no arroja lejos de sí esa tentación torturadora […] un poco morbosa a lo Stefan Zweig, revelada en estas dos breves piezas suyas?" Del mismo modo que Centeno dejó de actuar, aunque según Custodio tenía excelentes condiciones, no vuelve a escribir teatro y lo que es más triste, sus textos no se han recuperado. Zúñiga dirige *El patán*, de Chejov, con Marisabel Sáenz, José de San Antón y Manuel Estanillo. Francisco Morín, *Las preciosas ridículas* de Moliere, el primero con ADAD. "Apegada al estilo molieresco y sin exageración en la comicidad", Aguirre le objeta la extensión de un pequeño ballet ejecutado antes de mostrar un busto del autor al final. [103] Antes dirigió *La llama sagrada* en el Liceo de Ceiba del Agua.

Martha Muñiz está "fría, afectada y poco convincente en *La carta*, de Somerset Maughan, dirigida por Ramón Antonio Crusellas, escribe Aguirre, así como resalta el valor de Otto Sirgo al aceptar un papel fuera de la categoría de los estelares. Una asidua al Patronato contestó sus juicios y la comentarista necesitó desmenuzar su reseña palabra por palabra y adjetivo por adjetivo [104] Aguirre previene a Patronato, en ocasión del montaje de Baralt de *Días felices* de Puget, sobre su tendencia a hacer concesiones. [105] Reseña entusiasta *Edipo rey*, de

---

[102] Aguirre, Mirta. "El mendigo rojo." *Hoy*. 2 de junio de 1945. p. 6.
[103] Aguirre, Mirta. "Teatro ADAD." *Hoy*. 29 de mayo de 1945. p. 6.
[104] Aguirre, Mirta. "La carta". *Hoy*. 4 de mayo de 1945. "Críticas a una crítica", 12 de mayo de 1945. p. 6.
[105] Aguirre, Mirta. "Días felices". *Hoy* 31 de mayo de 1945. p. 6.

Sófocles, de Teatro Universitario, por *no ser tan experimental*, ya que es "el de Sófocles y no el Edipo de Freud".

La crítica respeta ante todo el texto, su ritmo vivo y sin caídas y se fascina no con la acción sobre la escena, sino esta como portadora de saber y alta cultura, a manera de la ilustración de una conferencia. Hasta ahora casi todos respetan la real contribución de Schajowicz pero se refiere a sus puestas con dos o tres adjetivos o lugares comunes. Se crea la mítica de los montajes del Teatro Universitario, el ámbito, un espacio sagrado en el pórtico del Felipe Poey y la Plaza Cadenas, entre las columnas y los peldaños de las escalinatas de los edificios neoclásicos. Se ha ponderado la meritoria traducción de Juan Miguel Dihigo, la Yocasta de Coralia de Céspedes, el Tiresias de Antonio Vázquez Gallo y el conjunto de actores, pero apenas se ha estudiado cual fue la lectura o la mirada del director que convierte el coro de ancianos en gente del pueblo e introduce las *moiras* para acentuar su carácter ritual y aligerar el oratorio. [106]

Violeta Casal interpreta *Yerma*, en julio, dirigida por Zúniga dentro de una expresiva pero sobria concepción, "sin dejarse arrastrar, sin efectismos".[107] En *Anatol*, "dramatización de tres episodios de Arthur Schnitzler, Modesto Centeno extrajo sus mejores posibilidades en un tono de fina ligereza que no excluyó "sonreída profundidad". Ramón Valenzuela actuó impecablemente como José de San Antón; Blanca Díaz estuvo muy floja en "Interrogando al destino". Como siempre, Sáenz en *Cena de despedida*, resultó lo más aplaudido de la noche, –la borrachera– ya que se centró en el punto adecuado con mucha exactitud".[108]

---

[106] Aguirre, Mirta. "Edipo rey." *Hoy*. 12 de junio de 1945. p. 6.
[107] Aguirre, Mirta. "Yerma." *Hoy*. 12 de julio de 1945. p. 6.
[108] Aguirre, Mirta. "Anatol" *Hoy*. 31 de julio de 1945. p. 6.

Esta chica es un demonio, comedia de Tito Isausti y Arnaldo Malfatti, en Patronato, dirigida por Reinaldo de Zúñiga, muy lograda en lo formal, "no sólo es el éxito de Paulina Singerman sino de Marta Muñiz". Desde El Chirimoya de Enrique Medina y la Brígida de Antonia Valdés, hasta el Segundo de José de San Antón, "todos estuvieron muy bien"; Aparicio, muy natural, pero Aguirre no pudo dejar de dolerse con "el resultado de los mil quinientos pesos que dedica mensualmente a sus actividades, porque es una comedia de técnica anticuada, sin un solo atisbo de gracia fina, sin espiritualidad y con sesera de estopa. Sobre todo, en un país donde se desconocen las nueve décimas partes del buen teatro universal".[109] Estimable halló *Espectros* de Ibsen, dirigida por Julio Martínez Aparicio, ya que prefiere "los naufragios con buenos autores que los aciertos con obras malas" y celebra la aproximación del director. Raquel Revuelta como Elena Alving, "a pesar de su inexperiencia, supo sacar lo más de sí misma y resolver los momentos más comprometidos, aunque le señala que no sabe qué hacer con los brazos, todavía para ella un peso muerto".[110]

El reto mayor fue el programa de octubre con *La voz humana*, de Jean Cocteau, interpretada por Marisabel Sáenz, *El retablillo de don Cristóbal* de Lorca y *La arañita en el espejo*, de Azorín, dirigida por Martínez Aparicio. Los títeres son lo más logrado, falla la pieza de Azorín pero Marisabel la salva con su sola presencia como la dirección de Centeno el monólogo de Cocteau a pesar de que "ha envejecido". Zúñiga dirige el guiñol –Aparicio, Revuelta y Ángel Toraño en el movimiento y las voces de los títeres– mientras Bernardo Pascual interpreta el poeta. Atemorizados, se justifican en el programa ante "lo duro del lenguaje de Lorca que no hemos podido eludir". Y una solicitud "No nos alcanza para comprar madera, papel, cartón, etc. –

---

[109] Aguirre, Mirta. "Esta chica es un demonio." *Hoy*. 31 de agosto de 1945. p. 6.
[110] Aguirre, Mirta. "Espectros." *Hoy*. 2 de septiembre de 1945. p. 10.

con que dar a este tablado, huérfanos de recursos, aspecto distinto de acuerdo con el montaje más discreto de cada obra". Aguirre los secunda "porque piden poco, porque están dando a La Habana el teatro más inquieto y más interesante, porque ponen en su labor un desinterés absoluto y una intachable limpieza artística".[111] Julio Martínez Aparicio aporta el fallido *El tiempo es un sueño* de Henri de Lenormand, débil dirección, con Enrique Cámara, Conchita Brando, Gina Cabrera, Charles Abreu y Raquel Revuelta, en un personaje que todavía no se ajusta a su escasa experiencia.[112]

El 31 de octubre abre la temporada invernal de Patronato en el Auditórium con tres obras de personajes femeninos como homenaje a Marisabel Sáez. *Los despachos de Napoleón*, de Bernard Shaw, *La voz humana*, de Jean Cocteau y *Cena de despedida,* de Arthur Schnitzler, dirigidos por Modesto Centeno que como Zúñiga y Aparicio, se comparten entre las agrupaciones.[113] Crusellas estrena en Patronato *El murciélago* de Mary Roberts Reinhardt, policiaco con recursos de comicidad. Las luces, sonidos y efectos son de Enrique Iñigo y el elenco lo integran Alejandro Lugo, Lolita Berrio y José de San Antón.

Socorrito González regresa en noviembre a Patronato. Miembro de las compañías de María Guerrero y de Irene Alba, ha recorrido con estas América y España. *Las tres perfectas casadas* de Alejandro Casona recibe una crítica muy severa de Aguirre, contraria también al estreno de *Los ojos de los muertos*, de Jacinto Benavente, dirigido por Hortensia Gelabert, ya que como escribe la sección «En Cuba» de *Bohemia* octubre titulada "Las ratas abandonan el barco a punto de zozobrar". Gelabert, esposa de Emilio Thuillier, auxiliar social de la falange en Madrid, es pésima directora, mala actriz, busca refugio en Cuba, su

---

[111] Aguirre, Mirta. "Teatro ADAD" *Hoy*. 2 de octubre de 1945. p. 6.
[112] Aguirre, Mirta. "El tiempo es un sueño." *Hoy*. 30 de octubre de 1945. p 6.
[113] Aguirre, Mirta. "Homenaje a Marisabel Sáenz." *Hoy*. 2 de noviembre de 1945. p. 6.

tierra natal. [114] En enero de 1946 Gelabert dirige en Patronato y continúa su carrera en Pro Arte hasta 1953. A saber sus últimos estrenos de ese año son *Los cisnes* y *La rifa de Nicanor o todo lo puede el amor* de Matilde Muñoz.

Con *La importancia de llamarse Ernesto,* de Oscar Wilde, Modesto Centeno logra una puesta "impecable". Eduardo Egea (Ernesto) es uno de los primeros nombres masculinos del país y Marisabel Sáenz, "vestida de cacatúa verde", está muy bien de comicidad. Pero Aguirre se anticipa a un dilema no sólo válido para ADAD. Certera en su análisis sobre las políticas culturales y seguidora de una temporada rica en variedad, juzga o especula sobre el temor que representa el crecimiento de la base de abonados de ADAD y si "garantizar la supervivencia económica", podría desvirtuar su carácter, "como a su modo el de Patronato del Teatro". Cree que si se descarta el respaldo oficial y directo de un organismo de masas, "si hay un público numeroso, este conduciría fatalmente al rebajamiento de la calidad artística de los espectáculos. "No puede negarse –escribe– que la mediocridad de las obras del Patronato, se debe al temor de que la representación de buenas piezas se traduzca en un descenso del número de sus asociados. Temor que, sin dudas, está justificado, y sólo permite una solución artística –sacrificar la cifra de socios a la calidad del espectáculo– u otra que en este caso no nos atrevemos a llamar comercial, pero sí equivocada, como la de supeditar los valores dramáticos al nivel medio de quiénes pueden llenar una platea a tres pesos por cabeza."

Esperamos una acentuación de sus signos de teatro experimental. Queremos verle el buen teatro norteamericano, que no es el que triunfa en Broadway, el gran teatro ruso de ayer y de ahora; las

---

[114] Aguirre, Mirta. "Las tres perfectas casadas." *Hoy.* 30 de noviembre de 1945. p. 6.

renovaciones actuales de fondo y de forma; y la gran belleza eterna que viaja desde el teatro griego hasta el soviético. Y que no se diga que eso no puede hacerse en la pobreza. Puede hacerse si no se da al terciopelo de una cortina más valor que a un texto de Shakespeare. No es censura sino ansia por el buen teatro en nuestro país. Es lo cierto que en nuestro país y en nuestra época el teatro bueno sólo es conseguible por la vía –la mejor– del teatro de masas, de la agrupación dramática independizada de lo mercantil por virtud del respaldo de una organización de masas o por la vía estrecha de los pequeños teatros fundados y sostenidos por la *intelligentzia* dramática no para agradar al público burgués sino para enriquecer su propia experiencia artística". [115]
Ninguna mención a la dramaturgia cubana.

En *La dama del alba*, de Alejandro Casona, del repertorio de Margarita Xirgu, (función en honor del presidente Grau San Martín por su apoyo a Patronato), representada también en Farseros, Luis Amado Blanco une a "su sensibilidad de escritor el rigor del crítico y la técnica del *regisseur* estudioso". Las actuaciones, muy logradas en opinión de Aguirre, destacan a una novel Raquel Revuelta que como la Peregrina se anotó un trabajo excelente. "Su maravillosa voz, su rostro hermoso, su gracia lírica, la delicadeza y la contención que le son inherentes contribuyeron a crear un personaje que difícilmente habría sido mejor logrado". Actúan también José de San Antón, Marisabel Sáenz, insuperable, Rosa Felipe, exacta y sobria como de costumbre y Ernesto de Gali. [116]

A finales de 1945 Teatro Popular recesa. Desaparece Theatralia.

---

[115] Aguirre, Mirta. "La importancia de llamarse Ernesto". *Hoy*. 4 de diciembre de 1945. p. 6.
[116] Aguirre, Mirta. "La dama del alba". *Hoy*. 23 de diciembre de 1945. p. 10.

En 1946 se observa cierta fatiga después de intensa actividad. El teatro viejo se sostiene. Hortensia Gelabert abre la temporada de Patronato con *El abanico de Lady Windermere*, de Oscar Wilde en el Auditórium. Aguirre se va al final del segundo acto porque "era penoso y ridículo el espectáculo de una vejez que no se respeta a sí misma, fascista por más señas". [117] Julio Martínez Aparicio estrena *Una farsa en el castillo* de Ferenc Molnar por el aniversario de ADAD y Reinaldo de Zúñiga, su cuarta obra de Lorca, *La casa de Bernarda Alba,* con un reparto muy criticado: María Josefa, de ochenta años, interpretada por Raquel Revuelta, de veintiuno. Acertadísima Rosa Felipe como Martirio y Alicia Agramonte en Angustias. Santiago García Ortega escoge *Otra vez el diablo* de Alejandro Casona.

Raquel Revuelta y Alejandro Lugo interpretan *La mujer del farol*, de José Ángel Buesa, en ADAD, dirigida por Modesto Centeno, volcada al lirismo y la intimidad. El poeta "capaz de escribir «invernizianos», conduce a su público a las más riesgosas exageraciones románticas para después guiarlo al buen redil". Se repite *Hechizo* y la pieza de Guitry. Ni siquiera porque Buesa es el poeta neo romántico de gran popularidad, se conocen sus obras para el teatro. [118]

La preocupación de Schajowicz con *El mercader de Venecia*, de Shakespeare, era que no se interpretase como antisemita, lo que a juicio de Aguirre, logró Rafael Ugarte en su Schylock aunque la puesta adoleció de un ritmo flexible pero lento. Participan además Nena Acevedo, Hilda Perera, Ernesto de Gali, Roberto Garriga y Maritza Rosales, principiantes que tendrán destacadas carreras. [119] *Casa de muñecas*, de Ibsen, dirigida por Zúñiga, aunque correcta, se juzga muy lenta, ya que en Ibsen como en Shaw, "debido a la densidad de los

---

[117] Aguirre, Mirta. "El abanico de Lady Windermere". *Hoy.* 2 de febrero de 1946. p. 6.
[118] Aguirre, Mirta. "Teatro ADAD". *Hoy.* 2 de abril de 1946. p. 6.
[119] Aguirre, Mirta. "El mercader de Venecia". *Hoy.* 6 de abril de 1946. p. 6 y "Mirandolina", 29 de mayo de 1946. p. 6.

diálogos, hay que cuidar en primer término la agilidad escénica. Gina Cabrera logra dar al personaje una tónica de sostenida dignidad que, como en final del primer acto, tuvo certeros logros". También en el reparto Gaspar de Santelices y Alejandro Lugo. [120] *Mirandolina*, de Goldoni, montaje de Schajowicz con Teatro Universitario se comenta por una interina y el 3 de agosto de 1946 aparece la última crítica de Aguirre a una dirección suya, *María Estuardo* de Schiller, cuyo balance "no es de los mejores". La puesta necesita de una poda que el director no se atrevió a hacer y más ensayos del elenco más o menos fijo de los alumnos del Seminario, Luisa Caballero, Dolores (Loly) Rubinstein, Roberto Garriga, Rafael Ugarte y Antonio Vázquez Gallo, entre otros. Aguirre repite su idea de que es preferible «esto» al acierto brillante con Niccomedi o Linares Rivas. [121]

El director y su esposa, la actriz Caballero, parten hacia Puerto Rico aunque todavía el 5 de diciembre el austriaco pronuncia una charla bajo el título "Rostro y carácter". Nicolás Rodríguez se despide para viajar a México. Custodio, en la isla, se vincula a Pro Arte Musical. Lorna de Sosa continúa su quehacer en casi todas las agrupaciones hasta 1955. [122] En mayo se estrena *Casa de muñecas*, de Ibsen, con dirección de Zúñiga y en junio, *Lo que no se dice*, de Cuqui Ponce de León de Upmann e Isabel de Amado Blanco, binomio que no pretende "alcanzar fórmulas nuevas ni romper moldes consagrados" sino una "comedia de costumbres cubanas de nuestros medios burgueses" como años antes con *El qué dirán*. Para Aguirre, "la pieza asimila muy bien la técnica de la comedia de salón de Broadway con el ibsenismo feminista y el diálogo de espuma ingeniosa a lo Bernard Shaw". Su montaje "es intachable". Con Asunción del Peso, Gina Cabrera, Raquel Revuelta,

---

[120] Aguirre, Mirta. "Casa de muñecas". *Hoy*. 2 de mayo de 1946. p. 6.
[121] Aguirre, Mirta. "María Estuardo". *Hoy* 3 de agosto de 1946. p. 6.
[122] Luis, Adolfo de. "Presencia y ausencia de Lorna de Sosa." *Diario de la Marina*. 20 de septiembre de 1955. 18 A, 20 A.

Eduardo Egea, Fedora Capdevila y Pedro Martín Planas, entre otros. Patricia O' Connor rescata el texto, considerado "subversión femenina de guante de seda".[123]

Los premios Talía de Patronato se entregan a la puesta de Luis Amado Blanco de *Calle de ángel,* a Rosa Felipe y José de San Antón por sus actuaciones, Marisabel Sáenz por *Cena de despedida*, dirigida por Centeno y a Alejandro Lugo por *Casa de muñecas*. Aguirre los compara a los Oscar de Hollywood. Se festejan cuatro años de "esfuerzos sin rupturas en favor de un desarrollo escénico nacional harto importante". Patronato, presidido por Baldomero Grau, "no ha desmayado en esa labor de todo un mes que se vuelca en los resultados de una sola noche".[124] ADAD representa *Seis personajes en busca de autor* de Pirandello. *Anna Christie*, de O'Neill, dirigida por Ramón Antonio Crusellas, en julio, tiene "valores pero sin animar del todo la tumultuosa obra de O'Neill" con un reparto «aficionado» encabezado por Martha Muñiz y Sergio Doré.[125] ADAD presenta *Ya no me dueles, luna*, de Paco Alfonso, bajo su dirección. Teresa Proenza la reseña —Aguirre está en México—. Ubicada en el siglo XIX, es la historia de una madre soltera, Gertrudis, interpretada por Raquel Revuelta, recluida con su sirvienta (Antonia Valdés) "que deja escapar a su hija hacia la vida". Alfonso sale del marco del teatro social y escoge el melodrama mientras Revuelta se adapta a cualquier obra, incluso las fallidas. Se escribe que tiene "dicción clara, intenso temperamento dramático y gestos admirables, propios de gran actriz. Sabe reír y llorar con gran propiedad".[126]

---

[123] O' Connor, Patricia. "Subversión femenina en guante de seda: la colaboración teatral de Isabel de Amado Blanco y Cuqui Ponce de León." *Estreno*. Vol. XXXI, no. 2, 2005. pp. 9.15.
[124] Aguirre, Mirta. "Lo que no se dice". *Hoy*. 1º de junio de 1946. p. 6.
[125] Proenza, Teresa. "Anna Christie". *Hoy*. 3 de julio de 1946. p. 6.
[126] Proenza, Teresa. "Ya no me dueles, luna". *Hoy*. 9 de julio de 1946. p. 6.

En agosto se representa *El perro del hortelano,* de Lope de Vega, por ADAD, dirigida por Modesto Centeno de forma audaz, plena de gracia. José de San Antón hizo el gracioso, que decayó en la medida que intentaba hacer reír al público, Marisabel realizó con discreción su Diana de Balfour, especialmente "quien mira mal, llore bien", Gina Cabrera hizo una creación sobria y delicada. Un acierto por su manera discreta de aproximarse a la obra.[127] Bajo la dirección de Zúñiga, *La hiedra,* de Xavier Villaurrutia, plantea un "complejo problema", según reza la nota, "que será bien comprendido por el público del Patronato, alerta a las más novedosas tendencias". Los llamados complejos problemas son por lo general temas morales tabú, no ventilados en la sociedad. Integran el reparto Rosa Felipe, Marisabel Sáenz, Eduardo Egea, Alicia Agramonte, Carmen Varela, con escenografía de Luis Márquez. Un poco "teñida de freudianismo", comenta Aguirre, se asienta en un doble conflicto pasional y familiar, pero es débil, trasnochada, "ayuna del ambiente mexicano" y junto a *La mujer legítima,* dará al espectador una idea del teatro de este autor. Con una Alicia de "mordidos rencores", sí, también la crítica erudita puede maltratar el lenguaje, Rosa Felipe mostró gran dominio del personaje, Carmen Varela lo mantuvo "en un nivel muy digno", Ernesto de Gali hizo un loable esfuerzo de agilidad dentro de la pesantez del suyo y Marisabel Sáenz, ya no una principiante incapaz de aceptar una crítica severa, estuvo muy floja y le salió un hálito de "teatro viejo, guerreresco, fabreguesco, que Marisabel jamás había padecido". En el programa de esa función, a propósito de la llegada de Sagi-Vela, se aboga por abolir los altos impuestos que pagan las compañías extranjeras por representar, una lanza ya quebrada, según Aguirre, por ella y otros críticos.[128]

---

[127] Aguirre, Mirta. "El perro del hortelano". *Hoy.* 14 de agosto de 1946. p. 6.
[128] Aguirre, Mirta. "La hiedra". *Hoy.* 3 de septiembre de 1946. p. 6.

Algunos miembros de ARTYC se reúnen el 5 de septiembre con el alcalde Manuel Fernández Supervielle para discutir la necesidad de un teatro municipal y una Academia de Artes Dramáticas. El político cree que el teatro debía regirse por un patronato para librarlo "de las contingencias electorales". Entre los asistentes, Francois Baguer (*El Crisol*); Tonia Sastre; Eduardo H. Alonso, (*Alerta*); Arturo Ramírez (*Cartele*s); Sergio Piñero, Francisco Ichaso (*Diario de la Marina*); G. Barral (*Bohemia*); José Manuel Valdés Rodríguez (*El Mundo*), José Ardévol, Mirta Aguirre (*Hoy*). [129] Bajo la dirección de Julio Martínez Aparicio, se crea la Academia al año siguiente.

Francois Morín dirige para ADAD *Hacia las estrellas*, de Leónid Andreiev. Mirta Aguirre la introduce (sustituye a José Manuel Valdés Rodríguez, presidente de la asociación cubano-soviética). Ubica al autor dentro del «pesimismo cósmico» al contraponer "el puro movimiento planetario a la locura, la necedad, el ímpetu suicida de una humanidad que parece destinada a destruirse a sí misma". [130] La puesta debió tener un significado especial para Morín, por la indicación que escribe al dorso de una fotografía, una de las pocas que conservaba: "debe verse a la luz solar para observar las estrellas en el cielo". Con un reparto numeroso, Vicente Revuelta es el traspunte y su padre, el personaje protagónico.

Martínez Aparicio dirige una pieza policíaca, *Mr. Beverley*, de Berr y Verneuil, con notable soltura, en la que actúan Ana Saínz, Gina Cabrera, Loly Rubistein, Sara Seco, Ramón Valenzuela, Modesto Soret y Ángel Toraño. [131] ADAD, *El viajero sin equipaje* de Anouihl, dirigida por Reinaldo de Zúñiga, con Modesto Soret, Alicia Agramonte, Rosa

---

[129] Aguirre, Mirta. "Hacia un teatro municipal". *Hoy*. 5 de sept. de 1946. p. 6.
[130] Aguirre, Mirta. "Palabras sobre Leonidas Andreiev". *Hoy* 8 de septiembre de 1946. p. 10.
[131] Aguirre, Mirta. "Notas y comentarios". *Hoy*. 20 de sept de 1946. p. 6; "Mr. Beverley" Hoy 3 de octubre de 1946. p. 6.

Felipe y Fedora Capdevila, muy pulcro y digno, de ritmo adecuado, sobriedad general y correcta ambientación.

La índole del repertorio obliga a Aguirre a ceñirse a fórmulas cada vez más convencionales ya que escribe sobre obras muy conocidas o de baja calidad.[132] El 9 de noviembre ADAD presenta *El paquebot Tenacity*, de Charles Vildrac, dirección de Antonio Vázquez Gallo, con un elenco que incluye a María Ofelia Díaz, Dolores Rubinstein y Eduardo Egea. "El reparto se desenvolvió sin brillantez, pero sin grandes deficiencias". Se agradece en el programa al presidente de la República Ramón Grau San Martín el donativo de dos mil pesos para ADAD, cuya labor es "nobilísima, desinteresada, de honda eficacia artística", ya que el único apoyo recibido hasta ahora ha sido el préstamo del local por parte del municipio habanero.[133] *Prohibido suicidarse en primavera*, de Casona, dirigido por Martínez Aparicio, sube a escena en diciembre. Vicente Revuelta debuta como el amante imaginario, "un personaje cómico que yo hacía dramático", recuerda el actor. La desaparecida Theatralia distribuye equitativamente sus decorados entre ADAD y Patronato.

En enero de 1947 aumenta la cuota de ADAD a sus asociados de veinte a sesenta centavos. La rapidez de sus montajes, sin tiempo de ensayo, fomenta, salvo aisladas excepciones, la concepción del director como un montador que en ocasiones trae o recibe de Nueva York o Londres el texto y el concepto escenográfico y lo copia con lujo de detalles. Es la puesta-reproducción. Jóvenes audaces en una carrera feroz por imponerse, desconocen la dramaturgia cubana o creen que esta no propicia crearse un nombre y recurren al repertorio universal. A finales del año anterior la columna de Aguirre languidece hasta que el 9 de febrero se anuncia que toma una licencia de salud. En los meses siguientes escribe el interino Hilario González, sin la constancia de

---

[132] Aguirre, Mirta. "El viajero sin equipaje". *Hoy*. 8 de octubre de 1946. p. 6.
[133] Aguirre, Mirta. "El paquebot Tenacity". *Hoy*. 13 de noviembre de 1946. p. 6.

Aguirre, que la retoma en noviembre de 1947. Nacen en este periodo nuevos espacios para la crítica, entre estos, en octubre de 1947, la revista *Prometeo*, dirigida por Francisco Morín, con reseñas entre otros de Manolo Casal; continúa Escenario y Pantalla, columna de Francisco Ichaso y Regina [de Marcos] en el *Diario de la Marina* y Selma Barberi [seudónimo de la española Matilde Muñoz] en el periódico *El Siglo*.

Sombra y substancia, comedia irlandesa de Paul Vincent Carroll, es la oferta de ADAD a sus asociados el 4 de enero de 1947 en la Escuela Valdés Rodríguez, dirigida por Ramón Antonio Crusellas, con Violeta Casal, Sergio Doré, José de San Antón, Manuel Estanillo y Nena Acevedo. *El vórtice* de Noel Coward y *La voz de la tórtola*, de John Van Drutten por Farseros realza la pareja de Minín Bujones y Sergio Doré. [134] *La loba*, de Lillian Hellman es uno de los éxitos de Marisabel Sáenz por "su buena manera de decir, su gran desenvolvimiento y su risa sardónica".[135] Le sigue *La comedia de las equivocaciones* en Patronato,[136] después *El loco del año*, de Rafael Suárez Solís, dirigido por Cuqui Ponce de León e Isabel de Amado Blanco, con Raquel Revuelta, Asunción del Peso, Augusto Borges y José de San Antón y *Al despertar de nuestra muerte*, última obra de Ibsen, elegida por Modesto Centeno, proclive a textos que dentro del realismo, discuten ideas sobre creación y sentido del arte. Gina Cabrera "se movió con insinuante gracia" mientras Santelices estaba afectado y contagió a la elogiada Raquel Revuelta.[137] *Nada menos que todo un hombre*, título de la versión de Miguel de Unamuno, le vale a Raquel su primer premio Talía de interpretación. Curiosamente Francisco Ichaso cree que su labor fue desigual aunque

---

[134] Ichaso, Francisco. "La voz de la tórtola". *Diario de la Marina*. 12 de octubre de 1947. p. 8.
[135] Ichaso, Francisco. "La loba". *Diario de la Marina*. 31 de enero de 1947. p. 6 y 7.
[136] Marcos, Regina de. "La comedia de las equivocaciones". *Diario de la Marina*. 11 de febrero de 1947. p. 6
[137] Ichaso, Francisco. " ADAD. Al despertar de muestra muerte". *Diario de la Marina*. 11 de marzo de 1947. p. 8, 11.

tuvo momentos felices. "Es curioso lo que le ocurre a esta actriz cuando entra en situación, cuando el eleva el tono y apura el *pathos* nos convence con su angustiada máscara y su dramática voz. Cuando retoma el tono medio se nota cierta rigidez, cierta dificultad como si solo estuviese pendiente del clímax próximo". En medio de una crítica que por lo general se ocupa solo del texto, el papel de la agrupación o la política del repertorio, Ichaso asombra con su fina percepción del quehacer del actor. Dirigida por Luis Amado Blanco, con José de San Antón y Ernesto de Gali, entre otros, se considera una puesta renovadora.[138]

En *Cándida* de Bernard Shaw por ADAD, con Ana Saínz y Gaspar de Santelices, dirigida por Zúñiga, el joven Vicente Revuelta "sorprendió gratamente ya que se metió en su personaje y salió airoso en aquellos pasajes donde la propensión al ridículo es difícil de esquivar".[139] *Anfisa*, de Leónid Andreiev se presenta en julio por la compañía Dramática Cubana, creada por Paco Alfonso, quien después del receso de Teatro Popular, crea y o se vincula a muchos nuevos grupos. Violeta Casal lucha con la torcedura de un tobillo y así todo, supera la deficiencia de movimiento con la intensidad de sus expresiones y la emotividad de la voz. María Ofelia Díaz (Alejandra) "estuvo lastrada por la inexperiencia", mientras que Raquel Revuelta (Ninotchka) obtiene el más encomiable logro histriónico "ya que no está en tipo y supo darlo, pleno de sinceridad y verismo sicológico. Ingenua o apasionada, resentida o rebelde, tuvo siempre el adecuado matiz proyectado con finura e intensidad".[140] Dos años después de su

---

[138] Ichaso, Francisco. "Nada menos que todo un hombre". *Diario de la Marina*. 30 de marzo de 1947, pp. 8 y 12.
[139] Ichaso, Francisco. "Teatro ADAD. Cándida". *Diario de la Marina*. 15 de abril de 1947. p. 8.
[140] González, Hilario. Interino. "Compañía Dramática Cubana". *Hoy*. 15 de julio de 1947. Hoy. p. 10.

debut, la fotografía de Raquel se prodiga en la prensa, ante los micrófonos de Mil Diez, en sus tantas actuaciones en ADAD y Patronato del Teatro o como personalidad en las entrevistas. Tiene veintidós años. [141]

5 de julio de 1947. Escuela Valdés Rodríguez. Nadie parecía advertir su significado. Modesto Centeno dirige en ADAD *Glass Menagerie*, de Tennessee Williams, traducida por Marisabel Sáenz, escrita en 1944 y representada en Chicago y Broadway entre 1945 y 1946. Una sola noche. *Mundo de cristal*. Uno de sus grandes momentos como director y la primera obra de Williams en el teatro cubano. Francisco Ichaso escribe que "la sólida armazón económica del inmenso país no hace otra cosa que poner más de relieve la fragilidad de estos pequeños mundos de vidrio, donde las almas pican con frenesí, como los polluelos en el cascarón. Todos quieren evadirse de esta prisión rígida y dura. Pero la presión externa es demasiado fuerte y los más se fatigan y ceden y quedan comprimidos para siempre en la bola de cristal. Lo que empieza como un cuadro de vívido realismo, se llena de poesía en el tercer acto, cuando Laura nos descubre un alma sensitiva bajo su incurable abulia cuando el buen obrero del almacén que es Tom Wingfield nos enseña un corazón intrépido". Modesto Centeno logra "una interpretación muy justa a través de una dirección certera". Marisabel demostró ser "nuestra mejor actriz de este momento, en una versión muy precisa y matizada de la señora Winfield". Minín Bujones, una "revelación como actriz de comedia, por su contención, su tono menor" así como desenvuelto Sergio Doré como Tom y bastante

---

[141] González, Hilario. "Hablando con Raquel Revuelta". *Hoy*. 20 de junio de 1947. p. 10.

ajustado el Jim de Ángel Espasande. La excelente escenografía de Luis Márquez completó este fino espectáculo.[142]

Manuel Casal escribe: "es una delicada comedia, de muy nobles valores sicológicos, concebida al ritmo actual que le ha suprimido todo sentimentalismo ñoño a que se prestaba gustoso el argumento. Modesto Centeno dirigió con gran acierto". Influencia decisiva en el teatro de la memoria que Carlos Felipe escribe por esos años.[143]

La señorita de Trevelez, de Carlos Arniches, da a conocer a Farseros con una larga temporada en el Principal de la Comedia. Un intento de hacer teatro comercial de calidad. Aunque Hilario González la califica de "jocosidad barata, lograda por medios fáciles", dirigida por Cuqui Ponce de León e Isabel de Amado Blanco y protagonizada por Alicia Agramonte, la dirección equivoca el concepto y la convierte en una farsa violenta. *Prometeo* va más lejos, "carece de valor artístico y no se puede descender a esos extremos".[144] En octubre, con una función de entremeses de Cervantes en la Plaza Cadenas de la Universidad, ya funciona por breve tiempo como compañía y repone estrenos anteriores. Muy elogiados, *El juez de los divorcios* y *Los habladores* de Cervantes con un extenso reparto.[145]

---

[142] Ichaso, Francisco. "Teatro ADAD. Mundo de cristal". *Diario de la Marina*. 8 de julio de 1947. p. 8.
[143] Casal, Manuel. "Mundo de cristal". *Prometeo*. Año 1 (3) diciembre 1947: 13,15.
[144] González, Hilario, interino. "La señorita de Trevelez" *Hoy*. 7 de septiembre de 1947. p. 14.
[145] Badía, Nora. "Cervantes en la Plaza de la Catedral". *Prometeo* (noviembre diciembre) 1947. pp. 5-6. 28 de octubre de 1947. Juez, Pedro M. Planas; Escribano, René Sánchez; Procurador, Alberto Vila; Mariana, María Ruiz; Vejete. Armando Cremata; Doña Guiomar, Dulce Velasco; Soldado, Vicente Revuelta; Cirujano, Raúl Castellanos; Minjaca, Lina Brando; Ganapán, José de San Antón; Músico, Raúl Selis; Músico 2, Charles Abreu; Músico 3, Ernesto Chávez. En *Los habladores* actuaron: Sarmiento, Ricardo Lima; Procurador, Alberto Vila; Roldán, Pedro P. Prieto; Beatriz, Marisabel Sáenz; Inés, Esperanza Magaz; Alguacil, Raúl Selis; Escribano, René Sánchez, Corchete, Rolando González; Dirección General: Dr. Julio Martínez Aparicio. Escenografía, Luis Márquez; Vestuario, Pilar; Maquillaje, Ramón Valenzuela. Música, Charles Abreu. Tramoya, Carlos Hernández.

Martínez Aparicio dirige *El niño Eyolf*, de Ibsen, para ADAD que por su escasa acción teatral exige "actuaciones cargadas de sutileza y de fuerza, de realismo e intuición sicológica". Según el crítico careció de "vitalidad teatral" y faltó la delineación de los tipos. Destaca a Myriam Acevedo, por su "comprensión cabal del personaje de Asta. Su figura proyecta desde la escena esa vida interior que distingue a las verdaderas actrices. Poseedora de una bella voz, de grandes posibilidades, tiende a declamar". Eduardo Egea se mostró maduro y eficaz. Marisabel Sáenz dio un dibujo convencido y seguro de Rita, "pero no convincente". Con decorados de Luis Márquez y vestuario de Andrés, se representó el 25 de agosto de 1947.[146]

El fuego mal avivado, de Jean Jacques Bernard, en Patronato, dirigida por Miguel Llao, causa profunda impresión en Francisco Morín, que escribe sobre la puesta de agosto, en su opinión, lastrada por soluciones de última hora. "Esta improvisación final y la persistente y superficial línea interpretativa, es, como ha sido y será aún por mucho tiempo, desdichadamente, nuestro mayor lastre para crear un teatro de calidad y superación". Regina, sin embargo, subraya la seriedad de la pieza, "austera, despojada de efectismos por la capacidad del director y de Carmen Montejo, mucho mejor actriz que nunca". Con Ángel Espasande y Bellita Borges en el reparto, recoloca a Patronato en las modernas técnicas de interpretación, ya que los actores dan la espalda al público y si no aporta nada nuevo a la dramaturgia francesa, se destaca por su honestidad.[147]

Modesto Centeno en "Presencia de los clásicos", elogia la puesta de *La dama duende*, de Calderón, en la colina universitaria [dirección de Antonio Vázquez Gallo, 12 de agosto de 1947]. "Nadie que diga

---

[146] González, Hilario. Crítica. *Prometeo* 1 (octubre 1947). p. 10.
[147] Morín, Francisco. "El fuego mal avivado". *Prometeo* 1 (1947). p. 10. Regina. *Diario de la Marina*. 31 de agosto de 1947. pp. 8, 10.

interesarse por el teatro debe ignorar el valor incalculable del teatro clásico que el autor conoce no por citas históricas ni a través de la lectura sino porque las ha visto sobre el escenario [...]. Al teatro clásico tenemos que verlo con la misma admiración y respeto que cuando nos acercamos a Beethoven o a Miguel Ángel, con el mismo recogimiento que sentimos ante el milagro del río que durante siglos no detiene su curso o frente al misterio de la luz de una estrella. [...] No debemos privarnos de su mensaje porque están esperando cientos de obras de igual calidad a las representadas que no pueden ni deben resignarse a ser 'teatro para leer' que no lee nadie". [148]

Con *Nuestro pueblo*, de Thornton Wilder, dirección de Rubén Vigón, se gradúa la primera promoción de la Academia de Artes Dramáticas. Traducida por Teté Casuso, según Carlos Felipe "rompe todo convencionalismo teatral [...] se asoma, atrevida, al espacio infinito de la irrealidad, sin exhibicionismos, ni sorpresas". Vicente Revuelta interpreta el Narrador y Fela Jar y Delio Ernesto Fuentes, la pareja de novios. Al finalizar los alumnos se retratan, identificados en una fotografía incluida por Morín en su libro de memorias.[149]

---

[148] Centeno, Modesto. "Presencia de los clásicos en nuestro teatro". *Prometeo* Año I (1) octubre 1947: 3.
[149] Felipe, Carlos. "Nuestro pueblo". *Prometeo* 1 (octubre, 1947) p. 9. Morín, ob.cit. p. 74. Armando Cremata, Juan Millares, Alberto Vila, Osvaldo Pradere, Rodolfo Díaz, Jorge Alexandr, Rafael de Aragón, Esperanza Magaz, Leonor Borrero, Rosa Dalmaso, Herberto Dumé, Adolfo de Luis, Rolando González, Ada Núñez, Alberto Insua, Delio Ernesto Fuentes, René Sánchez, Carlos Castro, Margot Fundora, Dulce Velasco, Olga Uz, Armando Soler, Fela Jar, Gigí de la Vega, Francisco Morín, Olga Rodríguez Colón y Vicente Revuelta.

Guerra al telón pintado: El chino, de Carlos Felipe

El 11 de octubre de 1947 ocurre el estreno cubano más importante hasta la fecha, inadvertido para el público y la mayor parte de la crítica. Autor premiado en 1939 con *Esta noche en el bosque* y en 1943 con *Tambores*, Carlos Felipe —Carlos Fernández— nacido en Atarés en ¿1911-1914?, escribe desde muy joven versiones de obras dramáticas para la radio, también para Mil Diez, transmitidas a las 9 de la noche, por los mil diez kilociclos.[150] En *Noticias de Hoy* aparece la publicidad de su espacio "El gran teatro del mundo" y su fotografía.[151] *El médico a palos* de Moliere sale al aire en febrero pero ni por eso el periódico reseña *El chino*, a no ser una gacetilla con el reparto, publicada cuatro días antes del estreno.

Si me detengo en su vínculo con Teatro Popular es porque el estupendo prólogo y estudio de José A. Escarpanter y José A. Madrigal

---

[150] Indeterminada su fecha de nacimiento, la mayoría de los autores la data en 1914.
[151] *Hoy*. 2 de febrero de 1947. "Carlos Felipe. Una nueva adquisición de Mil Diez". p. 14.

a su *Teatro* no profundiza en esa relación. Su hermana Rosa interviene en muchas de sus puestas, Carlos es socio fundador, asiste con frecuencia a sus montajes y es colaborador de la revista *Artes*.[152] Después de ver *El relevo*, de Félix Pita Rodríguez, dirigida por Paco Alfonso, Felipe escribe acerca de las cinco estampas radiofónicas sobre la invasión japonesa a China, montaje pródigo en cortinas y paneles, considerado una novedad.

>...Con *El relevo* ha nacido un Paco Alfonso impuesto de las nuevas rutas del arte escénico y al que se ofrece un panorama vasto y rico; que sabe que ha muerto ¡y bien muerto! el legendario teatro a base de papel pintado, gesto ampuloso y mutis aplaudido; que canta un hosanna al teatro que nace, que conquista al espectador mediante la luz y el sonido. Hoy, un grito y un gesto excesivo del actor, generalmente nada nos dicen, como no se trate, claro está, de artistas de méritos singulares; y sin embargo, ¡qué dócilmente nos entregamos a un detalle de luz o sonido!
>
>Así ha de ser el teatro puro: una cámara oscura. ¡Qué abismo entre el realismo nimio y *suranné* de la covacha de *Junto al río* y la seductora sobriedad del *set* principal de *El relevo*!... ¡En este el somero detalle del bambú basta para conducirnos al orientalismo ambiental! Es natural que no es siempre posible utilizar estos medios; que el tema exige sus conductos de expresión apropiados y que hay obras a las que es preciso aportar el realismo más severo; pero así todo y hasta donde sea posible guerra al telón pintado y al detalle vacuo.

---

[152] Rosa participa en los elencos de *Invasión*, de Leonid Leonov, *El ricachón en la corte*, de Moliere y *Los bajos fondos*, de Gorki, entre otras. Felipe colabora con. "Notas sobre la única deuda del utópico teatro cubano". *Artes* 3, 1944. p 14.

Retaguardia, que incorpora a Mario Barral entre nuestros más brillantes autores, puso a usted como realizador en el campo en el que deseamos verle con frecuencia, el de la experimentación escénica, en el que, a nuestro juicio, hallará su resurrección el teatro y del que saldrá más puro, más noble, hecho a la medida de la sensibilidad contemporánea. Lástima que la tesis de dicha obra, la ingenuidad intelectualmente insoportable de que la verdad absoluta, está absolutamente del lado de las potencias aliadas, consumida, agotada a través de tres actos, lastrara un esfuerzo de dirección estimable, que ha hallado sus florescencias en esa encantadora estampa de Félix Pita Rodríguez.[153]

Tres años después, *El chino* se representa en una función solitaria. Sorprende, sin embargo, que dos críticas sobre el estreno –y puede que se hallen más– no se asombren ante sus aportes, como si fuera esperado y natural en un autor tan cercano al teatro vivo. Tímido y laborioso, es uno más dentro de un movimiento mayor tanto al escribir sus impresiones sobre un montaje como al comunicar un desacuerdo o una idea. Sus dos intentos anteriores, *Esta noche en el bosque* (1939) y *Tambores* (1943) no suben a escena a pesar de sus premios y aunque en los años de la «dramaturgia de transición», según Rine Leal, vuelve a interesar, la valentía y lo arriesgado del tema impiden la puesta de *Ladrillos de plata* (1957) cuando *Capricho en rojo* (1948) y *El travieso Jimmy* (1949) se han olvidado. En el momento en que podría ocurrir su redescubrimiento, a partir de la edición de su *Teatro* (1988), solo una obra le sobrevive representada una y otra vez desde 1965. *Réquiem por Yarini*.

---

[153] Felipe, Carlos. "Una carta sobre Teatro Popular". *Hoy*. 12 de mayo de 1944. p. 6.

Celebra la puesta de Vigón de *Our Town,* de Thornton Wilder, porque "se asoma, atrevida, al espacio infinito de la irrealidad",[154] acaso el mismo ámbito explorado y dinamitado en *El chino*. Una de sus constantes estilísticas es el juego de la teatralidad, afín a Wilder. A partir de la tradición del teatro dentro del teatro —muy reconocible en la escena popular— mediante la creación de personajes con trastornos síquicos, complejos y atormentados, junto a delineados bocetos o tipos costumbristas, Felipe muestra a Palma en su acto de recordar, que en otra parte, llamé nuestro *impromptu* no de Versalles sino de La Habana Vieja. La casa burguesa de Sergio y la protagonista se transforma todas las noches en escenario, con utileros, tramoyistas, electricistas y un elenco de vecinos y tipos populares que acceden a representarse a sí mismos y acompañar su búsqueda.[155] Sico-drama pensado como terapia para Palma, más que representación, busca revivir su único momento de felicidad con un marino llamado José y conocido como Tampico.

Como Moliere en su *impromptu* se coloca dentro de la obra que ensaya, Felipe es artífice de una atmósfera esencialmente radial (talón de Aquiles de su escritura y al mismo tiempo su poderoso encanto). *El divertido viaje de Adelita Cossi,* su obra perdida, es un premio del programa La Hora Múltiple en 1933. Su influencia de oyente de radio novelas de tinte melodramático junto a sus lecturas varias (incluidas las malas lecturas) se vuelca al entorno doméstico, en especial los diálogos entre Sergio y Palma en los que hay «chiquillas locas» y cómodas pantuflas. Mientras Sergio desea oír las noticias en la radio «arrellanado en la cómoda butaca», Felipe es el narrador invisible del melodrama contra el

---

[154] Felipe, Carlos. "Nuestro pueblo." Ob. cit.
[155] Dirigida por Julio Martínez Aparicio y Modesto Centeno, los intérpretes son Gaspar de Santelices, Marisabel Sáenz, Margot Fundora, Inés García, María Ignacia Campos Marquetti, Alberto Machado, Dulce Velasco, Jorge Alexandr, Carlos Castro, Armando Soler, Luis López Puentes, Santiago García Ortega, Rosa Felipe y Alejandro Lugo. Escenografía de Luis Márquez. Vestuario de Andrés.

que Palma se rebela, "cansada de esta mentira", porque se siente "incompleta" y "las noches la asustan". Es el *folletín like* advertido por Julio Matas en su sagaz ensayo.[156] Sergio le propone viajar a Buenos Aires como en *Imagíname infinita*, de Renée Potts los personajes sedientos de algo, van y vienen en un trasatlántico, traicionados, como hubiese escrito Mirta Aguirre, por un Freud «nicodémico», (del italiano Dario Niccodemi cuya infancia argentina lo devuelve en decenas de ediciones). Palma quiere representar y ser representada para revivir su experiencia vital.

Técnica «preferencial» del teatro cubano, ha escrito Montes Huidobro, el siglo XIX atesora varias con la modalidad del teatro dentro del teatro: *Un ensayo de Don Juan*, de Alfredo Torroella, *Un drama viejo*, *Doña Caralampia* y *Los bufos de África*, de Ignacio Sarachaga; *Adúltera* y *Amor con amor se paga*, de José Martí y *Los hijos de Thalia o los bufos de fin de siglo*, de Benjamín Sánchez Maldonado, con música de Rafael Palau. Felipe la incorpora con acierto al lenguaje de la escena del siglo XX junto con Pirandello, Lenormand, Ibsen y el teatro norteamericano.

En el primer acto logra articular con maestría los preparativos de la velada. Los personajes del barrio, auxiliares de la trama, hablan como les corresponde, de manera natural, mientras Sergio califica la ocasión de *divertissement* en tono engolado (como Felipe en su carta escribe *suranné* por anticuado), la artificialidad de alguien ajeno. Su lenguaje es tan disonante con relación a Caridad, Alameda, Nena la Rubia y hasta con matices, la propia Palma, que Felipe, sin dudas, se propone caricaturizar con leve finura para demostrar que no cabe en la vida de Palma. Sergio se reconoció como el personaje más espinoso. A Gaspar de Santelices le tocó acentuar la nota dolorosa. El ensayo de la «obra» no lo acerca más a Palma, sino la aleja de él. En el extremo opuesto, Alameda, Caridad y Nena, la Rubia, asiduas de la posada de Damas y Desamparados, donde

---

[156]Matas, Julio. "Pirandello, Proust and El chino by Carlos Felipe". *Hispanic Journal* 5.1 (1983): 43-47

ocurrieron los hechos, el actor Santizo, el violinista suicida y en el segundo acto, Renata la silenciosa. Sin contar a Robert, el director teatral, quien mediante indicaciones a electricistas, al tramoyista y los actores, crea un entramado de confusión y caos bajo la dirección de Sergio, cuya supervisión influye en la narración, desvía o complica su curso, e intenta ser también vademécum sobre composición dramática, diálogo y estilo. Felipe hace su irónica crítica al director histérico y vanidoso y al actor inseguro, pendiente de su estuche de maquillaje, como al «gesto amplio» que Santizo cree adecuado para interpretar el melodrama.

El segundo acto es enteramente de Palma (Marisabel Sáenz) y José (Alejandro Lugo). Reviven una experiencia efímera, cuando con quince años Palma, después de caminar por las calles estrechas de la Habana Vieja sobre las que se reflejan los barcos como monstruos dormidos y vagar por sus parques, encuentra de súbito al marinero del Red Bay. Con él llega a la posada miserable, iluminada por una luz roja y regenteada por el chino Luis. Las habitaciones están ocupadas y el único espacio libre es el cuarto de la criada. Entre sábanas limpias y usadas, habita Renata la Silenciosa (Rosa Felipe). Nadie, criadas, prostitutas o músicos como El Placero recuerda el incidente de la misma manera. El propio José duda haber dicho que Palma es la «tipa». Felipe contrapone el encuentro romántico a la descarnada y humillante realidad y no quiere asumir como verdad una u otra. Detrás de una cortina casi transparente, mientras el Chino se abanica, se observa el cigarro iluminado de José y su cuerpo encima de las piernas de Palma que le acaricia el cabello. A diferencia de los restantes personajes, contratados y pagados para la recreación, el actor Santizo revive una acción real, supuestamente presente: el violinista busca a una mujer a quien gustan los salones elegantes. Pero como no llega, el Chino se molesta con su llanto desconsolado y también los ocupantes de la posada. Son las dos de la mañana y cuando Santizo, esperanzado, cree que esta toca a la puerta, se asoma un borracho. El violinista se suicida.

Renata lo ayuda a hundir en su pecho el arma asesina. La acción paralela de Santizo es la contraparte del recuerdo sublimado de Palma, sórdido acto sangriento en medio de la madrugada entre la hostilidad y la risa maliciosa del sarcástico chino.

"Que nadie se acerque al muerto", dice Renata y llama a la policía. En realidad, ahí termina la obra que en el tercer acto recapitula sobre su esencia, la necesidad de Palma de vivir momentos que "como la quemadura de cigarro en el hombro" queden impresos y no sean borrados por el asco y el fango "como el tatuaje del marino en la soledad del mar." Palma lo describe como "una marca de agua indeleble que quedara estampada en mí."[157] Buscar a José es perpetuarla, continuar acariciándola. Terminado el acto, no queda nada pero paradójicamente en lo que pudiera ser una continuidad, Palma le pide al Chino que recuerde... y ante su negativa y el cansancio de ambos, Sergio solicita no unas pantuflas como en el primer acto, sino "una bolsa de hielo para la señora", como en la comedia de salón. Un solo bocadillo vuelve prosaica la poesía de la obra. Felipe se burla de la incapacidad del teatro para reproducir la realidad soñada. ¿Vuelve Palma, a pesar de sus atrofiados sentidos a su vida anterior o continúa su búsqueda de José hasta la muerte como el violinista?

Pirandellismo, búsqueda del tiempo perdido (Matas), emblema de cubanía, (Montes Huidobro), volver atrás el rostro aún a riesgo de morir (Leal), Felipe escribe una pieza experimental que todavía interroga con el misterio del Chino, trocado «dios de ira» contra el que Santizo reacciona como actor y no personaje, porque este último o ambos esconden un secreto. Como el bocadillo de Renata ("es repugnante ir por el mundo mostrando los harapos del espíritu") se abre a decenas de conjeturas. Son vacíos al enigma, zonas con «agujeros», cuya porosidad permite que cada

---

[157] Felipe, Carlos. *Teatro*. Escarpanter, José A. y Madrigal, José A. eds. Boulder: Society of Spanish and Spanish American Studies, 1988: 9-62. p. 203.

vez que un estudioso o director la relea, encuentre sentidos diferentes. En el segundo cuadro del acto tercero de *Esta noche en el bosque* (1939), única obra del autor con una resonancia social directa, Antonio se entrega a la policía para evitar que encarcelen a sus amigos estudiantes en medio de la represión política. Se oponen dos realidades: el mundo feérico de Pepe Pulgas en la Playa Salada y la realidad atroz de la persecución y el crimen en años de violencia intensa. Sin embargo Ernesto Fundora avizora en su cuadro tercero un emerger de lo *queer*.[158] La polisemia de Felipe permite que una lectura no clausure otra, sino se sobre imponga como los estratos de la conciencia o las veladuras del cuadro. Así la escena paralela del suicidio del violinista, encajada mientras Palma y José se prometen un reencuentro eterno, no tiene justificación dramática, salvo dejar sentado que para Felipe no hay una única manera de ver la realidad, (la experiencia de Solís es única como la de Lulú y Renata, amargada y dolida hasta el odio). Felipe la dignifica, le escribe un parlamento elevado y solemne como a lo largo de su obra enaltece a los humildes y desclasados, marginales o marginalizados, pobladores del mundo otro, el suyo, aduanero del puerto de La Habana por más de treinta años. Felipe lo conoce bien, pero se coloca como *outsider*. Palma está como sujeta entre la locura, la rareza y la voluntad. Como Lisia o la Dama del Velo nunca nos dice todo de sí misma, oculta más de lo que revela. Esas zonas de enigma (mi primer acercamiento a Carlos Felipe se llamó "el enigma de la leontina") constituyen el placer de releerlo que curiosamente ocasiona el temor de los directores. ¿Tiene razón Manuel Casal y Felipe es "todo puramente teatral"?

---

[158] Fundora, Ernesto. *Cuba Queer. 27 textos para el teatro.* "Escenarios para un deseo diferente". Hypermedia: 2017. pp. 11-45.

Críticas de *El chino*

Manuel Casal[159]

Nuestro teatro ha sido hasta ahora una especie literaria, más próxima a la novela en su exposición que a la proyección dinámica inmediata de la escena. Volvimos los ojos lánguidamente hacia la peor tradición española y extrajimos de ella lo peor: la ambientación convencional, el verbalismo inculto con pretensiones filosóficas, el personaje a programa, que se abalanza sagital sobre el espectador para herirlo en sus emociones más superficiales. Y todo esto agravado por ese estrecho criterio de "hacer a la fuerza" teatro cubano a base de idiotismos populares, guajiritas deshonradas y brisa de palmares, como si a la altura de nuestra civilización no estuviera obligado todo ser pensante a saber respirar rítmicamente en cualquier clima intelectual, sin limitarse a sí mismo en una autoctonía insípida y siempre infructuosa, si no es para extraerle calidad universal; categoría esta que no la posee sino el hombre. Que se obtenga lo cubano partiendo del análisis integral de la sensibilidad del hombre cubano y todo lo accesorio adquirirá su rango desde él. Es preciso declarar que no tenemos obras así –y que hay que hacerlas. ¿Por qué nuestros intelectuales claudican al hacer teatro? No lo sabemos: es evidente, sin embargo, que quienes han demostrado en otros géneros literarios un amplio criterio valorativo, cuando les toca "animar un personaje", lo unen a la larga caravana de *zombies*. No importan las influencias de los mejores, si son oportunas y están bien asimiladas; además, que no veo razón para incubar tal complejo, pues sí se han colado en la poesía y en la novela, no es justo mantener esa dañina doncellez a medias del teatro. Que se le arranque de los brazos al español ramplón y se le de a quien lo supere… y lo salve.

---

[159] *Prometeo*. Año I (2) noviembre 1947: 13-14.

Por fin, el 11 de octubre de 1947, la ADAD, puso proa al norte, un autor cubano. No importa en qué barca estremecida: la aguja magnética apuntaba certera.

Carlos Felipe, para realizar su obra, supo rodearse de los elementos que necesitaba. En primer lugar hizo un protagonista, un verdadero protagonista con fuerza suficiente para hacer girar a su alrededor toda la acción, sin que esta perdiera su autonomía. Desde la primera escena empieza Palma a realizarse, a la vista del público, y continuará haciéndolo hasta la escena final. En realidad la obra no tiene actos ni escenas. Está toda concebida en un tiempo justo actual y un tiempo justo histórico que ocurren paralelamente. Palma protagoniza ambos y crea a los demás. Su neurosis se nutre de símbolos que utiliza, a manera de báculos, para ascender en la búsqueda de su personalidad. Palma no busca ni quiere hallar en José el mexicano un amor, ni un hombre que marcara su adolescencia. Está fijada en una noche que se componía de parque, posada, risa, gritos. Por eso reedita todo aquello. Por eso José el mexicano pudo desaparecer otra vez sin interrumpir la noche. Y al cerrarse la cortina, puede presentirse para Palma, en esa vida especial del personaje de teatro, una vez terminada la obra, como su línea demencial, desemboca en un círculo vertiginoso de símbolos, en el que un «chino» sonríe maliciosamente. El valor esencial de esta obra está en lo "puramente teatral" y a esto tuvo que cuidar la dirección de Modesto Centeno y Julio Martínez Aparicio, quienes lo lograron magistralmente, a pesar de las dificultades que presentaba. La escenografía, algo convencional, pero así lo requería el desarrollo de la obra, y sentado esto, irreprochable. Por primera vez se logró un conjunto de actores que más o menos desempeñaran sus funciones sin desentonar demasiado. En primer lugar Alberto Machado, que oral y plásticamente realizó en Robert la labor más perfecta de la noche. Marisabel Sáenz le dio a Palma lo mejor de sus facultades artísticas: dominio físico del personaje, dicción y proyección.

Subjetivamente la interpretó como "neurótica muy hecha". Hubiera sido más poética o que gradualmente lo diera hasta el frenesí. Pero, desde luego, es cuestión de interpretación. A Gaspar de Santelices le tocó montar uno de los personajes más espinosos: Sergio. Caricatura de diplomático corte inglés, irónico, y naturalmente, amargo. Lo realizó con sobriedad, marcando levemente su nota dolorosa, con muy buen gusto. Rosa Felipe en Renata la silenciosa, papel corto, pero intenso, demostró una vez más que el verdadero actor no necesita largas parrafadas para sostener su categoría en la escena, siempre que cuente con otros vehículos tan nobles y humanos como la voz, para definirlo. Santiago García Ortega hizo "El chino" visto a través de Palma: misterioso, sarcástico, definitivamente oriental. Cobró con ello poesía y teatralidad. Alejandro Lugo en José el Mexicano. Físicamente, el personaje parece hecho para él y en lo demás lo sobrellevó bastante, quizás un poco desmayado en momentos que requería más intensidad. [...] Muy discreta Dulce Velasco en Nena la Rubia y Luis López Puentes en Santizo. En conjunto fue una interpretación correcta, como pocas veces se ha logrado en obras en que intervienen tantos personajes. Un triunfo para la ADAD, para Carlos Felipe y para nuestro teatro. Que ya era hora.

Francisco Ichaso [160]

El chino es una comedia en tres actos del autor cubano Carlos Felipe. Obtuvo el primer premio en el reciente concurso de obras dramáticas organizado por el teatro ADAD. Plantea un caso de psicopatología. Una mujer vive obsesionada con cierto momento de su pasado que ya aparece borroso en su memoria y que quisiera recordar con todos sus detalles y en toda su intensidad. Recurre

[160] *Diario de la Marina.* 14 de octubre de 1947. p. 8.

para ello a una evocadora escenificación en su propia casa. En ella un posadero chino de los barrios bajos representa el destino omnipresente e impasible.

Así como decía Goethe que toda poesía es, en cierto modo, "poesía de circunstancias", todo teatro es, en mayor o menos medida, "teatro de costumbres". Solo que tanto la circunstancia como la costumbre hay que superarla con el vuelo de la fantasía, so pena de que constituya una rémora para el impulso creador. La calle es la gran cantera del teatro. Pero el grito de la calle carece por sí mismo de resonancia teatral. El dramaturgo necesita, pues, orquestar ese grito, darle la ostentación y la dimensión necesarias para que produzcan un efecto escénico. El error de cierto realismo y cierto costumbrismo superficiales consiste en no darse cuenta de que teatralmente no se perciben ciertos elementos, de la misma manera que la vista y el oído humanos no captan más allá o más acá de ciertas vibraciones luminosas o sonoras, y que por consiguiente todo lo que sea dejar que permanezcan en la escena esos elementos anti teatrales o simplemente no teatrales es dar a la representación un peso muerto que la desnaturaliza y sume... Cuando se dice que el autor no imita, sino crea la realidad de la escena, se alude a esa inteligente e indispensable discriminación de lo real. En puridad lo que el autor hace es elegir, y este acto de elección tiene tanta importancia como la propia composición, pues de él depende el ceñido acomodo de la forma al fondo, es decir, el estilo.

El joven autor cubano Carlos Felipe ha utilizado "tipos de costumbres" en su comedia *El chino*, como Renata la Silenciosa, José el Mexicano, Alameda, Caridad, Nena la Rubia y el mismo que da nombre a la obra: pero los ha engastado en una fábula original e ingeniosa que imparte a cada uno de ellos cierta dimensión sicológica y una positiva eficacia dramática, amén de su natural y pintoresca plasticidad. No estamos frente a ese costumbrismo de un solo plano en el que se repite y agosta nuestro llamado teatro popular. Aquí hay una penetración más o menos lograda, una elaboración ambiciosa y responsable, aunque no siempre cabal, y sobre todo, un impulso poético que transfigura la realidad vulgar y la erige en materia de arte. Siempre hemos sostenido que sin inventiva no hay teatro. Fotografiar unos cuantos tipos y envolverlos en un diálogo suelto, más o menos gracioso, puede divertir ocasionalmente a cierto público; pero para que el espectáculo escénico alcance algún rango y sobreviva necesita estar asistido de una gran imaginación. El teatro decayó cuando, por un afán de ser verosímil, racional, científico, se olvidó de que tiene que ser ante todo un juego de la fantasía.

En *El chino*, Carlos Felipe revela poseer una fértil imaginación escénica. Cierto que hay mucho de pirandellismo en su obra, más con todo, quedan intactas la originalidad de la fábula y la criolla oriundez. Palma, la protagonista, recuerda a no pocas heroínas del teatro moderno, a las de Lenormand principalmente. La forma de plantear y desenvolver el asunto hace pensar en el Pirandello de *Seis personajes...* y de *Esta noche se improvisa...* Un autor novel no puede estar libre de influencias. En este caso, es que esas influencias sean, como en este caso, ambientales. Lo grave sería que pesase sobre la obra la tara de un romanticismo caduco o de un realismo finisecular. En *El chino* hay una orientación moderna, un noble afán de novedad, un propósito decidido de no tomar los caminos trillados y fáciles, aunque ello comporte un grave riesgo. En arte solo se avanza bordeando los abismos.

Carlos Felipe concibió un tema complejo y logró desenvolverlo escénicamente con indudable destreza. Los hilos se entrecruzan, pero no se enmarañan. Desde el principio hasta el fin se puede seguir el cordón principal de la trama: ese capricho morboso de Palma de revivir una escena lejana de amor que se le ha quedado en el recuerdo como una hora de extraña felicidad sin retorno y que, sin embargo, una vez reproducida por la complicidad providencial de la voluntad con el azar, deja insatisfecha a la soñadora y con un fuerte dolor de cabeza por todo resultado. Esa frase final de Sergio "una especie de devorador de sueños en pequeña escala" como el Lucas de Bronte de Lenormand, la "bolsa con hielo para la cabeza de la señora", es el subrayado irónico con que el espíritu práctico señala benévolamente el fracaso del espíritu de aventura. La poesía de los recuerdos está en su irreversibilidad.

El primer acto de *El chino* es el mejor. Carlos Felipe manejó en él los diversos elementos con un justo sentido de las proporciones. En el segundo, las escenas simultáneas de la pareja y del violinista se prolongan demasiado. Tanto el tema del amor como el tema de la desesperación repiten demasiado sus motivos. Hay, sin embargo, dos detalles muy felices, la alzada presencia del Chino que preside desde arriba los hechos escénicos, como la estampa viva del Destino y la irrupción del Borracho, que nos recuerda a aquella madame Paz de *Seis personajes...*, pues uno y otro son los supernumerarios, los que no estaban previstos, los que no figuraban para nada en la representación y que, sin embargo, se presentan porque los personajes se presentan siempre cuando son necesarios, aunque no lo haya querido el autor.

El tercer acto decae ostensiblemente. El comediógrafo no ha sabido cómo salir del intríngulis o se entrega a divagaciones literarias de escaso valor y hasta de positivo mal gusto. Es corriente en los autores jóvenes trabajar mejor los momentos de mayor complejidad y perderse cuando la acción se simplifica y adopta un tono y un ritmo normales. Aparte de que los terceros actos son siempre los más difíciles.

El chino es obra de arduo montaje. Modesto Centeno y Martínez Aparicio han demostrado mucha aptitud al presentar la comedia sin tropiezos, sin confusiones y con grandes aciertos de plasticidad en los más importantes pasajes. El armar y desarmar la escena repetidas veces a la vista del público encierra mucha dificultad y está expuesto a no pocos riesgos. Los directores, muy bien secundados en esta oportunidad, salvaron este escollo airosamente. Pero además supieron colocar muy bien las figuras e iluminarlas debidamente para lograr efectos de composición que el público de la ADAD, mucho más sensitivo que el de otros teatros, apreció y aplaudió. Salvo el error cometido al principio del segundo acto, el dejar la iluminación casi a merced de unas velas, manteniendo en total oscuridad a la mayor parte de los personajes —cosa que es francamente anti teatral— todo lo demás fue acertado y justo en esta excelente representación. Digamos también que la escenografía de Luis Márquez respondió plenamente a los requerimientos de la obra.

La interpretación se caracterizó por su ausencia de baches. Cada cual, desde su papel, constituyó en pareja medida, al éxito de conjunto. Muy bien Marisabel Sáenz en su papel de mujer atormentada y caprichosa. Admirable de movimiento y de dicción Alberto Machado en el Robert. Es el mejor papel que le hemos visto. Bien compuesto y hablado el Chino de Santiago García Ortega. Mejor que otras veces, Santelices en el Sergio, aunque siempre a pleito con la dicción. Muy certeros los tipos folklóricos interpretados por Inés García, María Ignacia, Campos Marquetti y Dulce Velasco y merecen ser mencionados Rosa Felipe, Alejandro Lugo, Luis López Puente y Margot Fundora. A nuestro juicio el teatro cubano se ha anotado un buen tanto con este bien realizado esfuerzo de Carlos Felipe.

Antes de Electra Garrigó

El 27 de mayo de 1947, una función de la Escuela de Pro Arte, días antes de una temporada habanera del American Ballet Theatre, presenta *Antes del alba* junto a *Concerto* y *La hija del general*, ballets con temas inusuales dentro de la danza clásica. En *El chino* de Felipe, en octubre, Palma busca en su interior un recuerdo del pasado que intenta reconstruir y perpetuar. *Antes del alba* se ubica en un solar habanero: Carlos Enríquez pinta "caballos surrealistas" y "transparencias de los cuerpos" para la escenografía. En el libreto de Francisco Martínez Allende, una tísica (Alicia Alonso) se enfrenta a la enfermedad y el dolor con una danza del fuego, coreografía de Alberto Alonso, "arranque de ballet en la guaracha," música de Hilario González (bolero, guaracha, rumba, conga y ñáñigo) y funde "las exigencias del ballet clásico con las fuentes populares". ¿Cuánto hay de cercanía temática y sensibilidad entre el solar del ballet y la posada misteriosa de Damas y Desamparados a la que Palma acude? ¿No es suficiente para que con estos montajes empiece la escena moderna?[161] ¿Por qué se espera por *Electra Garrigó*?

Mirta Aguirre regresa en noviembre de 1947 a su columna con *El viaje infinito* de Sutton Vane por los "muchachos" de ADAD, disgustada con el «sermón religioso», escrito por Dulce Velasco para el programa.[162] No escribe sobre *El chino* de Felipe, ni sobre *Lluvia*, versión teatral de Colton y Randolph, por Patronato, dirigida por Cuqui Ponce de León de Upmann —con una valorada escenografía de Luis Márquez— ni acerca de las primeras obras de Farseros. En su lugar, está en el aire en

---

[161] González, Hilario (interino). "Ballet de Pro-Arte". *Hoy* 27 de mayo de 1947. p. 10. Regina. "Pro- Arte". *Diario de la Marina*. 29 de mayo de 1947. p. 8.
[162] Aguirre, Mirta. "El viaje infinito". *Hoy*. 25 de noviembre de 1947. p. 10.

Mil Diez su novela radial: *La sombra de Caín*: historia de pasiones violentas e irrefrenables.

La infanzona, de Jacinto Benavente, "sobre el amor abominable que termina en fratricidio" se estrena en Patronato, con Néstor Barbosa, Miguel Llao, María Suárez y Raquel Revuelta, bajo la dirección de Isabel de Amado Blanco.[163] En diciembre, en el Palacio de los Deportes, en Paseo y Mar, sesenta y cinco artistas de Ice Vogues de Nueva York presentan un *Carnaval de hielo* de danza y acrobacia. Lezama Lima asiste y le escribe a Rodríguez Feo que se le perdían las figuras porque sus ojos "perseguían aquellas largas heridas. El hielo me parecía un animal a quien hundían las cuchillas con ademanes de ondulación y displicencia".[164]

A escala monumental, como suceso de alto rango, *Hamlet* de Shakespeare por el Patronato, se representa el 16 y el 17 de enero de 1948, en el Auditórium, traducido y dirigido por Luis A. Baralt, escenografía de su esposa Lillian Mederos, Minín Bujones como Ofelia, la revelación del año, y el muy valorado Eduardo Egea (Hamlet). Entrada popular.[165] La crítica se rinde ante el esfuerzo del director y lamenta que termine en la guardarropía, sin oportunidad de mejorarlo debido a una función única.

ADAD se vuelca al existencialismo con dos textos de Jean Paul Sartre, A *puertas cerradas* (*Hui clos*) de reciente controversia en Nueva York bajo la dirección de Paul Bowles. Según Ichaso, muestra una "filosofía de la derrota, expresada con deliberado cinismo e impostada en un tono de desesperación". "Para Sartre la mentira hacia los demás se llama impostura y hacia nosotros mismos, ilusión. Un *memento mori*,

---

[163] Ichaso, Francisco. "La infanzona". Patronato. *Diario de la Marina*. 1º de noviembre de 1947. p. 8, 21.
[164] Rodríguez Feo, José. *Mi correspondencia con Lezama Lima*. Ediciones Unión, 1989. p. 88.
[165] Aguirre, Mirta. "Representación de Hamlet." *Hoy*. 20 de enero de 1948. p. 10.

sin trasfondo ni esperanza". Los personajes reunidos "sin salvación" son un periodista que tortura a su mujer, una lesbiana suicida y una madre que mató a su propio hijo. Ichaso la considera "bien elaborada, pero reiterativa y tediosa". Señala el mérito de la representación neutra del catalán Francisco Parés y las actuaciones de Raquel Revuelta en la rama fría, con «raptos pasionales», Sergio Doré y Miriam Acevedo, todavía alumna de la Academia. Para Manuel Casal los tres estuvieron muy fríos, no supieron aprovechar la calidad histriónica del texto y parecían apenados por lo fuerte de la obra. [166]

La ramera respetuosa de acuerdo con Ichaso es "concentrada indagación en el más profundo sentido del racismo cuando en un pueblo del sur de los Estados Unidos, la única que conserva su dignidad y defiende al negro amenazado, es la prostituta Lizzie, luego timada por la política y enredada por la verborrea y el discurso hábil de un senador que apela a los sentimientos más elementales y siniestros, ella cede y en su decisión, la pieza reconoce la brutal realidad del racismo". Representada por Marisabel Sáenz, Roberto Garriga y Primitivo Ramírez, no estuvo exenta de polémica y acusaciones morales de Mariblanca Sabas Alomá desde su columna Atalaya del periódico *Avance*, dirigidas al director "por quedarse con lo soez (la palabra de Cambronne) " y no con lo esencial del teatro de Sartre. [167]

Los tres años de ADAD se conmemoran con *La hermosa gente,* de William Saroyan que Modesto Centeno dirige con AMAD (Academia Municipal de Arte Dramático). Regina define dos tendencias en el repertorio: una que "aconseja huir de las ilusiones para preservarse en los desencantos", "despeñadero" con la puesta de Sartre, Camus y

---

[166] Casal, M. Crítica. *Prometeo*. enero febrero 1948, pp. 26- 27.
[167] Ichaso, Francisco. "Teatro ADAD: dos obras de Sartre" y "Sartre en ADAD". *Diario de la Marina* 13 y 14 de enero de 1948. p. 8. Cf. "Sobre Sartre. ¿Ofensas a la moral?" Cartas de Mariblanca Sabas Alomá y Francisco Parés. *Prometeo*. enero febrero 1948. pp. 8-9.

O'Neill de *The Icemath Cometh*, mientras que la otra se adhiere a la imaginación, la fantasía y "estira hasta sus límites los elásticos convencionalismos teatrales, volatiliza mediante abstracciones los elementos concretos de la existencia". Señala la vis cómica de Alberto Machado y el desempeño de Vicente Revuelta, Julia Astoviza y Margot Fundora.[168] El 2 de marzo, se escenifica la cuarta obra de Rafael Suárez Solís en Patronato, *La rebelión de las canas*.[169]

Luis A. Baralt, admirador de Schajowicz, lo sucede en el Teatro Universitario con *Pedro de Urdemalas*, de Cervantes, no la mejor comedia del gran autor. ¿Debuta? Mario Parajón, actor muy novel, que dijo hermosamente algunos de los versos más logrados. Con Raúl de Jesús Castellanos, Natividad González y Rafael Ugarte.[170] El sábado 27 de marzo, los alumnos de la Academia presentan al alcalde Nicolás Castellanos un Diorama pre-Cervantino, dirigido por José Parés y *El retablo de las maravillas*, de Cervantes, por Julio Martínez Aparicio, en el que "Vicente Revuelta hizo un Chanfalla muy a la picaresca española en cuanto a espíritu y técnica, lleno de soltura y agilidad". También, *Partir a tiempo*, de Mariano José de Larra, con Homero Gutiérrez, Delio Fuentes y Fela Jar y *Arlequín, mancebo de botica*, de Pío Baroja, en la que José Camejo dio prueba de agilísima fibra histriónica bajo la dirección de Modesto Centeno.[171]

En abril, tres obras premiadas en ADAD, dos de ellas de Nora Badía, *La alondra* (dirigida por Centeno con Minín Bujones, Roberto Garriga y Rosa Felipe) y *Mañana es una palabra* (por Cuqui Ponce de León) con Marisabel Sáenz así como. *La primavera y el mar*, de René

---

[168] Regina. "La hermosa gente". *Diario de la Marina*. 10 de febrero de 1948. pp. 8, 10.
[169] Ichaso, Francisco. "La rebelión de las canas." *Diario de la Marina*. 4 de marzo de 1948. pp. 8 y 10.
[170] Aguirre, Mirta. "Pedro de Urdemalas". *Hoy* 11 de marzo de 1948. p. 10.
[171] Aguirre, Mirta. "Academia Municipal de Arte Dramático". *Hoy* 31 de marzo de 1948. p. 10.

Bush (por Ramón Antonio Crusellas) interpretada por Carmen Montejo, Raquel Revuelta, Pedro Pablo Prieto y Gaspar de Santelices. Aguirre cree que las dos primeras "bordean la caída en el exceso emocional" y son "intentos, bocetos incipientes". [172] Según Manuel Casal *La alondra* es la más endeble. Con tres personajes: la Enferma, David y Luisa, los dos últimos "subrayan con actitudes las peripecias del monólogo, más bien soliloquio de la enferma, bastante vago y con marcada tendencia al melodrama. [...] Este doble juego escénico, abre una segunda dimensión dramática de gran originalidad [...] Quizás la autora algún día depure mediocridades y lugares comunes al monólogo de la enferma y permita a *La alondra* cantar en la altura a que tiene derecho". [173]

Se representa el segundo premio de ADAD, *La hostería de la sirena* (1947) de Roberto Bourbakis, dirigida por Julio Martínez Aparicio. Manuel Casal lo define "engolado" y lo considera del simbolismo dramático. [174] El novel escritor, según Aguirre, está enamorado de los juegos de conceptos y "sucumbe a la tentación del floreteo de ideas", "especie de esgrima de la inteligencia" y fija quizás para siempre la idea de confusión entre realidad y magia, símbolos y seres de carne y hueso. Sin embargo, destaca que la obra agradó al público como prueba de que "el teatro fácil ha caducado entre nosotros". Interpretada por José de San Antón, Fela Jar, Gaspar de Santelices, Myriam Acevedo, escenografía de Luis Márquez. [175] En mayo, tres obras en un acto, *Jinetes hacia el mar*, de Synge, autor predilecto de Baralt desde los veinte, donde según Casal, su hermana Violeta, estuvo "en un bajo, obstinado pero

---

[172] Aguirre, Mirta. "Función del Teatro ADAD". *Hoy* 20 de abril de 1948. p. 10.
[173] Casal, M. Crítica. "Mañana es una palabra y La alondra". *Prometeo* 6 junio de 1948: 22- 23.
[174] Casal, Manolo. "La hostería de la sirena". *Prometeo*. 5. abril-mayo de 1948. pp. 27-28.
[175] Aguirre, Mirta. "La hostería de la sirena". *Hoy*. 7 de marzo de 1948. p. 14.

falso", *El casamiento a la fuerza*, de Moliere, por Ramonín Valenzuela y *La mariposa blanca* de Baralt, conforman un programa débil y previsible. [176] Ramón Antonio Crusellas dirige *Un inspector llama*, de Priestley. María Julia Casanova lleva a la escena del Patronato *Una mujer para dos*, (*Design for Living*) de Noel Coward.

La obra más discutida del año, a seis meses de Broadway, se estrena el 9 de julio. *Un tranvía llamado Deseo*, de Tennessee Williams, abarrota el Auditórium de espectadores en busca de una pintura «impúdica y fuerte» y lo que Francisco Ichaso llama "las extravagancias del idioma" de la traducción de Bourbakis. Gracias a "las licencias de situación y de expresión", logra casa llena y una gran movilización de público igual que en Nueva York. El teatro en La Habana estaba lleno más por "el verismo de la fábula", las "licencias del autor" y "el suceso de escándalo" que por la obra misma que, según Ichaso, sigue más que un procedimiento realista, "un naturalismo determinista y un desarrollo fragmentario y algo jadeante". "Marisabel como Blanche acertó con el entrevero característico de espiritualidad y sensualidad, histeria y poesía y Violeta Casal como Stella, presa de su instinto sexual, vulgarizada por la pasión bestial del marido, reflejó su finura sentimental en los ojos y en la sonrisa. Sergio Doré fue arrastrado en el diapasón alto de Sáenz y Egea subrayó su candor y erotismo íntimo". Francois Baguer anunció que Marlon Brando se hallaba entre los asistentes y hubo una ovación. La función empezó a las diez de la noche y terminó al otro día. [177]

Centeno trajo de Nueva York el libreto, fotografías de los decorados y copió la concepción. Es el estilo de puesta en escena del cual Vicente Revuelta se burlará: la copia del «libro-modelo» de los éxitos de Broadway. Matilde Muñoz en *El Siglo*, en la sección firmada

---

[176] Aguirre, Mirta. "Aniversarios teatrales". *Hoy*. 1⁰ de junio de 1948. p. 10.
[177] Ichaso, Francisco. "Un tranvía llamado Deseo. Patronato". *Diario de la Marina*. 11 de julio de 1948. pp. 8,10.

por Selma Barberi, la llama una de las más "discutidas" del Patronato. En el Auditórium "se veían las conocidas cabezas de todos los estrenos, toda la Habana de las grandes solemnidades.[...] Los aplausos más calientes sonaron donde debieron sonar: en el momento ciego y brutal en que Stanley atropella a Blanche". Pero hace muchísimas objeciones al texto, a pesar de significar el camino experimental del teatro norteamericano. Habló de morbo, incapacidad para reflejar las pasiones y del lenguaje soez de la traducción. "Por esta preocupación cinematográfica, es una obra excesivamente diluida, técnicamente muy deficiente y sin ritmo, llena de reiteraciones, que como el propio tranvía que le da nombre, no van a ninguna parte". Ni las actuaciones de Marisabel Sáenz ni de Sergio Doré encajaron en el personaje. En cambio, Violeta Casal realizó una labor completa, llena de inspiración. La escenografía con su escrupuloso realismo fue la sensación y Luis Márquez obtuvo el premio al suceso técnico del año.

Manuel Casal trazó un paralelo con las "mujeres histéricas, casi dementes de Williams como Blanche, que está muy bien tratada en sus líneas generales y en efectos teatrales concurrentes" y aseguró que Sáenz realizó con brillantez las escenas de «bravura» pero dejaba caer el personaje cuanto éste retornaba a una humilde anormalidad, Sergio Doré hizo el esfuerzo por reflejar la parte sentimental de Stanley y Violeta "atrajo a Stella Kowalski, con decisión, a donde con más seguridad podía alzarla: sensualidad discreta y honda ternura". Muñoz señala con sobriedad que tuvieron muy en cuenta a Elia Kazan y a Joe Mielzinier, director y escenógrafo de la puesta de Broadway. Centeno lo confirma. Alguien le prestó un libreto en inglés, la leyó dos veces, quiso dirigirla para ADAD, cuando el Patronato, que tenía las mismas intenciones se enteró, y le encargó hacerla para ellos. Aprovechó unas vacaciones para ver la representación de Nueva York tres veces seguidas. Por primera vez en español (la puesta mexicana de Seki Sano se realiza en diciembre de 1948), Phillip C. Kolin, en su muy documentado estudio, la considera precursora en el ámbito hispano.[178] No se ha encontrado por esos días una entrevista a Marlon, la prensa respetó sus vacaciones. En 1956 cuando Caín (Guillermo Cabrera Infante) lo entrevista para su célebre "Marlon Brando, un amigo", no se habla de teatro. El escritor y el actor se encuentran en el hotel Packard, en una pausa entre su merodear por los bares de la Playa de Marianao para aprender a tocar tumbadora con El Chori y ver a su amiga Dorothy Dandridge en Sans Souci. María Álvarez Ríos ha contado que Brando exclamó que los cubanos estaban locos, ¡locos de arte! cuando se enteró que todo el esfuerzo del *Tranvía...* era para representarse una sola noche.[179]

En agosto, en el edificio Poey, donde no sube una tragedia desde *Hécuba*, Violeta Casal "matizó sus parlamentos con un lujo de variaciones vocales que jamás le habíamos percibido", en *Medea* de Eurípides. Escribe Ichaso: "cuidó con mucho esmero la máscara y la acción. En la escena en la que el mensajero le relata la muerte de su rival, la hija de Creonte, se aventuró a un "peligroso movimiento escénico que tradujo fielmente con las flexiones del cuerpo y las contracciones de la cara, el tremendo drama narrado". Antonio Vázquez Gallo dirigió con tino la plástica y el juego escénico. Dulce Velasco declamó demasiado, Gaspar de Santelices estuvo frío y engolado. Dolores Rubinstein admirable en figura, voz y dicción en la primera coreuta mientras Jorge Guerrero, vivaz y con dramatismo".[180]

---

[178] Colin, Phillip C. Tennessee Williams's "A Streetcar Named Desire in Havana: Modesto Centeno's Cuban Streetcars 1948–1965" *South Atlantic Review* VI. 60 (1995): 89-110.
[179] Álvarez Ríos, María. *Platea* nos 11 y 12 (agosto de 1952) pp. 16-17, 70-71.
[180] Ichaso, Francisco. "Teatro Universitario. Medea". *Diario de la Marina*. 11 de agosto de 1948. p. 8,10..

Casal dio una jornada "muy alta", escribe Aguirre, "dominó siempre todo el suceso escénico".[181]

Bajo la dirección de Aparicio, AMAD (Academia Municipal de Arte Dramático) presenta *El distraído* de Francois Reynard, en septiembre y *La arena está entre el mar y las rocas*, de Jorge Antonio González y Carlos E. Sánchez, mención del concurso de ADAD, evocación griega de estilo folletín (*La dama de las camelias* en el tercer acto) dirigida por Roberto Peláez. Aguirre se defrauda por "la oreja envejecida de la obra". Ese día se otorgan los premios y menciones del concurso de ADAD.[182] *Vive como quieras*, de Moss Hart y Kaufman, se estrena allí, dirigida por María Julia Casanova, con Gina Cabrera y Lolita Berrio. Francisco Morín recibe el primer respaldo de la crítica con *El candelero*, de Alfredo de Musset, elogiado por Luis Amado-Blanco, con Gina Cabrera, Alberto Machado y Enrique Martínez entre otros, al que sigue *Ligados*, de O'Neill. A un mes del estreno de *Electra*, Piñera recibe el segundo premio de ADAD por *Jesús* y Felipe el primero con *Capricho en rojo*. El 9 de octubre, en Patronato, Reinaldo de Zúñiga dirige *Un marido ideal*, de Wilde, comedia "decolorada y languideciente" hecha con todo lujo y propiedad, escribe Aguirre, con Loly Rubinstein y Gaspar de Santelices, a la que sigue *El pescador de sombras*, de Jean Sarment, dirigida por Ricardo Florit.

---

[181] Aguirre. Mirta. "Medea en la Universidad". *Hoy*. 11 de agosto de 1948. p. 10.
[182] Aguirre, Mirta. "La arena está entre el mar y la roca". *Hoy* 14 de septiembre de 1948. p. 10. Los premios: Carlos Felipe por *Capricho en rojo*, primer premio; segundo, *Jesús*, de Virgilio Piñera; tercero, María Álvarez Ríos, *No quiero llamarme Juana*; menciones a Rolando Ferrer, *Otra vez la noche*; José E. Herrero Cartaya, *Tres mujeres y hombre*; Matilde Muñoz Barberi, *Las máscaras apasionadas*; René Sánchez Sabas, *Anade*; Eduardo Manet, *Scherzo*; Carlos E. Sánchez, *Los hombres de cera*, Marcos Behmaras, *La muerte desembarca*; y Eva Fréjaville, *Damiano y sus espejos*.

Electra o la provocación

A la altura del siglo XXI, si de fechas se trata, el 23 de octubre de 1948 dice más al teatro cubano que el año de supuesta escritura de *Electra Garrigó*. ¿1941, 1943, 194...? Virgilio Piñera no fue muy transparente respecto a las fechas o sus intenciones, pero nadie puede rebatir que, terminada la representación de *El candelero*, de Musset, el 7 de agosto de 1948, Piñera y Francisco Morín conversan y un mes después, un público reducido –el de las solitarias funciones de los asociados de ADAD– vive una noche de fiesta y escándalo. Francisco Morín, su director, lo ha contado. Pero las cronologías se alteran a conveniencia. ¿Se sitúa *Electra* antes de *Las moscas* de Sartre para defender su originalidad, acomodar la coherencia de una trayectoria o voy más lejos, por apartarla de Flora Díaz Parrado cuyo *velorio de Pura* se publica ese año? Según *Teatro completo*, *Electra*... se escribe en 1941 pero seis años después, el 31 de agosto de 1947, Piñera escribe a su hermana Luisa: "Pienso publicar ahora *Electra*; estoy en eso y creo que para fines de octubre te podré enviar, esta vez por avión, un ejemplar." ¿Termina en Buenos Aires la versión definitiva? Los juegos de probabilidades con las fechas son un campo minado. El 7 de junio de 1947 Francisco Parés estrena *Electra*, de Giradoux con el grupo ADAD. Aunque Piñera está en Buenos Aires entre el 24 de febrero de 1946 y diciembre de 1947 y no asiste, las representaciones educan al público en una manera de ver y esa pieza "cerebral, de virtuosismo y juego intelectual", actualiza el mito. [183] Hay muchas otras, sin contar la labor cuasi arqueológica del Teatro Universitario en la puesta de los clásicos.

Más allá de especular sobre la relación que muchas tienen con la Garrigó, es medular conocer qué puestas atraen al dramaturgo en La Habana y Buenos Aires, aunque anticipo que son ciertamente muy pocas. Según su poema "La gran puta", empeña un saco viejo para trepar a la cazuela del Auditórium para ver *El avaro* en la temporada de Louis Jouvet de 1943. El saco viejo debió pertenecer a Osvaldo Gutiérrez, con quien sostiene un "Diálogo imaginario" no tan sonado como el del sesenta.[184] Cuatro años después este diseña la escenografía de *Electra*...

Corría a la casa de empeños sita en Amistad y Ánimas
buscando que me colgaran entre docenas de guitarras,
yo, empeñado, yo empeñando un saco viejo de Osvaldo
para trepar jadeante la cazuela del Auditórium
a ver *El avaro* de Moliere que Luis Jouvet presentaba.

---

[183] Ichaso, Francisco. "La Electra de Giradoux". *Diario de la Marina*. 10 de junio de 1947. p. 8, 23.
[184] Piñera, Virgilio. "Diálogo imaginario con Osvaldo". *Virgilio Piñera al borde de la ficción*. Comp. de Carlos Aníbal Alonso y Pablo Argüelles. La Habana: Letras Cubanas, 2015. pp. 92-95.

Parece una licencia poética y *El avaro* no se representa, tal vez hasta no asiste, las entradas son caras en el exclusivo y cerrado Auditórium. El 31 de agosto se informa que Jouvet arriba a La Habana camino de México pero dos meses después, las reseñas de *Hoy* de Álvaro Muñoz Custodio corresponden en este orden a *La escuela de las mujeres*, de Moliere, *La anunciación a María*, de Claudel, *El médico a palos*, de Moliere y *El Apolo de Marsac*, de Giradoux.[185] Ninguna sobre *El avaro*. La temporada se extiende hasta los primeros días de noviembre con dos funciones para los socios de Pro Arte con *No se juega en el amor*, de Musset, el 16 de noviembre y el 18, La *jalousie du Barboillé* de Moliere, *Fable Journée* de E. Mazaud y una fábula de la Fontaine. El estilo de comedia del arte empleado en *La jalousie…* y las decoraciones de Cristian Berárd se recuerdan por mucho tiempo. Se crea Theatralia con *Judith*, de Giradoux [con los decorados de la compañía francesa]. ¿Los altos precios del Auditórium impiden a Piñera asistir o cita de oídas para *epater*?

Louis Jouvet llega a La Habana con el propósito de abaratar los costos de los pasajes de Brasil a México, donde está invitado –en Cuba carece de invitación oficial– y se arriesga a viajar en pequeños grupos que arriban entre julio y agosto. El último, llega el 20 de agosto. Pero la ciudad vive una "ola de calor" según Liebowitz Knapp, y espera dos meses para iniciar la temporada. Aunque hay imprecisiones, casi nada está contado y el calor no es en la isla un obstáculo para representar, la estancia consume los recursos monetarios de la compañía, que exhausta, parte a Haití con ochenta dólares en sus arcas.[186] Así todo Jouvet es memoria, mitología de los corrillos y la gente de teatro,

---

[185] Muñoz Custodio, Álvaro. "La escuela de las mujeres". *Hoy* 16 de octubre de 1943; "La anunciación a María", 22 de octubre, "El médico a palos y El apolo de Marsac", el 28 de octubre.
[186] Liebowitz Knapp, Bettina. *Louis Jouvet. Man of the Theatre*. Columbia University Press, 1957.

incluso los que no vieron sus espectáculos. La revista *Prometeo* reproduce un texto de Guy Pérez Cisneros sobre *La anunciación a María*, de Paul Claudel, ilustrado por Portocarrero, y Andrés García despide al diseñador de la compañía, Christian Bérard, con motivo de su muerte. Vio sus decoraciones, "tu *Ecole de Femmes*, tus trajes deliciosos, tu decorado lleno de gracia, tus candelabros, tu siglo diecisiete" y enumera los colores recién descubiertos. A partir de una cita de Christian Dior, el joven Andrés, cuyos primeros dibujos para *Carteles* enviaba desde Holguín, revela el significado personal de los decorados de Bérard. [187]

De la primera estancia de Piñera en Buenos Aires –entre febrero de 1946 y diciembre de 1947– becado de la comisión nacional de Cultura de ese país para el estudio de la poesía, no se infiere una activa relación con la puesta en escena más allá del vínculo con Witold Gombrowicz y su participación en la traducción del *Ferdydurke*, nutriente de su obra más allá del ámbito restringido de la escena. Ese contacto vital e influencia son definitivas. Se ha llamado exilio a la distancia buscada y necesitada, pero Piñera nunca se aisló de su país, hace visitas cortas o prolongadas dentro de tres etapas bien diferenciadas. Más que exilio, es estancia, como escribe Espinosa Domínguez en "El poder mágico de los bifes (la estancia argentina de Virgilio Piñera)", material de primera mano –que ha ganado vigencia– ya que la voluntad indagadora del autor lo condujo a los archivos de Piñera primero que nadie.[188] Virgilio es el escritor de "la lejana Cuba", colaborador de *Orígenes* y luego *Ciclón*, organizador de una exposición de pintura y enlace y ejecutor de proyectos en la isla. Cultiva vínculos y mantiene correspondencia con escritores y críticos latinoamericanos de

---

[187] Pérez Cisneros, Guy. "La anunciación a María". *Prometeo* año I (9) septiembre de 1948: 2-4, 28. [García Benítez], Andrés. "Adiós a Christian Berárd". *Prometeo* 19. octubre de 1949. 14-15.

[188] Espinosa Domínguez, Carlos. "El poder mágico de los bifes (la estancia argentina de Virgilio Piñera)". *Cuadernos Hispanoamericanos*. Madrid n. 471 (sep. 1989) pp. 73-88.

quienes recibe apoyo y recomendaciones. María Zambrano y Alfonso Reyes, entre otros, lo introducen en los círculos culturales. No se ha aclarado suficientemente cómo gestiona y consigue la beca en un momento tan poco transparente de la vida cubana, solo por sus avales literarios. Virgilio estudia Filosofía y Letras pero no se presenta al examen final. El profesor Aurelio Boza Masvidal, según su hermana Luisa, lo recomienda y ella consigue el dinero del pasaje con la venta de un tocadiscos y el préstamo de un garrotero. Piñera viaja a Camagüey a reunirse con ella y los amigos cercanos antes de partir, pero no hay mucho sobre esta figura esencial en su vida, que lo instruye hasta sobre el hotel donde debía alojarse. Un profesor respetadísimo, experto en Dante y fundador de los estudios italianos en la Universidad. [189]

A través de Adolfo de Obieta, hijo de Macedonio Fernández, conoce al Conde e inicia una colaboración inagotable, pero no en materia de escenificaciones. Gombrowicz ha dicho que no va al teatro. Alrededor del 17 de noviembre de 1947 Virgilio asiste en Buenos Aires a una puesta de *Juana en la hoguera* de Paul Claudel con música de Honegger, porque escribe a Lezama Lima que "acá dieron" un "Oratorio. Malo. Música sin mayor importancia. Aparatosidad claudeliana, que ya es fraudeliana, viene de fraude, y no aguanto esos Cristobalcolonsucesivosquesonlosdramasdeclaudel" [sic]... [190] En La Habana Luis A. Baralt la estrena en la Plaza de la Catedral (1950), un punto de giro, con coros, música, bailarines y un elenco estelar. Un espectáculo sin precedentes con la española Adela Escartín en el gran personaje de su vida. Pero el teatro representado ha sido y es secundario en el estudio de Piñera. No se conocen las puestas que

---

[189] Testimonio de Luisa en Espinosa Domínguez, Carlos. *Virgilio Piñera en persona.* Miami: Cincinatti: Término Editorial, 2003. pp. 104-106. En *Prometeo* 25 (junio, 1951) el artículo de Boza Masvidal "La comedia improvisada italiana".pp. 9-14.
[190] *Virgilio Piñera de vuelta y vuelta. Correspondencia 1932-1978.* Pról. Roberto Pérez León. Ed. Patricia Semidey. La Habana: Unión, 2011. pp. 86-87.

pudieron influirlo y aproximarse parece tropezar con una muralla de hielo, ya que la puesta se deshace en la medida que la crítica la analiza o destroza.

Morín y Piñera

Francisco Morín y Virgilio Piñera se conocen en una velada en casa de Violeta Casal en 1948 a la que asiste el hermano de Modesto Centeno, Miguel Ángel; el cuentista y traductor Huberto Rodríguez Tomeu y Manolo, hermano de Violeta, crítico teatral y por un tiempo subdirector de la revista *Prometeo*. Entre Morín y Piñera hay una diferencia de seis años. Morín nace en 1918 en el barrio de Jesús María, en La Habana, hijo de un empleado de los ferrocarriles y una ama de casa, una familia de clase media con un trabajo estable. Piñera en Cárdenas en 1912, vive siempre "mudándose de casas", en la pobreza, hijo de una maestra y un agrimensor quienes atraviesan muchas dificultades y zozobras económicas. Ambos terminan la carrera de Filosofía y Letras. Pero mientras Morín se gradúa, escribe su tesis sobre Oscar Wilde y encadenado a la oficina de la empresa de Ferrocarriles, empieza pronto la práctica escénica en ADADEL, (Academia de Arte Dramático de la Escuela Libre de La Habana), Piñera, poeta y cuentista, integrante del estrafalario comité de redacción del *Ferdydurke* de Gombrowicz, colaborador de *Orígenes*, es casi desconocido todavía en el medio teatral. Morín, con escasos ocho montajes y la reciente fundación de la revista *Prometeo*, es algo más que un prometedor director.

De acuerdo con Morín, Piñera habla alborozado de la *Medea* estrenada por Judith Anderson en Nueva York. [191]

—Aprovechamos para ir a verla, pero es una lástima porque no había nadie. Nadie fue a verla.

Morín, que acaba de regresar de los Estados Unidos, contesta.

—Ustedes no asistieron, porque estaba repleto. Yo compré las entradas con mucha anticipación.

Piñera presume haber visto una puesta muy comentada (*Prometeo* reproduce una nota crítica del *New York Times*). Se hace silencio. Violeta habla de otra cosa y Morín intuye que debido al incidente, no se volverían a encontrar. Pero se equivoca. Finalizado *El candelero*, de Alfred de Musset, dirigido por Morín para ADAD (7 de agosto, 1948) en el teatro de la Escuela Valdés Rodríguez, Piñera lo llama para felicitarlo. [192] Morín le comenta que a ADAD no le gustó *Electra Garrigó* como tampoco a Ludwig Schajowicz y se ofrece para dirigirla cuando termine su compromiso con *Ligados*, de O'Neill, prevista para el primer aniversario de la revista *Prometeo*. "No te preocupes, yo la pongo", le dijo a Virgilio.

Piñera nunca tuvo respuesta del austriaco Ludwig Schajowicz, director del Teatro Universitario ni del asturiano exiliado Francisco Martínez Allende a quienes se la mostró. No se conoce por qué a esos

---

[191] Breve estancia documentada en su carta del 10 de enero de 1948. *Virgilio de vuelta...* p. 87.
[192] Alberto Machado, Enrique Martínez, Gina Cabrera y Bernardo Pascual. Escenografía de Osvaldo.

directores no les interesó pero Morín ha contado por qué ADAD la rechazó. "Es imposible que la hagan. Dicen que es muy rara ¿y que dónde se ha visto un pedagogo con cola de caballo?" [193] Se supone que Marisabel Sáenz es la intermediaria con la asociación presidida por Modesto Centeno, no sólo porque es miembro de su directiva sino porque Piñera le dijo que había escrito Clitemnestra Pla para ella. Pero ni a Centeno ni a Martínez Aparicio, "por falta de imaginación, les gustó cómo se cubanizaba el mito de Electra". [194] Es posible especular que Schajowicz –cuya *Ifigenia en Táuride* pareció a Álvaro Custodio muy elemental [195] y elige para su grupo universitario clásicos o neoclásicos, no se atrevería con un joven autor que se permite con ellos tantas licencias. Mientras, Martínez Allende, atento a los montajes con sus alumnos de ADADEL –entre ellos Morín– escribe para Teatro Popular y está volcado de lleno a la experimentación danzaria en Pro-Arte.

Pero los avales teatrales de Piñera son incipientes. Durante su estancia en Camagüey buscó relacionarse con los grupos de renovación, se une a la Hermandad de Jóvenes Cubanos y en 1936 invita al grupo La Cueva, dirigido por Luis A Baralt, para representar en el Principal una obra de este, *La luna en el pantano* e *Ixquic*, de Carlos Girón Cerna. Según su hermana Luisa, fue como si llegase allí la comedia francesa, tanto que Virgilio se consigue un traje. [196] En el intercambio epistolar entre Piñera y el veterano Baralt no hablan de cuestiones literarias inherentes a los textos, sino sobre dónde y cómo colocar los varales y las diablas, el transporte, el alquiler de las pelucas y el costo del pasaje del tramoyista. La experiencia es un aprendizaje para el aspirante a

---

[193] Morín, Francisco. Ob. cit. p. 82.
[194] Espinosa Domínguez, Carlos. "El arte ilusorio de dirigir obras ajenas" Entrevista a Francisco Morín. *La Má Teodora*. no. 1. oct. dic. 1998: pp. 21-25.
[195] Custodio [Álvaro]. "Las coéforas e Ifigenia en Táuride". *Hoy*. p. 12. Marisabel Sáenz, que empezaba, según el crítico, declamaba con cierta monotonía.
[196] Espinosa Domínguez, Carlos. *Virgilio Piñera en persona*. ob. cit. p. 61.

dramaturgo, conoce el teatro por dentro. [197] Así todo no logra estrenar sus primeras obras. Ni *Clamor en el penal* (1938) ni *En esa helada zona* (1943) se escenifican: recorren sin suerte los concursos de la época.

José Antonio Portuondo publica un fragmento de *Clamor en el penal* en *Baraguá*: una pieza atrevida, luego «desacreditada», cuyos personajes (La zapatera, el 101, el 102), son reclusos asesinos y ladrones, algunos de ellos homosexuales, que sufren y viven sus apetencias en la cárcel bajo la protección de una joven abogada en lucha contra los conceptos férreos y brutales del director de la prisión. Según Manuel Villabella, en entrevista a Piñera, el crimen de La Macagua lo impresiona profundamente con el arribo a Camagüey del "vil garrote" o la máquina patibularia, así como su experiencia en prisión durante el gobierno de Machado. Supone que *Clamor...* se concibe entre 1927 y 1933, ya que los hechos corresponden a 1927, cuando se ejecuta en Camagüey a un campesino presuntamente inocente. Virgilio se interesa por los procesos judiciales y se declara admirador de la primera mujer fiscal del país. [198] Fechada en 1938, el fragmento aparece en *Baraguá* el 16 de septiembre de 1937, por lo que es válido aceptar que esa obra "sin ton ni son" se termina después de su encuentro con La Cueva.

Clamor... transcurre en un centro penitencial. Un personaje homosexual, conocido por La Zapatera, entabla relaciones con otro penado mientras una doctora trata de mejorar las condiciones inhumanas de la prisión. Lo atrevido del asunto ya tratado por Carlos Montenegro no impide a Portuondo presentarla como uno de los más fuertes y logrados de nuestra dramática contemporánea. Rescatada por la revista *Albur*, no ha sido reimpresa en libro. [199] Pese a ser la primera obra de Piñera–desautorizada como *Los siervos*– los estudiosos apenas la

---

[197] Cartas a Virgilio Piñera. "Clamor en el penal." *Albur*. Año III. Instituto Superior de Artes, La Habana, 1990. CLXIII.
[198] Villabella, Manuel. "Virgilio Piñera y el Camagüey". *Tablas* 3 (2002) pp. 25-27.
[199] Piñera, Virgilio. "Clamor en el penal." ob.cit.

han tomado cuenta, quizás por su diálogo fácil y cursi comparable con el tan controvertido de Carlos Felipe. La mayoría, resuelta a aceptar *Los siervos* dentro del canon piñeriano, se ha olvidado para bien de *Clamor en el penal*.

Alumno de la Academia en 1940, Morín realiza incursiones como actor en las obras de sus compañeros, las más llamativa, en *Arsénico para los viejos*, dirigida por Lorna de Sosa y en *La zapatera…* de Zúñiga mientras finaliza su carrera en la Universidad. Como todos, ejecuta en ADAD los oficios que se requieran, actor, traspunte o taquillero, pero en comparación con Modesto Centeno y Reinaldo de Zúñiga que entre 1945 y 1948 tienen decenas de estrenos con distintas agrupaciones y hasta algunos premios, ninguno suyo ha llamado excesivamente la atención. Es más, cuando teatraliza el poema "El cuervo" de Edgar Allan Poe, traducción de Pérez Bonalde, interpretado por Eulogio Peraza, Aguirre habla de los «ataques teatrales» de los que ha sido víctima el poema, dicho con o sin maquillaje, con o sin escenografía, como un mono drama, pero lo considera desvirtuado "porque lo teatral se empotra en lo poético y deviene énfasis". Naufraga la poesía sin remedio.[200] También Morín fracasa con el poema. Es una experiencia si se quiere menor, pero a la que imprime su marca personal. Eso sí, desde *Las preciosas ridículas* y en *El avaro* y *El candelero* esboza su manera de concebir la escena: no reproduce ambientes naturalistas sino utiliza el vacío del espacio sobre el que destaca a los actores, siluetas de los muebles, un busto de Moliere o hasta un ballet porque, según Regina, a los directores les ha dado por «jugar a los coreógrafos». Se observa su tendencia a teatralizar pasos de baile y buscar el grato efecto visual. Sobre *El avaro*, Regina argumenta que:

---

[200] Aguirre, Mirta. "Teatro y artes plásticas". *Hoy*. 3 de julio de 1945. p. 6.

Francisco Morín [...] entendió correctamente que Moliere no fue únicamente un costumbrista, atento a las idas y venidas de sus contemporáneos, sino que fue ante todo [...] un poeta y un imaginativo [...]

Mientras el ballet tiende a teatralizarse, los directores de ADAD gustan de jugar a los coreógrafos y sumar pasos de baile, principalmente a las comedias que montan. A la decrepitud de *El avaro* añadió Ángel Espasande, la deformidad física. Mediante estas apoyaturas, consiguió a ratos, la comicidad.[201]

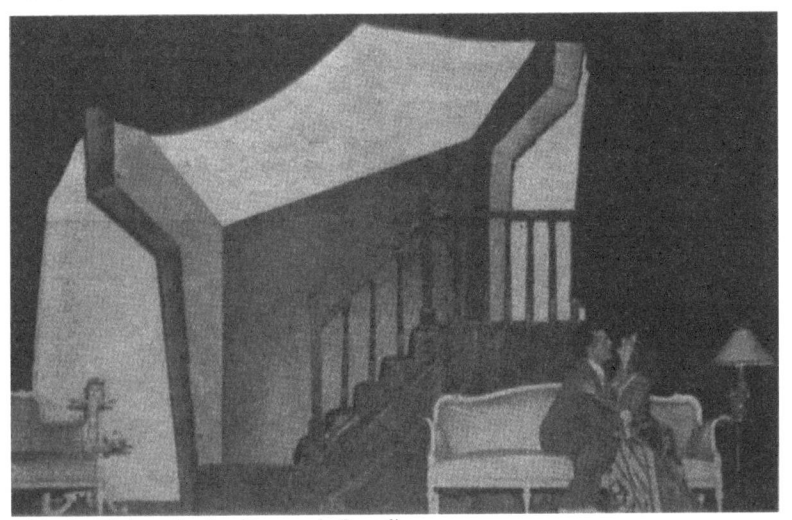

Ligados. Violeta Casal y Gaspar de Santelices.

Después del estreno de *Ligados*, de O'Neill, con escenografía de Osvaldo de líneas ondulantes y estilizadas, cuya recepción fue bastante sobria, Virgilio le lleva nueve libretos y empiezan a ensayar. en el último piso del local de la Asociación de Artistas.[202] Sin trabajo de mesa, Morín carece de tiempo debido a su trabajo de ocho horas, su estilo de dirección, habitual en la época, parte de lecturas en las que fija, sobre

---

[201] Regina [de Marcos]. "Escenario y Pantalla". *Diario de la Marina*. 16 de junio de 1948. p. 8.
[202] Aguirre, Mirta. " Ligados". *Hoy* 31 de agosto de 1948. p. 10.

todo, las entonaciones. Teresa María Rojas, una de las actrices preferidas de Morín, me ha dicho que "lo resolvía todo en escena" y contestaba todas sus preguntas. Vicente Revuelta, iniciado como su asistente de dirección, ha recordado que al ensayo se iba con la letra aprendida. A Morín no lo tienta estrenar en Patronato, pero sí viajar a Nueva York a estudiar –por poco tiempo, con Ben Ari en la Escuela de Piscator– y ver teatro. Comienza a editar una revista teatral que, nacida en octubre de 1947, alcanza 28 ediciones desde esa fecha hasta marzo de 1953. *Prometeo*.

Morín imagina el movimiento durante las lecturas, lo siente de una manera personal. Su concepto de la escena, confiesa, es la «limpieza». Después de leer la obra, comienza a moverla interiormente. A veces baila solo. Vicente ha contado que una vez, al intentar dibujar un boceto para un monólogo que Eduardo Manet le dirigió a Violeta Casal, cuya escenografía tenía unas paredes y una ventana por la que supuestamente se veía París –¿*La llamada* de Dorothy Parker?– en su ignorancia, pintó un rascacielos, pero alguien [...] le indicó que París no es así.[203] Morín en cambio le aconsejó que quitara las paredes y dejara solo la ventana. "Me llamó poderosamente la atención aquel sentido de la síntesis".[204] En *Electra Garrigó* explora la limpieza y la concisión.

Reúne dos primeras actrices: Marisabel Sáenz y Violeta Casal. La Sáenz ha sido la difícil y enigmática Palma de *El chino*, de Carlos Felipe, a quien dio lo mejor de sus facultades artísticas, dominio físico, dicción y proyección, la primera Blanche Dubois en lengua española y la memorable zapatera de Reinaldo Zúñiga. Casal, más selectiva, interpreta Stella en *Un tranvía llamado deseo*, dirigida por Modesto

---

[203] Puede ser la representada el 10 de septiembre de 1950 en Nuestro Tiempo.
[204] Suárez Durán, Esther. *El juego de mi vida. Vicente Revuelta en escena.* La Habana: Centro de Investigación Juan Marinello, 2001. p. 56-57.

Centeno, con Patronato *Sombra y substancia,* de Carroll, dirigida por Ramón Antonio Crusellas y arrasa en la *Medea,* de Eurípides, en la colina universitaria, dirigida por Antonio Vázquez Gallo. Protagoniza en la radio *La misteriosa casa de los Grayson,* guión de Félix Pita Rodríguez, emitido por la emisora Mil Diez. Marisabel "es histérica, nerviosa, avasalladora, explosiva, extrovertida, irascible, exigente, desconsiderada..., pero sabía reírse con ganas, se sentía actriz en todo momento, era absolutamente rigurosa en su trabajo y fue una gran diva" ha escrito Morín. [205] Agamenón es Carlos Castro, Gaspar de Santelices, Orestes y Alberto Machado, el Pedagogo.

Electra Garrigó, de Virgilio Piñera, se estrena el 23 de octubre de 1948 por el primer aniversario de la revista *Prometeo.* La segunda puesta bajo el nombre de la agrupación, realizada como las de ADAD en el diminuto escenario de la Escuela Valdés Rodríguez. La nota publicitaria dice:

> No es una pieza más sobre la tragedia de Sófocles, es una creación original en la que se aúna lo tradicional cubano con una poesía del más moderno estilo. Prometeo invita a todos a aplaudir a Virgilio Piñera y a *gozar* de las *delicias* de la obra. Localidades: un peso. Informes en el teléfono A-6529.[206]

---

[205] Morín, Francisco. Ob.cit. p. 54.
[206] El énfasis es mío.

Violeta Casal: la primera Electra del teatro cubano

Marisabel Sáenz: Palma en *El chino* de Felipe, Clitemnestra en la *Electra...* de Piñera. Reproducción de un óleo de Armando Maribona.

Antes del estreno: caminar sin pies

Virgilio colabora en la revista *Prometeo* antes de *Electra*… Fundada en octubre de 1947, en su número cinco aparece, en lugar del editorial, su artículo ¿¿¿Teatro???. Una diatriba inesperada contra los teatros experimentales, "lo raquítico de esas producciones" y en especial, un premio del Ministerio de Educación, *La comedia de la vida*, de Luis Manuel Ruiz (1916-1956), actor de radio e intérprete del personaje disoluto y rumbero de Teófilo en *Tembladera* de José Antonio Ramos representada por Teatro Popular. [207] Patronato la estrena en el Auditórium el 30 de julio de 1945 con Marisabel Sáenz y José de San Antón. ¿Por qué después de infructuosos intentos en los concursos de la época en los que obtiene segundos lugares o alguna mención, Piñera ataca una obra premiada dos años antes? ¿Concursa en esa convocatoria? ¿Es uno de los cinco mencionados? En una entrevista para *Hoy*, el premio de Ruiz se reivindica para Teatro Popular donde transcurre su trayectoria periodística, radial y como intérprete. También se divulga el jurado: Paco Ichaso, Luis A. Baralt y Miguel de Marcos. Se escribe que la obra no es todo lo «medular». [208] ¿Ataca a ese jurado de la vieja guardia? ¿Por qué se manifiesta contra los teatros experimentales cuando en rigor ADAD es el único con esa etiqueta? ¿Es una manera de respaldar a Morín que rompe con esa asociación y traza su camino propio? Mientras ese texto se desestima como si ¡Ojo con el crítico…! surgiese en el vacío, el teatro no puede escapar a su materialidad y Piñera arremete contra el medio en el que pronto hará su entrada triunfal. ¿Aprovecha la oportunidad para provocar antes del estreno o es su primera «salida teatral»? ¿Viene acostumbrado a la

---

[207] Piñera, Virgilio. ¿¿¿Teatro??? *Prometeo* 5 (abril-mayo 1948): 1, 27-28.
[208] Tamargo, Agustín. "El premio Nacional de dramaturgia". *Hoy*. 25 de julio de 1944. p. 6.

batalla *ferdydurkista* y ensaya algo parecido? Y en lugar de envolverse en una sábana o colocarse la palangana en la cabeza en lugar del casco, escribe unas pobres cuartillas –en comparación con el nivel de sus artículos y el resto de su obra hasta la fecha– contra un fallido autor, quien aborda el tema homosexual como su *Clamor en el penal*. Natividad González Freire sintetiza así *La comedia de la vida*:

> Con personajes de farsa, por lo subrayado de sus sentimientos y caracteres, compone el drama del trapecista Eloy. Este sufre porque se encuentra imposibilitado de acceder al amor de Colombina y dominar su condición de invertido sexual. El conocido triángulo circense se repite aquí en un circo cubano. Pero esta vez el payaso Gracián alcanza la felicidad prohibida para su bello amigo, el bello Eloy el cual como prueba de amistad, le guarda el secreto de su anormalidad biológica que él le había confesado antes de morir. Pero pasado el tiempo, se ve precisado a confesarlo todo, a la muerte de su padre, el también payaso Hudson. La nota más delicada de la obra la da precisamente este payaso, quien para que no luciera tan horrible la fealdad de su hijo, se hace pasar durante toda su vida por un jorobado. [209]

En la "obrita", escribe Piñera, la cantidad verbal es tan densa que impide ver lo que el autor se propuso. Según Morín, se conocía como "un drama de titiriteros", tenía un personaje con una joroba falsa y se representó porque Sáenz se enamoró del protagónico. A juicio de Piñera los hacedores del teatro experimental fuerzan "un proceso histórico" con obras "engendradas" como "resonancia de obras de arte puestas en escena y no por los problemas reales y palpitantes de un

---

[209] González Freire, Natividad. *Teatro cubano (1927-1961)*. La Habana: Ministerio de Relaciones Exteriores, 1961. pp. 108- 109.

grupo humano, un teatro de realización técnica y no de exigencia del espíritu. Un teatro propio, con autores y obras propias, sólo surge de la colectividad y por la colectividad [...]. Si no hay público es precisamente porque no hay obra, y si no hay obra es porque no hay público".[210]

Más significativo que su rechazo al estreno del Patronato, es la descripción en el mismo artículo de otra obra suya, *En esta helada zona* (1943), nunca publicada y al parecer perdida. Intentó, escribe, la obra perfecta, pero experimentó "más de lo permitido". Piñera la describe: "el tema de mi obra era algo así como la aparente locura de dos hermanos que uno al otro se ofrecen como locos reales, y cuyo objetivo en la vida es aparecer insanos a fin de escapar a la locura de la existencia, que es una suerte de locura invertida". Su escueta noticia difiere del recuerdo de Luis González Cruz de la obra del mismo título ensayada por su amigo Julio Matas. "Trata sobre la venta de una finca, que requería la autorización del propietario. Este se niega a venderla y contesta con frases incoherentes y elusivas". Matas, para estudiarla, repetía un bocadillo: "Con una mano sostengo el perro de la noche y con la otra saludo levemente a los invitados". El paradero del texto es todavía un misterio.[211] En el artículo de *Prometeo* concluye: "Pongamos pues, justos límites a la agradable pero secundaria labor de la escena, y reconozcamos, a fin de no caer en el exceso que, en lo que respecta al teatro, hemos comenzado a caminar sin pies. Será el único modo de no lucir tan absurdos, y lo que todavía es más inteligente: saber que gateamos".[212]

---

[210] Piñera, Virgilio. ¿¿¿Teatro??? ob. cit.
[211] González Cruz, Luis. "Virgilio Piñera en la encrucijada de la Revolución." *Celebrando a Virgilio Piñera*. t II. Matías y Yara Montes Huidobro, eds. Plaza Editorial, 2013. pp. 237-240.
[212] ¿¿¿ Teatro???. Ob. cit.

Para Piñera la puesta es secundaria no sólo porque el texto sostiene el andamiaje de la obra sino porque la considera un añadido o un adorno. Gateamos y el teatro "camina sin pies".

Eduardo Manet, autor de *Scherzo,* cree, sin embargo, que Carlos Felipe podría situar la isla en la escena del mundo. Parece contestar a Piñera al juzgar *Tambores,* premiada en 1943, como obra de calibre. "Tenemos que aprender a distinguir nuestro entorno social, a diseccionarlo si se quiere, manteniendo siempre el espíritu limpio y la voluntad inflexible. Hundir los brazos en este fértil suelo antillano, sin chauvinismo simplista, con la clara visión de nuestra propia universalidad." Recuerda los galardones recibidos por el autor, no como triunfos personales sino también, de nuestro Arte: "el teatro en Cuba se hace adulto y, quizás, no esté lejana la hora en que reclame su puesto junto a la gran escena del mundo".[213] Se esbozan dos posiciones: confiar en lo nuestro, un teatro adulto o creer en lo informe y lo que "camina sin pies".

Aparecen en *Prometeo* dos colaboraciones sugeridas por Piñera relacionadas con su temporada en Argentina. "Indicaciones para los actores y el director" de Witold Gombrowicz, breve ensayo sobre *El casamiento,* especial para la revista y "García Lorca y la tragedia" de Adolfo de Obieta.[214] El polaco argumenta su concepción del dramaturgo en función de la escena: "los actores a cada momento deben cambiar de estilo en sus papeles o alguien, como interrumpiendo su papel, de repente habla en un tono diferente." "Todos esos hombres no se expresan directamente: siempre son artificiales, siempre representan" [...]. Por consiguiente la pieza "es un cortejo de máscaras, gestos, gritos, muecas." [...] Hay que representarla "artificialmente"

---

[213] Manet, Eduardo. "Tambores". *Prometeo* 10 (octubre) 1948. pp. 20, 30.
[214] Gombrowicz, Witold. "Indicaciones para los actores y el director". *Prometeo* 5 (abril-mayo 1948) 5-16. Obieta, Adolfo de. "García Lorca y la tragedia", ibid. 6-8, 23-24.

pero el artificio "no debe perder el contacto con ese acento normal, humano, que se deja percibir en el texto". Las indicaciones resuenan o debieron influir en la puesta. Su huella se percibe en el «bamboleo» de lo trágico a lo cómico y el gusto por desinflar la tirada dramática, tan incomprendida por los críticos de *Electra Garrigó*, y el teatro de máscaras, gritos y muecas desarrollado a partir de mediados de los 60 y en especial, sus inconclusos.[215] Se concreta la idea de Gombrowicz: "Una palabra origina otra... una situación provoca otra..., a veces algún detalle se magnifica o por repetición, las frases cobran enorme significado". El acto gratuito que, según Antón Arrufat acerca Piñera a André Gide, aparece en su horizonte con el Conde. "Sin ningún motivo aparente, la escena se torna dolorosa, patética o misteriosa, si una persona de pronto se vuelve malvada o triste, es a causa de la intensa labor de su espíritu". La musicalidad se impone: "cada actor debe sentirse instrumento de una orquesta y el movimiento debe sincronizarse con la palabra". Esas ideas son contrarias a lo establecido: la puesta no ilustra un texto o lo reproduce sin más. Son un giro de noventa grados respecto al quehacer del actor y el concepto del escenario. ¿Acaso son advertencias para Morín?

En cuanto al artículo de Obieta, Virgilio le escribe el 9 de abril que "se ubica eterno y deslumbrante en las páginas de *Prometeo*". Se siente parte de revista, aunque no puede inferirse está involucrado en su redacción. No tiene ni por asomo la relación que con *Orígenes* o después *Ciclón*.[216]

Unas consideraciones de Piñera, escritas en 1940, rescatadas por la revista *Albur* y pasadas por alto, muestran su visión del vínculo entre teatro y poesía. Aunque es el examen de un Seminario universitario de

---

[215] Piñera, Virgilio. *Teatro inconcluso*. Prólogo y selección de Rine Leal. La Habana: Ediciones Unión, 1990.
[216] Carta de Virgilio Piñera a Adolfo de Obieta. 9 de abril de 1948. Colección Virgilio Piñera en Cuban Heritage Collection.

estética, calificado con el máximo por el profesor Luis A. Baralt, si *Electra...* se escribe en 1941, debe aproximarse al propósito de la obra que escribe. A partir de su análisis de *La vida es sueño,* de Calderón, *El mejor alcalde, el rey,* de Lope de Vega y *Yerma,* de García Lorca, concluye que el teatro versificado "es de absoluta inactualidad". Contrario a utilizar la rima y la metáfora, el teatro debe ser "apolíneo". Mientras la poesía conduce a un mágico mundo, el teatro "como descriptor y reflejo de la acción humana, no puede ni debe emplear medios que supongan evasión, distorsión de sus justos, precisos límites estéticos". Su modelo es *Orfeo* de Jean Cocteau y *John Gabriel Bockmann* de Ibsen. Su manera de entender la herencia influye en "Rescate de Héctor", breve escena o boceto, cuyo diálogo, preeminencia de acción verbal y despilfarro de anacronismos, anticipan *Electra Garrigó.* En la tienda de Aquiles hay un mapa y un aparato de radio y este recibe mensajes por teléfono. Mercurio viste de *sport* y lleva, sujetas a su levita, un par de alitas blancas. Estamos a un paso de *Electra...,* suculento festín de interpolaciones y derroche de humor. La rima se transforma en los discutidos "ripios", interpretados por una cantadora de punto cubano, y cada espectador es "el recreador del drama que representa".[217]

---

[217] Piñera, Virgilio. "Algunas consideraciones sobre teatro y poesía." En *Virgilio Piñera al borde...* ob. cit. pp. 677-685.

El estreno

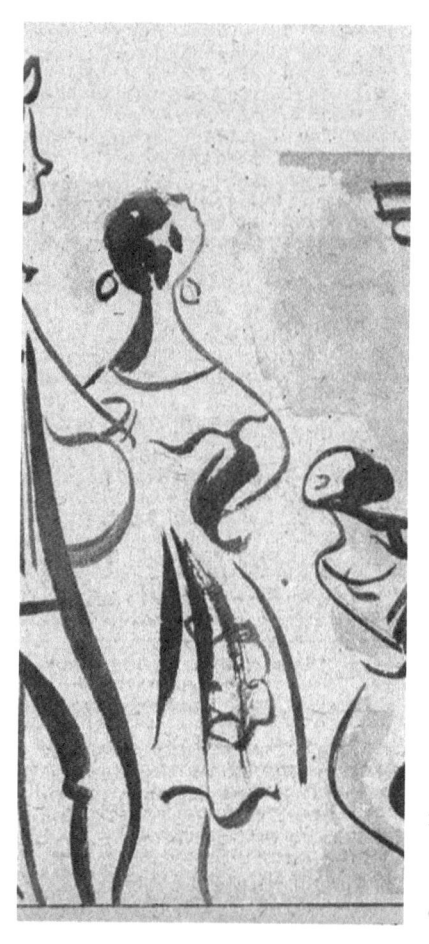

El 23 de octubre de 1948 se estrena una obra que reúne modelos extranjeros y tradición autóctona, ditirambo y arcos de medio punto, relajo y poesía. Una joven perdida clama ante los no-dioses. Piñera escupe al Olimpo.[218] *Electra Garrigó*, más que moderna, es posmoderna al mezclar palabra declamada y desparpajo, parodia y bacilo griego, coturnos y Guantanamera. Aunque *El chino*, de Carlos Felipe, aprehende el modelo pirandelliano y la tradición cubana del teatro dentro del teatro, se estrena antes y es magnífica, *Electra Garrigó* es el mito y es indiscutida. Virgilio no sólo está contaminado por las fuentes griegas sino dialoga con osadía con los modelos clásicos.

---

[218] *Electra Garrigó* (23 octubre, 1948, 7 de nov.) Ficha del estreno publicada en el programa. Dirección: Francisco Morín. Escenografía: Osvaldo. Luminotecnia: Jorge Dumas. Tramoya: Gerardo Rodríguez. Traspunte. Ernesto Fuentes. intérpretes. Electra Garrigó: Violeta Casal. Clitemnestra: Marisabel Sáenz. Agamenón Garrigó: Carlos Castro. Orestes Garrigó: Gaspar de Santelices. Egisto Don: Modesto Soret. Pedagogo. Filiberto Machado. Coro: Radeúnda Lima. Teatro: Escuela Municipal Valdés Rodríguez. 9. 30 de la noche. Clara Luz Merino (mimo de Clitenmestra), Digna María Horta y Margot Hidalgo (Camaristas). Cristina Gay (Anunciadora), Reinaldo Grave de Peralta, Sergio Arango y Leovigildo Borges (mensajeros) y Eduardo Acuña (mimo de Agamenón). Vestuario de la Casa Pilar y Glamour. Peinados de Barrios.

Su acercamiento intercultural deja atrás, para siempre, la óptica con que nos miraron José Antonio Ramos o Sánchez Galarraga. Cubaniza a Sófocles, utiliza los signos de la herencia maltrecha del vernáculo, envenena a Clitemnestra con una fruta bomba y chotea a Agamenón en camiseta. Su tragicidad está sometida al "bamboleo de la parodia". Como en Felipe la tradición se vapulea y contradice. Se habla de la dictadura de los padres contra los hijos y de la fallida «educación sentimental», de matriarcado y machismo. ¿Y el legado anterior? Tan lejos como el 13 de diciembre de 1846, se estrena en el Tacón de La Habana una parodia de *Edipo*, escrita por Cipriano Arias; en 1867 *Aristodemo*, de Joaquín Lorenzo Luaces, se critica a mansalva por no seguir el canon, como sin ir más lejos, Sánchez Galarraga en *Los hijos de Herakles* y Juan J. Remos en el *El histrión*.

A más de cien años del nacimiento de Virgilio Piñera, no queda casi nada por escribir sobre *Electra Garrigó*, mítica hija de los atridas con apellido camagüeyano, ajena y cercana, culterana y solariega, cuya mezcla de alcurnia y banalización, ditirambo y burla no deja de asombrar. ¿No es la escena toda de Piñera una manera de banalizar-actualizar? Del análisis filológico a la "mirada clínica", de Zambrano a Carrió, Leal, Alegría, Mansur y Fundora, decenas de ensayos se han escrito sobre el texto dramático, diversas miradas fundadas en su polisemia se resisten a una reducción y se definen por el psicoanálisis, la teoría de los juegos, la modernidad y la parodia, punto de encuentro —y desencuentro— de académicos de todas partes. [219] Mientras, la puesta

---

[219] Zambrano, María. "Electra Garrigó". *Prometeo* 10 (octubre 1948): 2-3. Carrió, Raquel. "Estudio en blanco y negro: teatro de Virgilio Piñera". *Revista Iberoamericana* 152-153 (julio-dic 1990).pp. 871-880; Leal, Rine. *En primera persona* (1954-1966)La Habana: Instituto del Libro, 1967; Alegría, José. "Dialéctica de la burla y la apoteosis. Un estudio sobre Electra Garrigó". *Revolución y Cultura* 1 (ene-feb. 2000): 29-33; Fundora, Ernesto. "Una cuestión sanitaria: mirada clínica y política del cuerpo en Electra Garrigó de Virgilio Piñera"; *Tablas* 2 (2012) pp. 49-56. Mansur, Nara. "Un

en escena, elusiva e inatrapable, muere cada vez que se representa y casi nadie vuelve a ella. Piñera es un clásico, pero algo muy diferente ha ocurrido con la historiografía de sus montajes. Sus representaciones han sido polémicas pero poco estudiadas y el análisis del teatro que se representó en vida suya es pobre e incompleto. Se consideró a sí mismo un *casi* autor teatral. La enorme dificultad que entraña apresar la cualidad de un gesto y revivir una representación no justifica los minoritarios atisbos de acercarse al fenómeno. El texto es inamovible, la representación acecha con sus misterios e incómodas revelaciones.

Piñera se inspira para *Electra...*, según confiesa, en el modelo griego, pero trabaja el material con la misma libertad de Eurípides, una versión totalmente novedosa. Sitúa la acción en un portal cuyas seis columnas "sigue la línea de las antiguas salas coloniales". La columna no es un atributo arquitectónico, sino un paisaje de extrañeza:

> Qué furia me sigue, qué animal que yo no puedo ver, entra en mi sueño e intenta arrastrarme hacia una región de la luz adonde todavía mis ojos no sabrían usar su destino! [...] ¡Oh, luz! ¿Serás tu misma ese animal extraño? [220]

La luz y el gas difuminados apresan la intención de Electra, «una conciencia en el vacío». Un espacio mítico y al mismo tiempo personal. Pero en la entraña del discurso narrativo, se realiza una inversión. Si Sófocles defiende los valores tradicionales y la muerte de Clitemnestra y Egisto son el castigo merecido por la transgresión de leyes seculares, la ambigüedad de Piñera, permite variadas y enriquecedoras versiones y reinterpretaciones. Esta "mujer hermosa y bravía/ sensitiva y

estallido de cohetes en el teatro". *Dos viejos pánicos y otros textos teatrales*. Buenos Aires: Colihue, 2014.
[220] Todas las citas por la edición de *Teatro completo*, Letras Cubanas, 2002. Edición de Rine Leal.

pudorosa", según los versos del Coro, es la luz. Si Prometeo fue castigado por dar el fuego a los hombres, Electra guía el rumbo y en términos actanciales, consuma la puntual partida artificial de Orestes, quien nunca se ha ido. En el tercer acto, Orestes pregunta al Pedagogo: […] "¿podré rebasar algún día esas hostiles columnas en busca del mar océano?" Ansía derribar una casa, un espacio, un territorio. Electra, poseída de su destino, lo conmina a partir, a encontrar su salida, su lugar, mientras ella, enclavada en "la puerta de no-partir", se realiza en esa liberación. El patético final es muy revelador: "Hay esa puerta, la puerta Electra, no abre ningún camino, tampoco lo cierra". Raquel Carrió establece incluso un marco, de *Electra Garrigó* a *Aire frío*:

> asistimos a un sostenido intento de integración de "lo moderno" y "lo universal" y "lo cubano" desde su forma primaria en *Electra*… a su producto de mayor elaboración […], algo así como un continuo estado de aproximación y experimentación que no logra alcanzar —salvo en algunos momentos— su verdadera identidad.[221].

Analizada casi siempre como un momento supremo, único, sin relación con antecedentes o hitos que allanan su trayecto, el autor se concibe como un transgresor sin deudas con el teatro anterior. ¿O es el momento de considerar que *El chino* se concibe, escribe, premia y representa en 1947? Carlos Felipe escribe la próxima obra con la misma vehemencia aunque en más de setenta años solo unos pocos han resaltado sus valores. *Electra*… no está sola o al menos lo está solo en la caduca historiografía. Se escribe en 1941, año de publicación de *El velorio de Pura*, de Flora Díaz Parrado y se representa un año después de *El chino*.

---

[221] Carrió, Raquel. *Dramaturgia cubana contemporánea. Estudios críticos*. La Habana: Editorial Pueblo y Educación, 1988. pp. 12-13.

Algunos periódicos la presentan como "versión criolla de la tragedia clásica", humilde gacetilla aplastada por el anuncio gigante de una nueva película de María Antonieta Pons.

¿Cómo es la puesta de Morín?

Nara Mansur titula su selección de textos de Piñera "un estallido de cohetes en el teatro" a partir de una afirmación del autor en su "Diálogo imaginario" [con Sartre] al definir *Electra* como "un sucesivo irrumpir de cohetes".[222] Gombrowicz ha escrito sobre esas luces de bengala. También las hay en la puesta de Morín, aunque los hallazgos surgen de las indicaciones del texto, rico en acotaciones. En primer lugar, la carnavalización. Egisto Don viste de blanco al estilo de los chulos cubanos, lleva sombrero de pajilla y un peine de tamaño descomunal; el pedagogo es un centauro con cola de caballo, frac y cascos; Agamenón está en mangas de camisa con su palangana de cacique y patriarca en burla, la luz es amarilla violenta, el vestuario de Clitemnestra y el de Electra contrastan por su colorido, se oyen las voces por los altoparlantes como en las ferias, la acción se enmarca dentro de un patio de columnas neoclásicas, los mosaicos del piso recuerdan el blanco y el negro del juego de ajedrez, mientras el portal, las casas coloniales. Si el marco establecido por el autor tiene la columna como frontera, la realización de Osvaldo [Gutiérrez] debió tomarlo en cuenta dentro de las rudimentarias condiciones del teatro, más un salón de actos que un escenario, casi sin profundidad.

El aporte más novedoso es el de las actrices negras-camaristas con sus acciones mudas o juegos a manera de dobles que anticipan la

---

[222] Mansur, Nara. Piñera, Virgilio. *Dos viejos pánicos y otros textos teatrales*. Ob. cit.
"Diálogo imaginario" [con Sartre]. *Lunes de Revolución*, 21 de marzo de 1960: 38-40.

acción, o prefiguran, a través de la pantomima, hechos por acontecer o son su contrapunto irónico. Es lo más arriesgado de la puesta en escena si se interpreta al pie de la letra ya que introduce una disciplina –a medio camino entre lo realista y lo simbólico –que requiere de un entrenamiento físico del que carecía por lo general el actor de entonces, casi todos elocuentes en la voz, pero no en el movimiento. ¿Por qué son negras? ¿Hace Piñera un comentario racial, sugiere un color de la piel para decir algo sobre la Cuba de los cuarenta? ¿O son cuerpos-sin voz a la manera del *kuroko* del teatro japonés, utileros que intentan ser invisibles? En el Bunraku y el Kabuki lo mismo retocan un peinado, recogen un abanico o "apuntan" al actor. ¿De dónde viene?

La acotación es indescifrable y por lo menos a Mirta Aguirre le molestaron "los mimos de oscura tez". El recurso se reutiliza para los mensajeros, también negros. La piel oscura, como la tela del Bunraku, oculta a la camarista, la borra, la erradica, como se silencia el móvil del crimen y el asesinato durante la guerra sórdida en los predios de los Garrigó. Mientras las camaristas se disuelven, el coro participa de manera activa, un punto guajiro abre y cierra cada acto en una especie de encadenamiento narrativo de hechos de sangre como en los programas radiales de crónica roja. Si la limpieza es una divisa estética de Morín (las figuras recortadas sobre un ciclorama negro en *El candelero*, de Musset), *Electra...* vive en el espacio vacío u ocupado por muy pocos elementos, delante de un telón evocador del Partenón, ya que el comentario de Amado Blanco sobre la escenografía, revela que la puesta forcejea "entre el estilo colonial y el Partenón" como al parecer lucharon dos concepciones, la «griega» y la paródica.

Su estrategia está esbozada en términos parecidos a la del "Diálogo"… Sartre utiliza el mito griego para «existencializar» y él para «banalizar». No solo escribe en 1947 su novela *El banalizador* sino esa filosofía es medular en la batalla de los años del Café Rex. Banalizar, para los ferdydurkistas es "trivializar, parodiar, hacer que ciertas ideas preconcebidas fuesen menos serias y más prosaicas".[223] A su llegada a La Habana después de su primera estancia, entrevistado por Ernesto Ardura, dice: "el disparate es la esencia de la vida", al pueblo cubano "le falta el sentido de discernir". Quiere "lanzar una ofensiva contra la retórica de la cultura y el estilo ornamental". Virgilio, según el periodista, ve la patria "apoyada en el absurdo, a horcajadas del disparate". Dos cuartillas premonitorias.[224]

El público asiste al teatro como a una sesión de pirotecnia. Presencia la reacción, el movimiento hacia la altura y el estampido. La puesta de Morín es espectáculo, conejos salidos del sombrero, alharaca. En el escenario no existe nada, dice Morín, solo la fruta bomba que Clitemnestra come a la vista del público y una mesa. La pantomima distancia las acciones y el coro de la Guantanamera contribuye al mismo efecto de comentario ajeno. No es una novedad. En *Siembra*, de Ángel Lázaro, Guillermo Portabales cantó las décimas. No es la música incidental radiofónica que Mirta Aguirre tanto critica, sino la integrada a la acción o su contrapunto. ¿Piñera toma la idea de la Guantanamera del programa radial El Suceso del Día, en Radio Lavín, con su narración de hechos de sangre o del que sale al aire todos los días a las 3 y media de la tarde por CMQ con Joseíto y La Calandria? ¿Lo inspiran esas décimas a partir de las dramatizaciones de Reinaldo López del Rincón, dirigidas por Sergio Doré y narradas por Ernesto de Gali? En 1941 empieza a radiarse "La Guantanamera", auspiciado por Crusellas, en la estación CMQ, de Monte y Prado, escrito por López

---

[223] Žilinskaitė, Milda. "¿Qué tal? ¿Virgilio?": apuntes sobre la relación intelectual entre Virgilio Piñera y Witold Gombrowicz. *Cuadernos Americanos* 153 (México, 2015) pp. 67-85.

[224] Ardura, Ernesto. "El escritor Virgilio Piñera narra sus impresiones". *El Mundo*. febrero de 1948. Fragmento citado por Espinosa Domínguez y la entrevista completa en *Virgilio Piñera al borde...* pp. 735-737.

con las décimas de Chano Isidrón. En 1951 Joseíto lo ha abandonado. Investigaciones recientes indican que Piñera pudo haber conocido la versión de Julián Orbón, ya que el coro, interpretado por Radeúnda Lima con su paródica concepción, pareció improvisado, un poco como rapsoda, como las canturías de Orbón.[225] Radeúnda, de regreso de una gira a Nueva York, nunca se aprendió la letra que cantó prendida de una tarjeta.

Cuando Amado Blanco cree desacertado mezclar lo natural y lo declamatorio, su horizonte de expectativas espera una tragedia dicha de forma altisonante y le molesta el salto «del coturno a la chancleta». Todavía en 1963 Piñera recuerda que lo usual al interpretar los clásicos era "el énfasis, los ululamientos, los bocadillos engolados, la afectación".[226] Quince años después del estreno de *Electra...*, dedica unas líneas al director que lo descubre. Reconoce con cierta displicencia que Morín no está "liquidado" y "como un león, podía despertar de su letargo". Su sorpresa es tal con el montaje de *La endemoniada* de Shoenherr, que distingue la etapa de Morín innovador y conformista. Sin querer, arraigado en una manera de ver, le endilga el principio que hirió tanto en ¡Ojo con el crítico!, la crítica como excrecencia del crítico. Se arroga el derecho de anatemizar y dictar la muerte creativa del director sin el cual quizás *Electra Garrigó* no hubiese ocurrido. En 1948 una parte del público reclama una obra inspirada en las estatuas y los frisos griegos y se decepciona con Morín, que escenifica, dicho con sus propias palabras, una parodia. Amado Blanco advierte que:

---

[225] Gómez Sotolongo, Antonio. "Tientos y diferencias de la guantanamera compuesta por Julián Orbón. Política cultural de la Revolución cubana de 1959". *Encuentro de la Cultura Cubana* 44 (2007): 63-77.
[226] Piñera, Virgilio. "Morín sigue teniendo demonio". *Virgilio Piñera al borde de la ficción.* pp. 585-588. Piñera, Virgilio. "Morín sigue teniendo demonio". *La Gaceta de Cuba* 2. 25 (1963) pp. 14-15.

Es indudable que en Cuba, estamos acostumbrados a los rollos políticos más fantásticos y que, por lo tanto, la imaginación pública está bien entrenada para percibir la verdad de cualquier barullo, pero lo de *Electra Garrigó* sobrepasaba nuestra preparación, acaso por hallarnos artísticamente, cada día más lejos de la falsedad disfrazada de intelectualismo.

Otro asunto que ha dado mucho que hablar es la morcilla de Gaspar de Santelices en la segunda representación, –se repone el 7 de noviembre– cuando en lugar de la «fruta bomba», dijo ¡la papaya! Ardió Troya, cuenta Morín. Para muchos entre las que me incluyo, es contradictorio que en medio de una polémica donde se habla de torpedeos y amenazas y en plena circulación de "Los intocables", la obra se repita. Ello explica que el agua no llega al río y mucha gente se interesó por ver la puesta en escena después del incidente como pareciera imposible pero el 14 de septiembre de 1948 *Jesús* recibe una mención de ADAD.

Santelices tiene un compromiso radial y Loly Rubinstein interpreta el monólogo "Te estamos mirando, Inés" de Erskine Caldwell, anunciado como "aliciente" para cubrir el tiempo hasta la llegada del actor. Esa noche, cuando Orestes anuncia a Electra que Clitemnestra Pla "debe morir envenenada por su fruta favorita" y ésta le pregunta "¿y cuál es su fruta favorita?", Santelices introduce ¡la papaya! Y hay una casi bronca de solar entre bambalinas ya que Violeta estaba muy molesta. Papaya, en cubano vulgar, es símbolo del sexo femenino, una mala palabra impronunciable en 1948. Antes se dijo «el cabrón de Satanás» en *Sumergidos,* dirigida por Lorna de Sosa, porque a la norteamericana le gustaba su sonoridad. La papaya fue el escándalo en La Habana.

Pero lo más difícil fue luchar contra la concepción trascendente de Virgilio. "La obra es muy pretenciosa –ha dicho Morín– muy superficial, pero yo veía las posibilidades teatrales que tiene, a pesar de que Virgilio le quería dar una vuelta trágica, que no tiene... ¿Trágica? ¿Cómo es una tragedia cubana? ¡La tragedia del choteo cubano! ¡Una tragedia cubana es un gran choteo!" [227] Morín entendió y desacralizó *Electra Garrigó* al utilizar emblemas y signos cubanos.

En las notas al programa, escribe Piñera:

> *Electra Garrigó* sale, claro está, del drama de Sófocles. Ahora bien, no es, en modo alguno, una versión más de dicho drama, como por ocurre con la tragedia de O'Neill, *Mourning Becomes Electra*. Lo que se ha utilizado en *Electra Garrigó* de la citada tragedia es personajes y atmósfera; caricaturizados los primeros, parodiada la segunda. Es decir que *Electra Garrigó* no es un intento más de hacer neoclasicismo o poner en época actual los conflictos de una familia griega del siglo V antes de Cristo..., sino la exposición y desarrollo de un típico drama de la familia cubana de ayer y de hoy.

"Piñera escribe [...] esta obra no es como la de Sófocles, ni la de O'Neill, ni la de Giradoux, no fue nada modesto. Fue una tomadura de pelo" dice Morín, quien después del estreno se separa definitivamente de ADAD, aunque matiza que "lo separan" ya que Centeno los aparta a él y a Reinaldo de Zúñiga. Los nuevos directores culminan su etapa de crecimiento intelectual y los intereses de Morín se apartan de ADAD. "Mi aspiración era hacer un teatro conceptual, buscaba un tipo de

---

[227] Montes Huidobro, Matías y González Montes, Yara."Para la historia escénica de Electra Garrigó: un conversatorio dramático escenificado". *Anales Literarios* 1 (1995):140-145. Reproducida en Boudet, Rosa Ileana. *Francisco Morín: profesión y mito*. Ediciones de la Flecha, 2017.

actuación funcional para expresar ideas, quería reducir la puesta en escena al mínimo de los elementos, eliminar todo lo estrictamente decorativo, encontrar el teatro esencial". Nace Prometeo. [228]

La mejor reconstrucción de la puesta es un imaginativo montaje literario-escénico realizado por Montes Huidobro y Yara Montes en 1976, a partir de una entrevista con Morín grabada por Alberto Guigou en el Teatro El Portón de Nueva York. [229] Veinte años más joven, suelto y deslenguado, explica los conflictos con Casal que quería acortar el monólogo del segundo acto, o decirlo de espaldas y buscó la ayuda del coreógrafo Ramiro Guerra. Morín imita a Virgilio en sus entonaciones, actitudes y gestos pero lo más significativo es que baja a Electra del pedestal de la alta cultura. En la versión original de la entrevista, en su papelería, hay más interioridades. Radeúnda Lima cobró treinta pesos, explica con signos de admiración, cuando él ganaba eso en los ferrocarriles, daba veinticinco en la casa y se quedaba con cinco para el teatro. Y la bata original o una de las batas «griegas» se vendió en una rifa para recaudar dinero para Prometeo. Desde luego hay que situarse en la perspectiva de los veinte y ocho años que lo separan de la primera puesta de *Electra Garrigó*. De ahí que Morín, que nunca se ofende por las críticas negativas que ni siquiera lee, me consta no recordaba la de Ichaso ni la de Amado Blanco de *Jesús*, en cambio se molestó cuando un joven crítico le preguntó.

– ¿Cómo se sintió descubierto por Piñera?

–No, mi hijito, le contesté, yo descubrí la obra y la pagué porque Virgilio no tenía ni donde caerse muerto.

El estreno de *Electra...* está encajonado como un brillante entre el montaje de *El pescador de sombras*, de Jean Sarment, que dirige Ricardo Florit y el de *Juana de Lorena*, de Maxwell Anderson, por Eduardo

---

[228] Morín, Francisco. Ob. cit. p. 83.
[229] Montes Huidobro, Matías. "Para la historia escénica…

Casado para ADAD, protagonizado por Raquel Revuelta. Cuando en 1949 *Orígenes* publica *Falsa alarma*, escrita inmediatamente después y se anuncia, ningún director cubano se interesa, como tampoco por *Andicelio y las tortugas del mar*, de Patrice de la Tour du Pin, traducida por José Rodríguez Feo y publicada en la revista de Lezama Lima.[230] *Electra...* se estrena un sábado y el domingo, en el mismo escenario, la *Juana...* de Casado y Revuelta. Sobre la obra de Sarment escribe Matilde Muñoz:

> El vaivén torturado del autor, el espíritu de Juan, el pescador de sombras, que destroza sus sombras con la misma bala con la que perfora su imagen en un espejo ilusorio y con la que minutos más tarde, se perfora el corazón. Dirección cuidadosa, un poco desfalleciente, al final, se nos hurta el efecto rápido, relampagueante que en la versión de Florit perdieron mucha intensidad. La escenografía de Luis Márquez, demasiado realista y fundamental. Excesiva sensación de optimismo en adornos y cortinajes. Minín Bujones está perfecta de actitud, de gesto, de expresión, de pausas. Su firme figura tiene toda la plástica que requiere el tipo... Eduardo Egea, una de las más felices actuaciones de su carrera, realizó escenas de perfecta naturalidad, la madre logró una feliz encarnación, Alejandro Lugo, con algunos defectos de dicción, dio excelente calidad a su Renato.[231]

Juana de Lorena, de Maxwell Anderson, es la contraparte del repertorio sin salida de los autores de posguerra, el nuevo teatro

---

[230] Piñera, Virgilio. "*Falsa alarma* I parte". *Orígenes* 21 año VI (1949): 29-35 y II parte *Orígenes* 22 Año VI (1949): 35-41. Tour du Pin, Patrice de la. "Audicelio y las tortugas del mar". *Orígenes* 16 Año IV (1947): 23-30.
[231] Barberi, Selma. "En el Patronato del teatro. *El pescador de sombras* de Sarment". *El Siglo*. 27 de octubre de 1948. p. 6.

norteamericano cultivado por Thornton Wilder, Tennessee Williams y William Saroyan, calificado de poesía en escena.[232] Transcurre durante un ensayo, en dos planos, el de los conflictos internos del teatro y el ámbito histórico de la doncella de Orleáns. "La primera actriz Mary Gray no se deja tentar por las candilejas, sino quiere entender el personaje" según Regina y en el fondo, criticarlo, "ya que no debió transigir nunca, sino que alentada por un ideal, combatió, salvó a Francia y murió en la hoguera, en pugna con el autor de la obra imaginaria". Aguirre ve una obra de acción y fe en medio de "tanto vericueto literario, contemplación umbilical, existencialismos y regodeos sicoanalíticos". Eduardo Casado revive a la doncella de Francia como ejemplo "en días en que muchos se retractan, para que todos sepan cómo se vive y cómo se muere sin abjurar de las propias convicciones". La dirección fue excelente, una labor armónica muy bien fundida. Raquel Revuelta "fue creciendo con la obra misma, desde principio a fin. Muy bien en todo instante, su labor en el acto segundo constituyó una bellísima jornada histriónica. Trabajo de gran actriz, culminado en las escenas finales de modo perfecto". Ernesto de Gali en el Delfín, fue "más quasimódico de lo necesario". Señala como imperdonable, la traducción. [233]

Regina escribe que "el autor se pregunta ¿Debe el hombre vivir y conservar sus ilusiones o debe desecharlas enseguida, no solo como reza el antiguo aforismo, porque son fuente segura de desengaños, sino porque puede conducir a la pérdida de su voluntad, de la facultad de actuar?" El director abusa de la invasión de los actores por las lunetas y pasillos y logró una actuación espontánea y natural así como resalta la sencillez de la escenografía de Roberto Fandiño [234] y el amplio reparto

---

[232] Anderson, Maxwell. "La poesía en el teatro". *Hoy*. 5 de diciembre de 1943. p. 10.
[233] Aguirre, Mirta. "Juana de Lorena en ADAD". *Hoy*. 27 de octubre de 1948. p. 10.
[234] Regina [de Marcos] "ADAD. Juana de Lorena". *Diario de la Marina*. 27 de octubre de 1948. p. 8.

de actores de diversas escuelas.[235] *Electra...* se ubica en medio de las eclécticas tendencias de la puesta en escena y la crítica. Por un lado, las piezas poéticas y pesimistas, de otro, las lecturas políticas de la historia. De repente, una tierra incógnita.

Críticas

El 26 de octubre se conocen las primeras críticas. Francisco Ichaso en el *Diario de la Marina,* Luis Amado Blanco en *Información*, primera parte y el 27 la segunda; Mirta Aguirre en Noticias de *Hoy*; el 27 de octubre; José Manuel Valdés Rodríguez en *El Mundo y* el 3 de noviembre Matilde Muñoz (seudónimo Selma Barberi) en *El Siglo.* [236] Manuel Casal escribe en *Prometeo* de noviembre. Es posible que existan más, entre éstas las de Francois Baguer en El *Crisol y* Arturo Ramírez en *Carteles.* ¿Por qué se repite que todas son duras y excesivas? ¿Qué añade a esa discusión que Aguirre sea codirectora de *La Gaceta del Caribe*? ¿Acaso el comunista Portuondo no publicó *Clamor en el penal*? [237]

La filósofa María Zambrano se circunscribe al texto en un artículo escrito con toda probabilidad antes de ver la puesta. Entiende con agudeza la naturaleza del personaje de Electra, expresión del vacío de la "conciencia apática", "hueca personificación de una conciencia sin piedad". Desentraña la concepción del mundo trágico y se concentra en el monólogo del segundo acto que tanto preocupó a Violeta Casal. La heroína en diálogo con los no-dioses. La actriz se empeñó en hacerlo de espaldas al público porque lo consideraba obsoleto, mientras

---

[235] Vicente Revuelta, José Camejo, Gaspar de Santelices, José Luis Cueto, Gerardo Santos, Ricardo Lima, Mario Aguiar, Carlos Castro, Mercedes Casal, Pedro Manuel Planas, María Suárez, Mario Altuzarra, Antonio Pardo, Manuel Estanillo y Armando Cremata, voces de René Sánchez, Esther Franco e Inés Verez.
[236] Aguirre, Mirta. "Electra Garrigó". *Noticias de Hoy.* 26 de octubre de 1948. p.10.
[237] Anderson, Thomas F. *Everything in its place. The Life and Works of Virgilio Piñera.* Lewisburg: Bucknell University Press. 2006. pp. 61-63.

Piñera lo creía una joya, ha dicho Morín. Complementa y enriquece las notas al programa. No es tampoco una loa a las virtudes de la pieza, sino que, mesurada e inteligente, establece una pregunta, una duda. "¿No es Electra, esa tragedia sin persona, y no es ella también quien transforma el crimen en un proceso purificador?" Si como pienso, Zambrano no escribe sobre la puesta, en cambio la vaticina como "tragedia actual realizada con toda coherencia y justicia [...] con "honestidad suicida". [238]

Ichaso escribe con respeto, considera los aspectos positivos de la pieza y el montaje y señala sobre todo, las virtudes del primer acto, aunque apunta que las décimas son demasiado descuidadas y burdas. Celebra la acogida que el público dio al rejuego de camaristas y mensajeros "demostrando que lo teatral es aceptable siempre, aunque nada tenga que ver con la verosimilitud ni con la lógica. El arte dramático no es exposición, nudo y desenlace, como propugnan los preceptistas tradicionales: es ante todo imaginación y movimiento". Valdés Rodríguez encomia el montaje, sin referirse al director, la acción de la luz, la pantomima, las soluciones plásticas, pero cree que el autor equivocó la fórmula y "acudir, en cualquier forma que ello se haga, a los archivos del teatro para plasmar la problemática contemporánea, entraña siempre un riesgo de quedarse en lo meramente literario". Desde luego, hay una contradicción, por mucho que haga el director, ninguna obra se queda en lo literario si facilita el despliegue que Valdés Rodríguez describe. "Porque una obra como *Electra Garrigó* exige del espectador una óptica maliciada, sapiente, radicalmente animada por un criterio estético convencional". El crítico no sabe cómo expresar su malestar, algo que lo perturba, la novedad que no llega a desentrañar.

¿Por qué Ichaso no da el tono y hace más aceptable su recepción? Porque ese día y el siguiente, Luis Amado Blanco, publica en dos

---

[238] Zambrano, María. "Electra Garrigó". *Prometeo* 10 (octubre 1948): 2-3.

extensas partes, la más agresiva y al mismo tiempo seria y meditada de las críticas.[239] Reprueba el sustrato ideológico de *Electra...* "que conduce a un universo sin salida, encerrados en ese punto negro del *ananké*, prisioneros de unas causas y unas motivaciones que desconocemos". Insiste en el tema de la nacionalidad, que persigue a los autores cubanos desde el XIX. En su opinión no es cubana "por mucho que trate de engañarnos con decires criollos en función de coro", carece de una trayectoria segura y se desarrolla "dando tumbos de ingenio". Al día siguiente se extiende en la representación que estima acertada, dentro de aquel «maremágnum ideológico», aquella «pluralidad de vagas intenciones». Se sorprende porque lo natural se mezclase con lo declamatorio, los actores tan pronto se subían a los cortinones de la lírica como "en busca de las cuatro patas de la cubanidad". Analizar su crítica sirve para conocer la puesta en escena tanto como la de Casal. Advierte que los actores se burlan de la declamación y con brusquedad pasan del azafrán al lirio, como deseaba el dramaturgo y al parecer indicó Morín, en busca del choteo. Ello plantea una dificultad adicional, –Morín insiste en que Virgilio quería una concepción clásica– y la contradicción entre ambos puntos de vista pudo originar una tensión, para algún espectador es vital la semejanza con los frisos helénicos, mientras otro se perdió, según Amado Blanco, en la escenografía o telón pintado del Partenón.

Mirta Aguirre escribe que Margarita Xirgu se interesó por la obra y la Zambrano se la tomó "muy en serio" pero en lo fundamental destaca el elemento paródico y se burla ella misma. "*Electra Garrigó* –por cierto, incidentalmente, alguien nos ha asegurado que existe un ser de carne y hueso que ostenta ese nombre– nos divirtió muchísimo durante los dos primeros actos; pero nada más. Nos divirtió mucho como parodia,

---

[239] Amado Blanco, Luis. "Electra Garrigó, la obra". *Información*. 26 de octubre. "Electra Garrigó, la representación". 27 de octubre de 1948.

como rica muestra de disparatada inventiva, como bromista planteamiento de Sófocles, Electra y Edipo y más el segundo que la primera–, como desahogada caricatura de lo que nadie osa vapulear, como trascendente humorada criolla". [240]

Matilde Muñoz entiende que "evadirse de esta moral caduca parece ser su aspiración [...] o mejor, la de los no-seres de su *Electra*: llegar así a una afirmación, a fuerza de negaciones: la afirmación pura del instinto, desnudo de todos sus ropajes, el instinto que preside en la realidad la Vida, lo mismo en los palacios racinenianos [sic] de Electra, hija del Átrida Agamenón, que en el del patio cubano de Electra, hija de Agamenón Garrigó."[241] Manuel Casal advierte "el juego escénico, novedoso y bien resuelto del primer acto, que consistió en conjugar, con la acción tradicional, una réplica expresionista de las derivaciones delirantes del monólogo interior de Agamenón Garrigó y Clitemnestra Pla". El coro fue un acierto, "no un mero adorno cubano de forma que, donde quiera que se representase la obra puede sustituirse por la tonadilla equivalente, sin perder intención, el diálogo, el tono humorístico, preciso y fino".[242]

A finales de octubre se desata la tormenta cuando iracundo Piñera contesta a Amado Blanco en "¡Ojo con el crítico!" No repara en puntos de vista o discute argumentos sino le sale al paso con una caracterización de la crítica y los críticos, divididos en tres clases: el bien intencionado pero inculto, el filisteo y el artista fracasado. Para este último tiene una salida: el *suicidio*, alusión al título estrenado por Luis Amado Blanco el 3 de abril de 1945. José Cid dijo que tenía "pretensiones filosóficas, sin plasmarse en logro teatral". ¿Qué lo motiva a responderle a Amado Blanco? ¿Por qué el golpe bajo de atacar

---

[240] Aguirre, Mirta. "Electra Garrigó". *Hoy*. 26 de octubre de 1948. p. 10.
[241] Barberi, Selma. [Matilde Muñoz] "Estrenó la revista teatral el drama *Electra Garrigó*, de Piñera". *El Siglo*. noviembre 3 de 1948. p.6.
[242] Casal, Manuel. "Electra Garrigó". *Prometeo* 11 (noviembre 1948): 21, 24, 26.

al crítico con su fallida obra? ¡Ojo con el crítico! refleja su malestar. "No otra cosa nos ofrece ese autor dramático que, por fuerza de sus fracasos, ha devenido crítico teatral" escribe Piñera. [243] Si hoy identificamos al crítico fracasado, sin dudas, el ignorante y el filisteo tienen nombres y apellidos y también sangraron por la herida. Desde sus inicios Virgilio ejercita la crítica como espada afilada y se vale del ataque personal con el consiguiente rechazo de la mayoría. De hecho en ¿¿¿Teatro??? lanza sus dardos contra *La comedia de la vida* como se enorgullece de haber puesto a la Avellaneda "en su lugar". Nunca menciona el nombre del Luis Manuel Ruiz, tampoco el de Amado Blanco. En rigor, parodia el estado de la crítica teatral con alusiones divertidas.

Amado Blanco riposta en "Los intocables" contra "el autor que con un pasado poético, un pasado pequeño y sencillo de versificador", "criado en una enrarecida celda", al enfrentar al público y a la crítica en el teatro, si no llega a acertar o a impresionar de la primera vez, "arremete contra los críticos. Lo que acontece a los intocables es que blasfeman contra los críticos, sólo en la circunstancia de que su opinión le sea adversa". Piñera es un "intocable", mientras él, "aunque ha estrenado una obra y la crítica de sus compañeros le ha sido negativa" como no es un intocable, "ha callado, ha admitido la negación de su acierto con la más exquisita elegancia [...] Por eso no se suicida literariamente y sigue alegre su trabajo, orgulloso de su tarea y en muy buena y honrada compañía por cierto. Porque al fin y a la postre lo que interesa, lo que va a importar para el futuro, es el trabajo. El trabajo esforzado crítico o no crítico de los que un día y otro día van construyendo sin alharacas su propio edificio, jamás altiva torre". [244]

---

[243] Piñera, Virgilio. "¡Ojo con el crítico...!". *Prometeo* 11 (noviembre 1948): 2-3, 23.
[244] Amado Blanco, Luis. "Los intocables". *Prometeo* Año II (12) diciembre 1948: 2–3, 20.

En un medio teatral tan reducido como el habanero, ningún dramaturgo cubano se solidariza con Piñera, que sufre, como antes Ruiz, el desprecio y la marginación. Releer las críticas es clave para entender a cabalidad la polémica. ¿Busca notoriedad mediante la alharaca y los cohetes? ¿Es su manera de exhibir "el *clown* que lleva dentro"?

La ira de Piñera sólo se justifica, escribe Lezama Lima a Rodríguez Feo, porque a imitación de Víctor Hugo, quizás ya había planeado el ataque. "La crítica, idiota y burguesa, le ha sido tremendamente hostil, cosa que a él le habrá agradado y hecho soñar en las protestas, chiflidos y zanahorias lanzados a los románticos, a los existencialistas, y a todos los que desean un pequeño y sabroso escandalito". En esa carta íntima indica que "el coro griego está reemplazado por una guajira en bata blanca que va glosando las peripecias del drama en décimas que buscan un sabor". Lezama debe contar de oídas y es muy posible no asistió a la representación. [245]

En noviembre el incidente es una tempestad y en diciembre, una campaña: todos los redactores a petición de ARTYC (Asociación de Redactores Teatrales y Críticos Cinematográficos) deben hacerse eco de "Los intocables", respuesta de Amado Blanco a Piñera. Francisco Ichaso, al reproducirlo en su columna, expresa que "Piñera contestó lleno de bilis contra los críticos que osaron poner reparos a su pieza llegando en su histérico arrebato a dudar de la honradez y buena fe de los que redactamos secciones teatrales en nuestra prensa". [246] Ese mismo día se publica en *Hoy*. [247] Por solidaridad y porque es una solicitud de ARTYC Ichaso da a conocer en enero de 1948 la carta de

---

[245] Rodríguez Feo, José. *Mi correspondencia con Lezama Lima*. Ob. cit. 1989: 101-102.
[246] Ichaso, Francisco. "[Sobre] Los intocables". *Diario de la Marina*, 15 de diciembre de 1948. p. 8, 10.
[247] "Los intocables" 15 de diciembre. El artículo aparece simultáneamente en varios diarios habaneros.

Morín que expresa "nuestro desacuerdo y reprobación con el artículo del señor Piñera aparecido en el número anterior" no sin antes introducirla como parte de "aquel desdichado engendro".[248] Morín manifiesta que el artículo de Piñera ha producido «malestar» en sectores importantes del medio, reitera su estimación por los críticos habaneros y acompaña la edición de *Prometeo* 12 cuyo editorial "Nuestra posición" expresa que "no puede hacer causa con las opiniones vertidas por Piñera pues la crítica es un elemento constructivo de la realización artística [...] y como requiere la ética profesional, acogemos con imparcialidad las objeciones que, con parejo rigor intelectual, salgan al paso de cualesquiera de nuestros artículos". De acuerdo con mi relación con Morín, no creo se dejase intimidar ni nadie pudiese obligarlo a una apología, sino que joven e impetuoso, quiere salvar *su* revista y defender el papel de la crítica teatral. Desde luego, el editorial aclara que los artículos firmados son responsabilidad de sus autores y resta importancia al incidente.

Piñera escribe al presidente de ARTYC, Valdés Rodríguez. No puede retractarse, escribe, ya que eso sería admitir "que mi intención fue la del insulto y no el inalienable derecho de todo escritor a manifestar sus puntos de vista en materia literaria". No es responsable de que se haya utilizado la fallecida técnica del «pau-pau». Denuncia se torpedea *Jesús* y se amenaza con anular a Morín como director teatral. "En cuanto a los míos, conmigo, nos limitaremos a lanzar una carcajada homérica".[249]

Si se revisan las decenas de alusiones a la polémica de *Electra Garrigó* y se leen sin prejuicios, todos los críticos no se manifestaron contra la obra, *leitmotiv* de Piñera desde 1948 hasta los sesenta, idea fija

---

[248] Ichaso, Francisco. "Una aclaración de la revista Prometeo". *Diario de la Marina*. 21 de enero de 1949. p. 8.
[249] Piñera, Virgilio. *Virgilio Piñera de vuelta y vuelta*. Ob.cit. pp. 91-92.

que nunca rectificó, como si ser negado le otorgase una carta de naturaleza que no recibió por las vías tradicionales. Desde 2011 en "¿Los críticos contra Electra Garrigó?" (en este volumen), he reunido, en lento e ingrato proceso, reseñas y críticas que atizaron la polémica y echaron leña al fuego de nuestro Hernani tropical, "un escupitajo al Olimpo".[250] Ni Francisco Ichaso, Matilde Muñoz, José Manuel Valdés Rodríguez, Mirta Aguirre y Manuel Casal escriben juicios demoledores sino ponderan aspectos de la obra y el montaje. Y Francois Baguer, entre otros, debe haber escrito. Es una lástima que la polémica no se ha reconstruido en su totalidad. De conocerse, se entendería mejor no sólo el significado de esa puesta en escena sino la problemática relación de Virgilio con la escenificación.

Polémica

¿Cuál es la naturaleza de la crítica teatral vigente en los años cuarenta? Vicente Revuelta recuerda que "lo importante [...] no era tanto el público como la crítica. Los críticos se respetaban como si fueran dioses".[251] Morín dice que "los grandes nombres se abstuvieron de escribir". ¿Quiénes? Jorge Mañach aborda el teatro de manera ocasional y los restantes, miembros de ARTYC o titulares de la sección de entretenimiento o cultura de los periódicos, escribieron o deben haber escrito. Carlos Felipe fue más allá. "Como autor, me interesa mucho conocer la opinión de quienes, como Mirta Aguirre, Valdés Rodríguez, Ichaso, Amado Blanco y Eduardo H. Alonso, tanto han influido en la superación del ambiente escénico... la crítica debe ser, como ha sido, tolerante y orientadora para la juventud que escribe. La

---

[250] A partir de su inclusión en *Los años de la revista Prometeo* (Ediciones de la Flecha, 2011). Revisada con nuevos textos y rectificaciones.
[251] Suárez Durán, Esther. Ob. cit. p. 41.

creación dramática cubana es una labor de progresión y no cabe esperar entre nosotros la aparición de un Giradoux ni mucho menos. Es curioso comprobar que aquí, a veces, la severidad con el autor parte de los directores y actores". [252]

Para Piñera fue más fácil y productivo hasta por publicidad atacar a Amado Blanco de forma directa y con cañones de alto calibre porque *El chino*, premiada, pero sin polémica, tiene solo una función mientras *Electra Garrigó* se representa en dos momentos antes de su resurrección y siempre ha sido motivo de críticas y encontronazos. Tampoco se puede sostener que por ese motivo la obra espera diez años para ser repuesta. La reposición es inexistente. Al autor le basta con una representación única para un grupo minoritario de asociados de ADAD o Patronato, ya que muchas obras nunca siquiera salieron del libreto, el concurso o la gaveta.

Mirta Aguirre, en la nota inaugural de su sección en *Hoy*, no se llama engaño, ya no podrá criticar en los corrillos "a toda sabrosura", debe hacerlo por obligación, así que realizará un diario "examen de conciencia", debe consultar cada paso, "amén de nuestra libérrima apreciación artística y tomar en cuenta los factores que han presidido la obra en juicio; las características personales y el medio en que se desenvuelve su creador; las consecuencias que puedan originar nuestras palabras; la necesidad de orientar, lo más acertadamente posible, a un público integrado por millares de sensibilidades diferentes y hasta antagónicas. Se trata ahora, pues, no de señalar lo que personalmente nos guste o nos disguste, sino de situar lo que, objetivamente considerado, resulte bueno o malo, verídico o erróneo. [...] Porque hay que ver en lo que se convierte cualquier objeción intrascendente, después de pasar por una prensa: toma unos relieves, unas proporciones, una gravedad, que inmediatamente acobardan a su

---

[252] Maig, Berta. "Figuras de la escena. Carlos Felipe". *Prometeo* 19 (octubre 1949): 6.

propio autor, por no aludir a los fenómenos sísmicos que originan en el ánimo de quien la sufre". [253]

Difiere noventa grados de la aspiración de Álvaro Muñoz Custodio, que se sabía un compañero de viaje y una figura importada en el movimiento teatral cubano, dotado para comentar el cine, aunque con una visión distanciada infrecuente –en "Teatro y música" define los vicios de la vieja escuela actoral [254] o establece sus postulados sobre la crítica.[255] ¿Para qué sirve un crítico de teatro y cine? se pregunta, si el cine y el teatro no fueran un negocio, no harían falta. "La primera virtud del crítico debe ser la sinceridad, basada en el respeto a sus lectores". El 27 de abril de 1941, al reseñar *¡Qué familia!* de Graciela Molina, de abono en el Principal de la Comedia, le dice a la señorita que se ocupe de otra cosa. Pero se queja del silencio de la prensa sobre *Tobacco Road* bajo su dirección. Distingue al crítico metalizado del quijote y está dispuesto a ser este porque "las calamidades no lo asustan, llevamos dos años y pico danzando por el mundo y otros dos años de cara a la muerte por la misma causa: la razón… Nosotros llamaremos desde aquí al pan pan y al vino, vino, por más que no hayamos tenido la dicha de nacer bajo este mismo sol… por más que critiquemos al amigo más entrañable o la empresa más poderosa". Su dualidad como crítico-creador, miembro de Teatro Popular, es su principal limitación ya que aunque le señala fallos, considera *Sabanimar*, de Paco Alfonso, una obra maestra y encuentra defectos en obras superiores. Ataca las temporadas de Garrido y Piñero sin el debido sustento y conocimiento del medio, no tiene bagaje histórico para analizar a Ramos, Schajowicz o las funciones de Pro Arte y reacciona agresivo contra la renovación en la danza. Cuando critica *Forma*, el

---

[253] Aguirre, Mirta. "Palabras iniciales". *Hoy.* 14 de mayo de 1944. p. 10.
[254] Custodio. "Teatro y música". *Hoy.* 6 de junio de 1943. p. 10.
[255] C. "Concepto de la crítica teatral". *Hoy.* 11 de junio de 1941. p. 8.

ballet de Alberto Alonso sobre el misterio de la encarnación, considera los textos de Lezama Lima dichos por el coro "palabras ordenadas de mano maestra para poder afirmar muy solemnemente: nada". El coro dice: "La sombra interrumpe la canción corporal/y en la garganta no salta el tritón deslumbrado". "Yo prevengo a Alberto Alonso que siga por el camino de *Petrushka* y *El príncipe Igor* y no por el de las extravagancias", escribe. "Alonso no sabía lo que hacía y se perdió en el laberinto de la forma igual que la música de José Ardévol" Baste comentar que integran el grupo de «equivocados» Alejandra Denisova, Alicia Alonso, Ruth Cambó y Fernando Alonso. Escenografía de Junco y Moutoulien. Iguales adjetivos o parecidos le merecen los ballets *Escuela de danza* y *La hija del general,* libreto de Francisco Martínez Allende y escenografía «cursiloncita» de Andrés. [256]

El crítico de los cuarenta es o se cree un juez infalible que sienta cátedra y dicta normativas como en el púlpito. Lo acostumbrado es el dictamen, escribir la lápida, decir la última palabra. Análisis semejante se podría hacer de los llamados cronistas de cada uno de los medios. Casi todos cubren el teatro, el cine y eventualmente la radio, los conciertos y los actos. La actitud de Aguirre, Ichaso y Regina de Marcos frente a la crítica es diametralmente opuesta a la del gacetillero y quizás por eso miraron con asombro y burla la reacción de Piñera y le devolvieron su gesto con el rechazo.

Pero hay que detenerse en el componente profesional y gremial de ARTYC. En octubre de 1941 se manifiesta (también la Federación de Críticos Teatrales y Cinematográficos) en torno al proyecto de ley fomentado por URC (Unión Revolucionaria Cubana) de protección al artista nacional, que prohíbe o limita el contrato a los artistas extranjeros por más de treinta días, según la prensa, para evitar

---

[256] Custodio. "El ballet de Pro Arte Musical". *Hoy* 18 de mayo de 1943. p. 6 y "Tres nuevos ballets". *Hoy.* 20 de mayo de 1943. p. 6.

"trovadores que no superan a los de aquí y Tenorios engolados y pegajosos" y el decreto 604 que intenta fomentar el empleo de los artistas en los espectáculos de variedades y los programa en los cines. Combatida por *Carteles*, CMQ y *Alerta*, entre otros, el cronista Atila de *Hoy* en su sección Pincha y Corta retrata acaso humorísticamente quiénes son los cronistas, pues era exagerado tildarlos de críticos, si elaboran "a vuela pluma –o a vuela maquinilla para ser justos"– sus impresiones sobre el último estreno. Se carece, dice, de la crítica profunda y extensa propia de las publicaciones y semanarios literarios. Los caricaturiza así: Custodio (Álvaro Muñoz Custodio) en *Hoy* olvida que escribe para un periódico y se remonta a las alturas, alarga el comentario y es a veces pedante. [José Manuel] Valdés Rodríguez, de *El Mundo*, prodiga con exceso el ditirambo, si bajara el tono petulante, mejoraría notablemente; [Ramón] Becali Jr. de *El País*, es el más joven, posee un estilo fácil y corretón. Eduardo Héctor Alonso, cronista de *Alerta*, posee un estilo sobrio y ponderado, a veces un poco áspero. Su sobriedad está desprovista de humor. Francisco Ichaso, el más ameno de los cronistas, nunca resulta pesado y sabe expresar con afortunadas imágenes que maneja pródigamente. Francois Baguer se ocupa de la columna Bocadillos de *El Crisol* –«mezcla de farándula y discernimiento»–, con grandes dotes de humorista e inaugura las radio-críticas.[257] Andrés Núñez Olano escribe para el periódico *Luz*. No sé quiénes se mantienen en sus secciones en 1948 ni si todos escriben sobre *Electra Garrigó*, pero firman el acta de los premios de ARTYC de 1948, Andrés Núñez Olano, Eduardo H. Alonso, Ramón Becali hijo, Sergio Piñeiro, Francois Baguer, Enrique Perdices, Fernando de la Mille, Ángel Millares Vázquez, Mirta Aguirre, José Ardévol y José Manuel Valdés Rodríguez. No están todos los contrincantes en la pelea

---

[257] Ichaso, Francisco. "Radio-críticas de Baguer". *Diario de la Marina*. 5 de junio de 1949. p. 14. Nació en La Habana en 1897 y murió en México.

de *Electra…*, Luis Amado Blanco escribe para *Información*, Mario Rodríguez Alemán en *Mañana*, Regina de Marcos es auxiliar de Escenario y pantalla, la sección de Ichaso en el *Diario de la Marina* y Mariblanca Sabas Alomá, Matilde Muñoz y muchos otros, tienen columnas de opinión. Es difícil caracterizar en una palabra la promoción tan diversa que apoya el pedido de ARTYC en sucesivas discusiones gremiales y profesionales.[258]

Piñera está en Buenos Aires. Cuando llega pisa un terreno desconocido aunque frecuenta el teatro en busca de directores que lo estrenen. Carlos Felipe, en cambio, atento al devenir teatral como cronista, escritor y actor de un único montaje, celebra desde finales de los 30' los espectáculos que le gustan y vive el teatro de cerca. ARTYC premia *El chino*, dirigida por Modesto Centeno y Julio Martínez Aparicio, en su selección de 1948.

---

[258] Proyecto de Ley. *Hoy.* 21 de octubre de 1941. Columnas de Atila en Pincha y corta. 11, 14, 24, 25 y 30 de octubre de 1941. p. 8. "Selección de ARTYC 1948". 3 de enero de 1948. *Diario de la Marina.* p. 8, 23.

¿Los críticos contra Electra Garrigó?

Notas al programa
Virgilio Piñera

Electra Garrigó sale, claro está, del drama de Sófocles. Ahora bien, no es, en modo alguno, "una versión más" de dicho drama, como por ejemplo ocurre con la tragedia de O'Neill, *Mourning Becomes Electra*. Lo que se ha utilizado en *Electra Garrigó* de la citada tragedia es "personajes" y "atmósfera"; caricaturizados los primeros, parodiada la segunda. Es decir que *Electra Garrigó* no es un intento más de hacer neoclasicismo o poner en época actual los conflictos de una familia griega del siglo V antes de Cristo..., sino la exposición y desarrollo de un típico drama de la familia cubana de ayer y de hoy.

En *Electra Garrigó* asistimos a tal dictadura sentimental: Agamenón Garrigó, padre de "honor honorable" y señor de caudales, ama con exceso a su hija Electra; con tanto avasallamiento que anula en ésta la propia determinación. Electra no puede casarse. Electra no puede amar nada que no sea la persona de Agamenón, la paternidad de Agamenón. Al mismo tiempo —y a manera de síquica descarga— Agamenón odia cordialmente todo lo que no sea Electra, es decir, odia, por contraposición, a Orestes, su hijo; a Clitemnestra, su mujer. El esquema es el mismo para Clitemnestra Pla, mujer bella, erotizada e histérica. Orestes es suyo; quien intente arrebatárselo perecerá. He ahí una de las razones del duelo a muerte empeñado entre madre e hija, y en el que Electra, más dueña de sus medios, más reflexiva, más "fría", acaba por convertir el hogar en un "fluido Electra".

Electra, que a más de estas "luces" recibe la luz refleja de esa estrella de astucia y apatía que es el Pedagogo, descubre algo que muy pocos hijos, puestos en conflicto tal, descubren a tiempo. Electra hace el gran descubrimiento de que ni Agamenón ama a Electra, ni

Clitemnestra a Orestes; sino que Agamenón se ama a sí mismo; que Clitemnestra no quiere más que a su propia persona Clitemnestra. Y todavía descubre algo más: descubre que todo el celo de sus padres es nada más que una suerte de encubrir una realidad más secreta: la de la propia seguridad. Por eso, cuando Agamenón, en una escena del Acto I dice a Electra: "Quiero tu felicidad, Electra Garrigó", ésta le riposta rápida: "No, Agamenón Garrigó, tú quieres tu seguridad".

Y comienza la gran batalla de Electra, esto es, convertirlo todo en Electra... Porque a ella no se le escapa que Agamenón tiene el propósito de que todo en el hogar devenga Agamenón y Clitemnestra que todo devenga Clitemnestra... No así en lo que respecta a Orestes, éste para decirlo *grosso modo*, "ni pincha ni corta". No es ni siquiera un catalizador... Pero Electra lo envuelve en su órbita y lo lanza lejos de "los rosados dedos y las rosadas uñas" de Clitemnestra.

Con mortífera apatía Electra borra a sus padres. Para eliminar a Agamenón pone en juego dos recursos supremos de la oscura vida síquica de su madre: el odio y la voluptuosidad. Excita a Clitemnestra con estos "filtros"; a tal punto, que ésta, excitada hasta la demencia, excita a su vez, a Egisto Don, su amante. La excitación se hace ecuménica y el honorable Agamenón es estrangulado durante su sueño.

Queda la madre y a Electra le sería fácil acabar con ella. Pero Electra no se precipita, tal muerte va a carecer de todo sentido si no va a producirse como una reacción de la pasiva naturaleza orestiana. Clitemnestra tiene que ser suprimida por Orestes y no por nadie más. He ahí la suprema preocupación de Electra. Ella tiene que estar muy segura de que Orestes es digno hermano suyo, y no simplemente el hijo mimado y reblandecido de Clitemnestra Pla. Todo se prepara durante la pieza para ir robusteciendo el ánimo de Orestes. En el Acto III la tan ansiada anagnórisis se produce, y Electra escucha, de boca de Orestes, que arde en deseos de asesinar a su madre. ¡Por fin reconoce ella a

Orestes y escucha de sus propios labios que es digno hermano de su hermana!

Hasta aquí la problemática de mi pieza. De otra parte, Electra plantea un mundo de puros hechos, que no va a depender de *ananké* alguna, y, por tanto, no existirá en ningún momento el "torcedor de la conciencia". Por todo ello, Electra, en el Monólogo con que abre el Acto II, anuncia la muerte de los no-dioses: "¿Adonde estáis, vosotros, los no-dioses? ¿Adónde estáis, repito, redondas negaciones de toda divinidad, de toda mitología, de toda reverencia muerta para siempre?" Y concluye el Monólogo, a manera de lo divino: "Es a vosotros, no-dioses, que os digo: ¡Yo soy la indivinidad; abridme paso!"

La pieza se da en un ambiente nuestro. De ahí el Coro personificado en nuestra popular cantadora de puntos guajiros, el patio de estilo colonial, la fruta bomba con que se alude al erotismo desenfrenado de Clitemnestra, la indumentaria de Egisto —que no es otra cosa que nuestro chulo, un tanto refinado por Clitemnestra—, los actores negros que realizan la pantomima, el uso del nombre y del apellido reunidos —viejo uso de algunas provincias de Cuba— etc., etc. Finalmente, y ampliando lo que dije más arriba sobre lo parodístico del lenguaje, los personajes oscilan perpetuamente entre un lenguaje altisonante, de "forma" trágica, y un humorismo y banalidad que, entre otras razones, se han utilizado para equilibrar y limitar tanto lo doloroso como lo placentero, según ese saludable principio de que no existe nada verdaderamente doloroso o absolutamente placentero.

Electra Garrigó
Por María Zambrano [259]

La Tragedia griega tiene la virtud de ser algo así como el eje cristalino, en torno al cual, los occidentales seguimos haciendo girar nuestros últimos conflictos. Su íntima unidad se refleja en cada época de modo adecuado a la contextura de ese espejo cambiante que es la conciencia humana. Y es de notar que en los días que atravesamos, más que en ningunos otros, se recurre a la Tragedia griega como a un asidero último para expresar lo que parece ser más contrario a ella: los conflictos de la conciencia moderna.

Pues ningún momento más alejado históricamente de aquél en que la tragedia cobra forma, que éste del cual somos tan pasivos protagonistas. ¿Cómo explicar la recurrencia insistente? Tal vez por esa misma condición de pasividad ante nuestros propios conflictos. A la tragedia de los tiempos actuales parece faltarle el sujeto, el "quien" o el "alguien" que la vive y padece; tragedia desasida, abstracta y que por ello, no conduce a la libertad.

Y así, la *Electra Garrigó* del poeta Virgilio Piñera presenta en su centro mismo, en la protagonista que le da nombre, más que un personaje, un vacío: el vacío de la conciencia "apática". Electra no es nadie, es la blanca luz concentrada que en el último momento se disipa en pura atmósfera, en gas incontenible que se adhiere a todos los objetos. No sé si el poeta habrá presentado este desenlace con plena intención. Pero ahí creemos encontrar el suceso esencial de la pieza: la hueca personificación de una conciencia sin piedad que, como no pertenece a nadie, termina por disiparse como un gas, como el antiguo

---

[259] *Prometeo* Año II (10) octubre 1948: 2-3.

éter, tocándolo todo, contaminándolo todo, sin iluminarlo. Personaje el de Electra Garrigó que es una pura metáfora de la conciencia, pálida luz indiferente que no nace de un foco reflejo, de una luz originaria, ni de un fuego íntimo, hogar de la piedad.

Conciencia indiferente para la cual el crimen es una simple "cuestión sanitaria": la eliminación de un obstáculo por un impulso que ni tan siquiera puede llamarse "vital". Más que vida, hay en esta tragedia actual, el desnudo choque de los átomos; mas, de unos átomos opacos impenetrables, que se mueven linealmente en el vacío.

En la Tragedia clásica el crimen venía a ser la última explicación, el desentrañarse del conflicto entrañable que sólo por la sangre hallaba su salida. El poeta trágico recogía el "crimen" y lo transformaba en tragedia extrayéndole su sentido. En esta Electra encontramos el crimen sin más, convertido para apurar su falta de sentido, en un "hecho", "un simple hecho". Mas, entonces, ¿dónde reside la tragedia? Si el crimen es nada más que un simple hecho, nada hay que decir, y aún la palabra misma suena un tanto a vacío; los "simples hechos" son realmente inexpresables y se desprenden de toda palabra que pretenda expresarlos o apresarlos, como una ganga oscura, como un opaco peso. Los simples hechos no tienen voz. Pues sólo canta el corazón, ese oscuro recinto hermético de donde nace la música constante del ritmo. Y más todavía; sólo puede ser dicho lo que es visto en la luz viviente de una conciencia personal que pertenece a alguien que la padece y la soporta. El "decir", todo "el decir" supone la persona.

Tragedia sin persona donde los personajes giran en torno a la blanca, pálida doncella Electra, símbolo de la dejación infinita, del cumplimiento de la apatía que llega a hacer de una persona una simple radiación, un minúsculo mundo a imagen del mundo de los electrones ciegos. Pero... ¿y si los electrones no fueran ciegos, poeta? ¿Si en su vibración se generara ya eso que se llamara conciencia? ¿Si en ellos estuviese esa aspiración a la luz o la sede de la luz misma? ¿Por qué no sentir en los electrones una aspiración a la vida íntima y personal, a la vida que pasando por su oscura cárcel humana llega a hacerse luminosa, en vez de ver en la persona una conciencia que se deshace en pura y ciega vibración? Electra, "doncella sacrificada a la luz", no puede ser indiferente, no puede ser sino una figura de la conciencia y de la piedad al par. Y entonces, al rebosar de sí misma, como toda criatura trágica, no sería la vibración alucinatoria que persigue a Clitemnestra, sino la espada implacablemente luminosa que pone al descubierto el secreto de las entrañas humanas; la que transforma el crimen en proceso purificador.

Todo personaje trágico rebasa de sí mismo, trasciende. Y el hacerlo sentir así, constituye el gran acierto de esta Tragedia actual del poeta cubano Virgilio Piñera. Pero ese trascender del personaje protagonista se hace mero rebasar físico, ya que no hay persona; es el simple trascender aterrorizante de un elemento. Mas, en un lugar de la obra, en el Monólogo con que se inicia el segundo acto –de lograda belleza poética– se denuncia la inexistencia o la no-divinidad de los Dioses. Y algo hay que acerca a este Monólogo a ser una imprecación. En este Monólogo la temperatura se eleva y un cierto fuego trasparece... La pálida conciencia de la "doncella sacrificada a la luz" descubre la no-divinidad de los Dioses. Y entonces ¿por qué no prosigue; por qué no llega a insinuar siquiera la existencia del Dios único, del Dios inconfundible? La Tragedia de Virgilio Piñera ha quedado fijada así en ese instante terrible de pura negatividad, de eclipse de Dios, ya expresado por Lucrecio, el poeta de los átomos ciegos, cuando dice: "En el caso de que haya Dioses no se ocupan para nada de los hombres". Y la consecuencia de *Electra Garrigó* es perfectamente coherente: pues si los Dioses no se ocupan para nada de los hombres, quiere decir que no existen, que no son Dioses.

La negatividad, el eclipse de Dios, cubre con su sombra el aire todo de esta tragedia actual, pero bastaría al poeta caer en la cuenta de que ni siquiera la tragedia existe, cuando no existe Dios.

Toda la tragedia griega es un canto o un lamento, una llamada al Dios desconocido, al Dios único cuya luz delata la inexistencia de los Dioses-formas. La conciencia trágica es una de las luminosas profecías del Dios verdadero. Y he aquí esta tragedia actual realizada con toda coherencia y justicia, con esa terrible honestidad suicida. Suicidio de la conciencia personal que renuncia a su grito, a su clamor; suicidio de la luz misma y aún de la poesía que no puede elevar su canto. Y de esta honestidad del poeta cabe esperar y aún exigir, que agotado el suicidio, traspasado el eclipse, resuelto en la esperanza, en el clamor por el Dios de la luz y del fuego, de la vida misma, bajo el cual los "simples hechos" alcanzan su sentido, y hasta un crimen puede ser una forma, a más atroz, de impetrar su justicia.

Electra Garrigó
Por Francisco Ichaso [260]

La actualización de temas clásicos es frecuente el teatro contemporáneo. Unas veces asume la forma inferior de la parodia, otras veces intenta aplicar a los móviles del drama antiguo las técnicas modernas de la investigación psicológica. O'Neill, Giradoux, Cocteau, Anouilh, entre otros autores no menos ilustres, han acometido esa tarea de trasplante de personajes y fábulas, con un propósito indudable de exaltación y reverencia hacia los primitivos maestros del teatro. Otros han perseguido una finalidad puramente cómica como John Erskine en su *Vida privada de Elena de Troya* que el cine popularizó.

Ahora un joven poeta cubano, Virgilio Piñera, nos ofrece la híbrida cosecha criolla de una siembra de motivos sofocleos. *Electra Garrigó* no es precisamente una versión al modo cubano y actual de la tragedia clásica. Como el propio autor declara en la nota inserta en el programa, se ha limitado a utilizar ciertos personajes, cierta atmósfera y cierta elocución, aplicando a los primeros el procedimiento de la caricatura y a la segunda y tercera de la parodia.

El primer acto, que es a nuestro juicio el más logrado desde el punto de vista teatral, da la impresión de que hemos de presenciar un puro espectáculo de sátira y de burla calcado sobre la furia dramática de la Electra originaria. Este acto recuerda un poco el estilo y la técnica de los esperpentos de Valle Inclán, si bien el movimiento escénico y el diálogo revisten una forma mucho más arbitraria y audaz. De entrada anotamos como un positivo acierto la intervención del coro con funciones análogas a las que tenía en el drama helénico y bajo la especie

---

[260] *Diario de la Marina*, martes 26 de octubre de 1948. p. 8.

de la popular y truculenta Guantanamera de nuestros días. Lástima que Piñera no se haya esmerado en la composición de las décimas que Radeúnda Lima canta con las consabidas cadencias del punto guajiro. Lo interesante en estos casos es sugerir las características de la improvisación popular, sus descuidos, sus ingenuidades, sus cursilerías, sin incurrir literalmente en ellas. Esto hizo Federico García Lorca con su gracia impar en *Doña Rosita la soltera*. En cambio, estas estrofas con que se guía y comenta la acción de *Electra Garrigó* están compuestas con una negligencia demasiado burda y sin las intuiciones y los donaires líricos de la genuina poesía popular.

Otro buen hallazgo dramático de este primer acto es la pantomima simbólica de los camaristas y mensajeros, quienes actúan sobre el fondo vocal de Clitemnestra Pla y Agamenón Garrigó. A pesar de lo arbitrario de este juego escénico, el público lo acogió con interés demostrando que lo teatral es aceptable siempre, aunque nada tenga que ver con la verosimilitud ni con la lógica. El arte dramático no es exposición, nudo y desenlace, como propugnan los preceptistas tradicionales: es ante todo imaginación y movimiento. En este primer acto de la obra que comentamos hay lo uno y lo otro. El mismo final en que las cuatro principales figuras de la fábula componen un rígido grupo escultórico y pronuncian cortadas frases relativas a su destino, posee un interés plástico y una eficacia dramática que no son valores frecuentes en el teatro actual de nuestro idioma.

Este primer acto de *Electra Garrigó* nos ofrece un doble drama de «complejos» –paternidad y maternidad egoístas, casi incestuosas, de Agamenón respecto de Electra y de Clitemnestra respecto a Orestes–, sobre un contrapunto de burla. El pedagogo con figura de centauro introduce en el marco trágico una nota de comedia que para los griegos hubiera constituido una profanación, pero que para los criollos de hoy día resulta un ingrediente casi necesario. La presencia irónica, mordaz, de este dómine con larga cola y cascos de equipo es, a nuestro modo de ver, la válvula de escape del «choteo» que sirve para aflojar la tensión dramática, cumpliendo de este modo la misión catártica que conferían al horror los poetas de la antigüedad.

El segundo acto marca una caída en relación con el primero. Un largo discurso de Electra y dos no menos largos de Clitemnestra le restan teatralidad. La nota burlesca degenera hacia lo bufo en la salida de Agamenón ebrio envuelto en una sábana y con una palangana en la cabeza. La misma alegoría del sacrificio del gallo viejo, con que se alude al asesinato inminente de Agamenón, resulta reiterativa y chabacana.

En el acto tercero, la acción se recobra, se eleva, si bien con prescindencia casi total de la nota humorística. Dijérase que el autor ha cambiado de plan y ha decidido entrar con toda seriedad en el terreno de la tragedia. El lenguaje se hace más poético, pero también más ampuloso. Es interesante la absorción creciente de todo el marco escénico por la personalidad cada vez más poderosa de la protagonista. Piñera ha apelado con fortuna al procedimiento musical del *crescendo*. El diseño Electra se convierte en un verdadero *leitmotiv*. Clitemnestra percibe la inevitable invasión y en todo lo que la circunda, ve un aviso o un rastro de la hija rebelde.

La irónica intervención del Pedagogo es una nota de inteligencia y de finura en los comienzos de este acto. Hay en ella frases ingeniosas y oportunas alusiones a la actualidad cubana al hacerse referencia al arte de los sofistas.

Para ajustarse al módulo clásico, Piñera introduce en este acto lo que los griegos llamaban *anagnorisis* o agnición, a la cual seguía lo que en el lenguaje de la preceptiva dramática se denominaba peripecia. Este reconocimiento no tiene razón de ser dentro del desarrollo que el autor de *Electra Garrigó* da a la fábula. En la Electra de Sófocles se explicaba por qué Orestes había partido muchos años atrás y era natural que a su regreso la hermana no pudiera identificarlo a primera vista. Esto es lo que da a la *anagnorisis* sofoclea un gran valor humano y dramático y un singular encanto poético. En el caso de esta Electra criolla, Orestes se ha quedado en casa todo el tiempo y su partida no tiene lugar hasta el final del tercer acto. La agnición, por tanto, no está justificada.

Piñera revela tener imaginación y sentido dramático en esta primera obra que nos ha ofrecido. Nos gustaría que su segundo ensayo teatral tuviera un carácter menos literario y arrancase sus motivos de nuestra propia cantera social. Empeños como este tienen un carácter puramente experimental y carecen de la resonancia que posee el teatro, cuando no se inspira en ficciones ajenas, sino que busca intrépidamente en lo circundante y lleva a la escena figuras y pasiones tomadas directamente de la realidad.

Debemos decir, para terminar, que esta representación organizada por la simpática revista de asuntos teatrales, *Prometeo*, fue realizada con bastante esmero. Francisco Morín sacó el mayor partido posible de los movimientos señalados por el autor, Violeta Casal, propensa por temperamento a lo arbitrario lírico, hizo inspiradamente el papel de Electra, Marisabel Saénz venció con gran voluntad su tendencia al realismo dramático, para ajustarse inteligentemente al rol de Clitemnestra. Filiberto Machado caracterizó con acentuados rasgos de burla al pedagogo. Gaspar de Santelices estuvo mejor que otras veces en el Orestes. Menos acertada fue la labor de Carlos Castro y Modesto Soret en el Agamenón y el Egisto, respectivamente.

Bien logrado el juego de los mimos en el primer acto. Y Radeúnda Lima leyó las décimas del coro al compás de la "guantanamera" con el candoroso aire folletinesco que ya le conocemos a través del micrófono.

Electra Garrigó
José Manuel Valdés Rodríguez [261]

En la noche del sábado tuvo lugar en el salón de la Escuela Municipal Valdés Rodríguez la representación de la tragedia en tres actos *Electra Garrigó*, en función organizada por la revista *Prometeo* para celebrar el primer aniversario de su fundación.

Es preciso señalar, en primer término, que la representación tuvo méritos de realización dignos de mejor aplauso, más estimables aún por tratarse de una obra difícil, demandadora de un aparato escénico bien templado.

En casi todos los momentos la acción de la luz correspondió de modo íntimo al sentido del pasaje en curso y contribuyó en medida principal a la bondad plástica de la representación, nacida de la atinada colocación y movimiento de los personajes y sus gestos y actitudes.

En algunas escenas, tales las dos pantomimas y el final del primer acto, al formar los cuatro personajes principales un haz en el centro de la escena, la pieza cobró caracteres de ballet, por gracia de la íntima articulación de los factores expresivos en una composición de luz, movimiento y color henchida de plasticidad.

Ese final del primer acto y las dos pantomimas deben considerarse como los tres momentos mejor conseguidos de toda la representación.

La escenografía jugó un papel decisivo en el logro del rango estético de la representación, pues no sólo es una versión ágil y expresiva de la arquitectura y las peculiaridades plásticas de un patio criollo, sino que responde al espíritu poético y arbitrario de la pieza, obra de imaginación y fantasía dentro del movimiento teatral habanero, reside precisamente, en ese intento de plasmar el ambiente nuestro

---

[261] *El Mundo*. 26 de octubre de 1948. p. 15.

mediante la integración escénica de elementos formales representativos del medio.

Electra Garrigó no es, según señala su autor en la nota del programa, una nueva versión de la obra de Sófocles, de la cual sale "Para exponer y desarrollar un típico drama de la familia cubana de ayer y de hoy, conflicto producido por la dictadura sentimental de los padres sobre los hijos", el autor toma de la tragedia de Sófocles los personajes, la atmósfera y la elocución, como él mismo afirma, parodia esta última y caricaturiza la atmósfera.

Admitido el derecho inalienable del artista, muy especialmente en el teatro, a elegir la fórmula para plantear y desarrollar el tema de su obra, hemos de apuntar que nos parece equivocada la elección de Virgilio Piñera, sobre todo en la actual etapa de nuestro movimiento teatral.

Acudir, en cualquier forma que ello se haga, a los archivos del teatro para plasmar la problemática contemporánea, entraña siempre un riesgo de quedarse en lo meramente literario, que es a nuestro juicio, lo ocurrido a Piñera, y la obra resultará carente de verdadero interés humano, para el público medio, no obstante los aciertos formales en el orden del diálogo y de la acertada conjugación específica de los factores todos del teatro.

Es más, aún en el caso de que el autor lograra salvar el riesgo mencionado, es difícil que el público deje de tener presente, a cada instante, como sabría hacerlo el hombre de letras, el original de donde "sale" la obra y de superponer sobre el perfil actual de los personajes el contorno de los héroes de que se nutren en una u otra medida.

Porque una obra como *Electra Garrigó* exige del espectador una óptica maliciada, sapiente, radicalmente animada por un criterio estético convencional.

Por otra parte, creemos que el autor marra su objetivo, aquel "exponer y desarrollar un típico drama de la familia cubana de ayer y de hoy", nacido de la acción sentimental egoísta, agobiadora y cerrada de los padres sobre los hijos. Se trata de un tema universal que demandaba ubicación geográfica y temporal, en un asunto genuinamente cubano, nutrido por una fuerte raíz agarrada a la realidad social isleña. Hay sí, sin duda alguna, elementos criollos en la pieza de Piñera, pero más formales y externos que de fondo, si bien ricos en alusiones y características ambientales.

Lo parodístico y lo caricatural se desdibujan y empalidecen así que avanza toda la pieza. Dan el tono a todo el primer acto, el mejor de la obra y se reducen considerablemente en la segunda y en la tercera etapas, la última de las cuales está muy bien realizada desde el punto de vista dramático.

Electra Garrigó es obra merecedora de atención por su concepción y sus objetivos, por los numerosos aciertos en el diálogo y en el planteamiento y desarrollo de las situaciones.

El Orestes de Piñera, al igual del Orestes de la leyenda y de Sófocles, evidencia un claro parentesco con Hamlet. El último monólogo del personaje es un ejemplo de sopesar posibilidades, de sudas angustiosas, de designios oscuros. No parece injustificado, pues trazar una línea de este Orestes criollo hasta el Orestes griego con una firme acentuación del trazo en la figura del príncipe shakesperiano.

Violeta Casal, en la interpretación de Electra, realizó una labor con muy finos quilates histriónicos, afilada, precisa, matizada, sostenida con integridad y consecuencia.

Muy acertados Machado en el Pedagogo; Modesto Soret, en Egisto Don; Carlos Castro, en Agamenón y menos artificioso que de costumbre, con mejor dicción, aunque siempre impreciso y variable, Santelices. Marisabel Saénz tuvo momentos muy afortunados en la interpretación de Clitemnestra, sobre todo, en la expresión oral, si bien mantuvo una actitud corporal forzada, con los brazos arqueados hacia atrás, y los hombros encogidos, envarada y falta de prestancia.

Electra Garrigó
Luis Amado Blanco [262]

Noticia: En el teatro de la Escuela Municipal Valdés Rodríguez y para celebrar su primer aniversario, la revista *Prometeo* ha estrenado la tragedia en tres actos, *Electra Garrigó*, del poeta cubano Virgilio Piñera, uno de los diez, justamente elegidos, por Cintio Vitier, para figurar en su antología. Dirigió Francisco Morín y actuaron en los principales papeles: Violeta Casal, Marisabel Sáenz, Gaspar de Santelices, Alberto Machado, Modesto Soret y Carlos Castro. En algunos instantes propicios, y en función de coro, cantó unas alusivas décimas criollas, Radeúnda Lima, acompañada por un retirado eco de guitarras.

La obra:

Es natural, y hasta lógico, que los poetas nuevos, los poetas de su tiempo, del turbio tiempo que corremos, se vuelvan hacia la tragedia clásica en busca de inspiración, de punto de partida para expresar sus congojas. Y es natural y lógico, porque nuestra época, como aquella lejana del período ático, se puede definir, por una total coincidencia de desvalorizaciones, terriblemente patente entre nosotros, y terriblemente escondida por aquel entonces. Los poetas griegos se sabían prisioneros del destino a pesar de los dioses o a merced de ellos, y los poetas de

---

[262] *Información*. "Escenario y Taller", 26 de octubre de 1948.

ahora saben que la bruma que nos atenaza y que nos cierra el paso, ha sido levantada a pesar de Dios, o mejor aún, por el olvido total de Dios. Unos y otros van y vienen, se acuestan y se levantan, se agitan o perecen, hostigados por esos mensajes cortados e imprecisos, que sólo ellos perciben, merced a su sentido mágico de las cosas. No importa, no pueden importar, filosóficamente hablando los detalles circunstanciales, totalmente distintos. Lo esencial es el velo que nos tapa los ojos; y la seguridad y ceguera de ese velo es ahora, tan patente, como lo era antes, en aquella lejana edad decorada de estatuas y de ademanes grandilocuentes. Acaso, acaso, la diferencia única, la diferencia esencial no discurra sino por lo extremo, por lo de fuera, mientras que allá, en lo interno, en lo íntimo, hoy como ayer, nos hallemos sin salida, encerrados en ese punto negro del *ananké*, prisioneros de unas causas y unas motivaciones que desconocemos.

¿Qué importa, qué puede importar que antes, en aquella divina juventud cultural, el hombre pretenda luchar contra lo inexorable, al sentirlo, tan sólo, causa de su propia, personal desgracia, y, ahora, se sienta abatido, en cuclillas, a la puerta de su tienda, a esperar, en compañía de sus semejantes, que vayan pasando sus propios cadáveres, en una destrucción encadenada de la especie? ¿Qué puede importar esto? Nada ¿verdad? Ya que el grillo que aprisiona conduce a la misma, idéntica desesperación, a la misma entrañable angustia. Lo otro, la diferencia de la reacción, es casi únicamente situación biológica, producto de los siglos que han ido ahondando en nuestro cerebro, los surcos de las entendederas humanas. Porque, si antes, el griego se paraba ante sí mismo, para razonar su situación limitada, nosotros nos vemos impedidos a hacer razonar a nuestro instinto, limitación, también, vuelta a nuestro caso individual, dentro del caso genérico.

Claro que lo malo de *Electra Garrigó* –que sale, según su autor, de la tragedia de Sófocles, como esta parte de *Las coéforas* de Esquilo– es que no nos plantea ni una problemática de nuestro tiempo, ni mucho menos un problema cubano, por mucho que trate de engañarnos con decires criollos en función de coro, una terminología vagamente cubana y la aparición de unos mimos y mimas de oscura tez. El caso de *Electra Garrigó*, como la de Eurípides, está tomado de perfil, sin atreverse a virarlo del todo, para verlo en su total morfología espiritual, ni mucho menos a acercarlo a nosotros, por la vía del hecho internacional que nos cierra el paso, ni por el hecho nacional, que nos clausura nuestro avance. Electra Garrigó, es una falsa mujer que traiciona el complejo de Edipo, para salvarse a sí misma, y que, luego, quiere redimirse de esa traición, convirtiéndose en una terrible máscara de la libertad de su hermano, al ver que su liberación ha llegado para ella, demasiado tarde. No le importa el incesto de su madre, como feroz insulto a la figura del hombre que le dio el ser y, por lo tanto, está incapacitada para retornar al amor fraterno, que no puede implicar mas que una prolongación del amor paternal, que siempre sintió como una cadena. Es tan sólo, y eso sí, bien claramente, una mujer absorbente, enamorada de sí misma y, por lo tanto, en la dramática del ladrón que a todos supone, por lo menos rateros de su personalidad. Es en el terreno vulgar, la niña mal educada, que quiere pasarse con la suya y que, antes de transigir, está dispuesta a quemar su casa, con todos sus habitantes dentro. Lo otro –perdóneseme la sinceridad– es literatura, aunque de la buena, agitaciones intelectuales, filosofía recortada, ya que el poeta debe trabajar sobre premoniciones, y el pensador por razonamientos, aunque sean poéticos o disfrazados de tales.

Queremos decir con esto que, *Electra Garrigó*, no posee una trayectoria segura, un pensamiento directriz y que, por esta causa, se desarrolla dando tumbos de ingenio, de acá para allá, sin decidirse a coger el toro de la verdad por los enfurecidos cuernos. Y de cubana, de cubanísima obra, ni hablar, como diría el castizo, ya que la pereza y la hipertrofia del ego son tan comunes allá, por tierras de Noruega, pongamos de ejemplo, como por estas tierras del Caribe que nos sostienen. Ya que Virgilio Piñera, tan tajante crítico, no va a pretender confundirnos con estampas, o mejor aún, con añadiduras turísticas, como las ya nombradas décimas, en las que debió poner un poco más cuidado poético para decir un mensaje de manera absoluta. Su trabajo, su premio, es darnos ese ligero soplo que a veces los conmueve; su palabra llena de recóndita intención, pero coja de pensamiento; su pensamiento labrado en profundidad, pero desarticulado de otros pensamientos consecuentes. En esto radica su gloria, y nada más ni nada menos que en esto. Y esto, todo esto, absolutamente todo, es anti teatral hasta el máximo, incapaz de saltar las candilejas y de abrazar, temblante, al público atento. Querer sustituir la flecha, el disparo certero de la flecha, por desplantes de arco o por movimientos inusitados, es acudir al juego y al rejuego de lo novedoso, y eso estaba bien allá por los heroicos años del novecientos veinte, y no por este del cuarenta y ocho, abrumado de negras certezas. Los dos primeros actos, bajo ningún concepto son teatro, por mucho que se amplíe, que se retrotraiga o que se flexibilice la teoría. Y el tercero, sólo alcanza a serlo, si olvidamos los anteriores, si nos proponemos partir hacia dentro, con la mente en blanco, del que nada previo ha visto, aunque sí, sabe muchas cosas. Por ejemplo, aquella lamentación de la Electra de Sófocles: "¡Oh luz pura! ¡Aire celeste, difundido por igual sobre la tierra!"

Al final, entre los ensordecedores aplausos de un público que, en ocasiones, reía, por no llorar, totalmente despistado y atónito de tanto malabarismo, pero que de todas maneras quería premiar el noble esfuerzo de una noche, nosotros recordábamos, con tristeza, aquel verso del propio autor en *Rudo mantel*: "...y el olor de la calle, donde un caballo no llevaba a nadie". Quizás por querer llevar demasiado.

Electra Garrigó. La representación.
Luis Amado Blanco [263]

Pudiera parecer, al ingenuo espectador de *Electra Garrigó,* que la dirección de la obra, a cargo de Francisco Morín, fue acertada, y hasta consecuente, dentro de aquel maremágnum ideológico, de aquella pluralidad de vagas intenciones, que la obra revelaba. Y lo fue, sin duda alguna, si descontamos que la pieza estaba, tan acotada y "vista" por el autor, que poca libertad de movimientos le quedaba al encargado de subirla a escena. No hemos visto ningún ejemplar de la pieza, pero la circunstancia se hacía patente a cada momento, sin escape posible. Lo grave, tal vez, esté en la comunidad de opiniones, en la hermandad de pareceres, y eso ya sería pecado mortal, para quien, por encima de sugestiones o pretensiones omnímodas, está obligado, por prestigio del oficio, a poner un poco de orden en la casa; sobre todo cuando la casa luce tan desordenada y revuelta como lucía la de *Electra Garrigó,* insuflada de pretensiones. El teatro clásico, el verdadero teatro clásico, adquiere en las tablas su más tremenda dimensión, cuando se representa de una manera simbólica, con un simbolismo acorde con la cultura helénica, en el que ocupa, buena parte, la declamación, sobria declamación de los parlamentos, sin olvidar, jamás, los demás resortes del teatro. Aquí, por obra y gracia del autor, y sin transición lógica alguna, lo natural se mezclaba con lo declamatorio, como se mezclaba el realismo de los personajes, con aquel centauro profesoral, de poca ciencia y menos gramática parda. Tan pronto los actores se subían a los cortinones de la lírica o de la tragedia, como se departía o se quería departir criollamente, en busca de las cuatro patas del gato de la

[263] *Información.* "Escenario y Taller", 27 de octubre de 1948.

cubanidad. Y así no hay manera de entenderse ni de encontrar lo que se busca, en habitación tan azotada por el caos.

Además, y por si esto fuera poco, esos otros elementos teatrales, el movimiento de las figuras entre ellos estaba planeado tan al tuntún como el diálogo, vengan genialidades por acá y por acullá. Y como nosotros no conocemos ni poéticamente ni pictóricamente ni etcétera, una obra artística que no esté concebida y realizada, siguiendo una férrea directriz, tenemos que abundar en aquella opinión de ayer, es decir, del exceso de cosas, siguiendo una inspiración ondulante e imprecisa. El movimiento escénico, de tendencia simbólica –para seguir una pauta global– debe inspirarse en estos casos, en las estatuas, y sobre todo en los frisos de la época, pero hacerlo a ratos perdidos, olvidándolo, después, por un naturalismo pasajero, mezclado con una teoría plástica cubista –recordemos el final del primer acto– es meter al espectador en un tal lío, es pincharlo con tan diversos instrumentos que al final, sólo podrá emitir gritos de desconsuelo, por no decir de indignación. Es indudable que, en Cuba, estamos acostumbrados a los rollos políticos más fantásticos y que, por lo tanto, la imaginación pública está bien entrenada para percibir la verdad de cualquier barullo, pero lo de *Electra Garrigó* sobrepasaba nuestra preparación, acaso por hallarnos artísticamente, cada día más lejos de la falsedad disfrazada de intelectualismo.

Violeta Casal, en medio de este maremoto, hizo lo que pudo por salir airosa del enredo. Puso a contribución, su costumbre de representar teatro clásico, su voz magnífica, batallando, en lo anímico, por encontrarle arriba al personaje. Hizo lo mejor que se podía hacer, dadas las circunstancias, y hasta, el tercer acto, no pudo encontrar el único resquicio posible por donde escaparse hacia la nobleza. Marisabel Sáenz, en el papel de Clitemnestra Pla, menos dominadora de las formas y hábitos clásicos, lució más falsa, más en el papel de la obra, que en este caso había que superar, por mandato de arte. Fue, siempre, la buena actriz, incapaz de dejarse arrebatar a términos inconvenientes, pero cerrados todos los caminos, se quedó en la encrucijada de las dubitaciones. Gaspar de Santelices, en un Orestes Garrigó, es decir, en un Orestes sin Orestes, cumplió como tal Garrigó, acertando sin acertar, extraviado en el recoveco del tipo, como buscando una tabla salvadora donde asirse. A Santelices, le convienen tipos insólitos, pero enteros, que no se le doblen en el alma, y aquel hijo de su mamá, que no sentía celos del amante, no podía ubicarlo ni el actor ni mucho menos el público. Alberto Machado, compuso el personaje más extravagante de la tragedia, con una sobriedad, y buen tino, verdaderamente admirables. Consiguió esa dimensión absurda del caballo triste, que ha rumiado muchas cosas; esa ironía que se sabe, de antemano, ingenuamente amarga, lo que sólo un muy responsable actor puede hacer, además de salvar al pedagogo de su dimensión de centauro. Modesto Soret, de espléndida voz, inseguro; Carlos Castro, francamente flojo. Radeúnda Lima –¿qué decir de Radeúnda en función de coro?– cantó, con su conocido buen estilo, unas décimas que no entendía, y en mucho descuidadas por el autor, sin duda en busca de una fragancia popular, que no brotó por ninguna parte.

La escenografía del pintor Osvaldo, demasiado simple, sin atreverse a resolver la única incógnita –terrible incógnita– que el mismo autor no logró encontrar: Nada menos que unir nuestro estilo colonial, con la sombra del Partenón. Lo demás, bien; muchas gracias.

Electra Garrigó
Mirta Aguirre [264]

Independientemente de lo que sobre la obra pueda pensarse, es indiscutible que, con *Electra Garrigó*, Virgilio Piñera consiguió interesar al público. Mientras duró la obra, todo el mundo estuvo pendiente de lo que sucedía en la escena y del final que aquello iba a tener. Después, nadie dejó de preguntar a los dueños y señores de la crítica dramática del patio cuándo vería la luz su muy responsable opinión. *Electra Garrigó*, pues, no cayó en el aburrimiento ni en la indiferencia. Lo que deja sentado que Virgilio Piñera, al menos, es un autor con buena dosis de malicia constructiva.

Según se dice, Margarita Xirgu tiene en estudio *Electra Garrigó*. Y el estreno de la obra ha venido calzado con un artículo en el que María Zambrano le toma muy en serio, filosóficamente, para desentrañar mensajes, aplaudir hallazgos y apuntar algunas objeciones. Todo lo cual tuvo durante la noche del sábado a mucha gente –y ha de tenerla todavía a estas horas– en el trance padecido por los espectadores del maravilloso retablo construido por el sabio Tontonelo. Esto es: sin atreverse a decir que nada veían, por miedo a confesar semitismo o bastardía.

A nosotros nos importa poco cualquiera de los dos sambenitos. *Electra Garrigó* –por cierto, incidentalmente, alguien nos ha asegurado que existe un ser de carne y hueso que ostenta ese nombre– nos divirtió muchísimo durante los dos primeros actos; pero nada más. Nos divirtió mucho como parodia, como rica muestra de disparatada inventiva, como bromista planteamiento de Sófocles –"Electra" y "Edipo" y más el segundo que la primera–, como desahogada

---
[264] *Hoy*. La Habana, año 11, número 255. 26 de octubre de 1948. p. 10.

caricatura de lo que nadie osa vapulear, como trascendente humorada criolla. Pero no logramos advertir otra cosa, aunque buen aviso teníamos sobre "la conciencia apática", los "simples hechos", las "cuestiones sanitarias", los "no-dioses", el "fluido-Electra", el "afán de seguridad" y todo lo restante. Sin dudas, o no somos fruto de legítimo matrimonio o tenemos un abuelo judío.

Si Virgilio Piñera quería hacer pieza filosófica debió dejar a un lado lo paródico, la risa fácil venida de las cachetadas entre las alturas simbólicas y el prosaísmo. Lo filosófico puede venir de la sátira profunda, conceptual, pero no de la ridiculización formalista. *Don Quijote de la Mancha*, por ejemplo, no es una parodia barata y ni siquiera una parodia y una sátira de Miguel de Cervantes.

Según el autor, la pieza "no es un intento más de hacer neoclasicismo o poner en época actual los conflictos de una familia griega del siglo V antes de Cristo sino la exposición y desarrollo de un típico drama de la familia cubana de ayer y de hoy. "Me refiero –agrega– al conflicto producido por la dictadura sentimental de los padres sobre los hijos".

En esta línea *Electra Garrigó* falla. Por varios motivos. En primer lugar, la dictadura sentimental de los padres sobre los hijos no es un "típico drama de la familia de ayer y de hoy", sino un drama típico de la familia de ayer [...] y un tema actual que en todas partes fascina a los enamorados de Freud. En segundo lugar, mucho más absurdo que poner en época actual los conflictos de una familia griega del siglo V, es tratar de vestir los conflictos de una familia cubana de hoy con el ropaje formal del teatro griego de hace tres mil años: movimiento escénico primario, visualidad estatuaria, engolamiento de palabra y grandilocuencia de gesto. Cáscara que a nada conduce, como no sea a eludir, ingeniosamente, muchas dificultades técnicas del teatro actual. En tercer lugar, ya con vista al perfilamiento de esa dramática nacional por la que se anda luchando, hay que decir que el "ambiente nuestro" no se consigue arañando por la superficie de lo cubano, escenografiando –muy bien, dicho sea de paso, la escenografía de Osvaldo– patios coloniales, utilizando muda comparsería de artistas negros, llamando a la gente por nombre y apellido ni, sobre todo, concediendo categorías trascendentales a los sentimientos populacheros que tienen entre nosotros los nombres de algunas frutas, trátese de la fruta bomba o de la guanábana. Porque el "ambiente nuestro" es algo mucho más hondo. Y Virgilio Piñera, poeta, debía saberlo aunque no fuera más que por la instructiva evolución que en ese sentido ha tenido lugar en los predios de la llamada poesía negra o afro-cubana, que ayer onomatopeya maraquera, jitanjáfora de bongó y hoy es ya tuétano temático y fina depuración rítmica.

Sin embargo, Piñera tiene en su obra un hallazgo de enorme importancia, de muy grandes posibilidades, de real calidad: la personificación del coro griego en la cantadora de "puntos guajiros". Fondo nacional colectivo apresado en golpe de síntesis verdaderamente poético y teatral; el cual ha de ser un gran aporte de *Electra Garrigó* a futuros empeños dramáticos nacionales. No importa que las décimas que en la obra se colocaron sean pésimas como material literario, ripios de punta a cabo. Lo que importa es la idea, porque dentro de ella pueden colocarse, en otra ocasión, décimas mejores.

Piñera, según dice, hace oscilar intencionalmente sus personajes entre el lenguaje altisonante y el humorismo y la banalidad. Lo hace con objeto de "equilibrar y limitar tanto lo doloroso como lo placentero". En los dos primeros actos lo cómico se produce, justamente, porque ese equilibrio no sobreviene, sino porque los dos aspectos chocan y se contraponen. Esto da a la pieza una hibridez que se acentúa en aspectos de mayor calado. Así, no hay una posible relación estética entre el monólogo de Electra en el inicio del segundo acto y el monólogo de Orestes en el tercero, cuando el personaje cae en reflexiones un tanto hamletianas de fondo y trabalenguas de forma. El monólogo de Electra, aunque encuadrado en territorios poéticos un tanto pasado de moda, posee calidad. También en el último de la madre. El de Orestes, no. Y nada hay que decir de las caídas de construcción gramatical que a veces sobrevienen en los lugares más inoportunos.

En general, además, el tercer acto se separa del tono de los dos anteriores para sumergirse totalmente en la tragedia, desarticulando su atmósfera de los precedentes.

La dirección de Francisco Morín nos pareció muy bien, exceptuando la selección de Modesto Soret. Soret, en su trabajo, no satisfizo. Pero, a nuestro juicio, su tipo no daba el bárbaro gallo joven que Clitemnestra veía en él.

Marisabel Sáenz y Violeta Casal estuvieron muy bien. Violeta supo aprovechar, con buenos aciertos plásticos, todo el personaje y, claro está, el monólogo del segundo acto. Marisabel acertó igualmente en sus largos parlamentos y en la difícil coyuntura de la muerte. Fue especialmente flexible para las transiciones finales. En Orestes, a pesar de algunas vacilaciones de dicción, Gaspar de Santelices hizo un trabajo más seguro, aplomado y espontáneo que los realizados en las últimas actuaciones, a excepción de *Medea*. Alberto Machado, en el Pedagogo, acaso más externamente mefistofélico de lo que convenía. Los Mimos —todos— muy bien. La intervención de Radeúnda, la cancionera guajira, fragante, cándida, simplemente primaveral.

Estrenó la revista teatral el drama Electra Garrigó. Selma Barberi. (Seudónimo de Matilde Muñoz) [265]

Prometeo, linda revista teatral, ha celebrado su primer aniversario de la mejor manera que pudiera celebrarlo, con el estreno de una obra de autor cubano, en un escenario habanero. Y esta obra ha sido elegida entre una producción joven que aspira –y con grandes muestras de poder conseguirlo– a proyectar el teatro cubano a alturas de consideración y de respetabilidad.

El asunto de *Electra Garrigó* había despertado cierta expectación por lo arduo del tema, por la personalidad del autor, muy estimado anteriormente en la poesía y en el libro y por ser Virgilio Piñera uno de los escritores premiados en el último concurso de la ADAD. Así pues la sala del Valdés Rodríguez se hallaba llena de público, entre el cual se veían las primeras figuras de la crítica teatral habanera. Este público se hallaba preparado a las dificultades de la empresa acometida por Piñera porque ya la índole del espectáculo que se nos ofrecía, había sido anunciado por una página de María Zambrano, en la que con luminosa y profunda perspicacia se desentrañaba en cuanto eso es posible, el propósito del autor. El propio Virgilio Piñera nos había hablado de ese mismo propósito desde el programa, pero en términos que, con excesiva modestia, dejaban sólo ver la parte menos interesante de su obra ya que en *Electra Garrigó*, la acción que se ve, es precisamente lo menos importante y los resortes que la mueven, lo verdaderamente esencial de ella.

Virgilio Piñera ha procedido con la tragedia griega en *Electra Garrigó*, como los monjes de la Edad Media procedían con los palimpsestos: tornaban las leyendas amorosas o heroicas y miniaban en

---

[265] *El Siglo*, noviembre 3 de 1948. p. 6. He omitido el reparto de la pieza con el que comienza su sección.

su lugar agiologías. El Renacimiento después los borró y restauró las leyendas amorosas y heroicas. En el palimpsesto de Virgilio Piñera quedan más restos de lo que él cree de la escritura primitiva. Desde Homero hasta Eurípides, Electra, esta criatura de frenesí inmóvil, asumió la encarnación de la no-conciencia, del "hecho" escueto, sin secuencias, sin premio y sin castigo, tesis principal del autor cubano. Ella sabe desde el principio que las Erinias, si por acaso existen, sólo castigarán a Orestes. Electra, ella misma, es intangible, porque es sólo una fuerza fluídica, el "fluido" Electra, exaltado en el drama de Piñera. Los antiguos habían ya adivinado esa fuerza fluídica de Electra y pusieron frente a ella una resistencia inevitable, si el fluido había de operar sus relaciones: Clitemnestra. Y estos dos elementos antagónicos, usando la palabra antagónico en su amplio sentido cósmico, son tan exclusivos, que tanto en el transcurso de los dramas griegos como en la obra de Piñera nos damos cuenta de que, poco a poco, todas las demás entidades que les rodean, se van desmenuzando, volatilizando, desapareciendo para dejarlos solos frente a frente. Uno ha de aniquilar al otro. Y naturalmente vence aquel de los dos que está dotado de una insensibilidad más perfecta. La insensibilidad imposible, que es la esencia de lo divino. Que es al mismo tiempo, la afirmación y la negación de lo divino.

Según la filosofía expuesta por Virgilio Piñera en su *Electra*, todos vivimos en el ámbito de una moral forzada, balanceada entre los términos convencionales del "premio" o el "castigo" de determinados hechos, carentes en sí de todo peso específico y determinante en las decisiones del destino. Cada uno, en su subconsciente, acaricia con secreto terror, o con secreta esperanza estos términos y los cubiletes sobre el azar ciego de "los hechos".

Evadirse de esta moral caduca parece ser la aspiración de Virgilio Piñera, o mejor, la de los no-seres de su *Electra*: llegar así a una afirmación, a fuerza de negaciones: la afirmación pura del instinto, desnudo de todos sus ropajes, el instinto que preside en la realidad la Vida, lo mismo en los palacios racinenianos [sic] de Electra, hija del Átrida Agamenón, que en el del patio cubano de Electra, hija de Agamenón Garrigó.

El fluido Electra, Electra la no-consciencia, el impasible demente cósmico, proclama la in-divinidad que dentro de la nueva consciencia sustituye a la divinidad. ¿Será ésta la futura base moral del mundo? Si es así ¿se conformará el hombre del futuro con manejar simples "hechos" fluídicos, flotantes, peregrinos, como nubes, portadores de la sombra y caminando, inexorablemente hacia la luz? A su vez ¿estos "hechos" impasibles, llegarán a no afectar el corazón del hombre impregnado únicamente de un impulso hacia la libertad absoluta? ¿Esta "libertad absoluta" ¿no es identificable con la "muerte absoluta"? La Vida, sujeta a formas y a leyes, no puede representar el concepto de libertad. De este modo, como los hechos sólo se producen en La Vida, llegarían a convertirse en "no-hechos", en cantidades negativas, captables solamente en una álgebra trascendental. Pero al fin y al cabo, "captables", es decir, privados de la libertad absoluta, que es desmedida, como la muerte, si pudiera concebirse el término de "muerte absoluta" que todos sabemos no existe. Una criatura absolutamente libre se hace inhumano. No produce el delito, pero es ella misma su propio delito, perdiendo así, automáticamente el poder discriminador de la conciencia.

Este es el caso de todas las Electras y, especialmente, el de Electra Garrigó, la heroína de Virgilio Piñera.

Ya se comprende lo difícil que ha de resultar vestir de ropaje escénico a un personaje extraído de tan alambicadas esencias filosóficas. Y, sin embargo –y este es el principal y más raro mérito de su obra– Virgilio Piñera lo ha conseguido y lo ha hecho comprensible.

Lo ha adentrado en un conflicto, lo ha rodeado de otros personajes y a estos personajes y a ella misma los ha hecho hablar en un lenguaje a veces hermosamente duro y frío, como el mármol –así, en el monólogo de la propia Electra en el acto segundo, acabada pieza teatral y literaria – a veces en una forma sarcástica y cáustica como en los diálogos finales del Pedagogo y en fin, de manera puramente dramática, como en los parlamentos de Clitemnestra, reveladores de las relaciones de su consciencia y del brote subconsciente de sus deseos.

Electra Garrigó es por tanto, teatro, específicamente teatro, y es también espectáculo, como en los dos momentos, tan acertados, de la expresión mímica de los conflictos interiores de Clitemnestra y Agamenón.

Podría preguntarse todavía por qué Virgilio Piñera encierra sus abstracciones en un patio habanero –las rodea de mimos, de frases bufonescas, de símbolos escatológicos– como la fruta bomba o la palangana. Pero Aristófanes, al que se parece, traía las nubes para arrastrarlas entre la polvareda de un teatro, igual que nosotros encerramos el infinito en un Catecismo y la Eternidad en un reloj. Es una obra humana hacer los dioses a nuestra imagen y semejanza para luego poder decir que estamos hechos a imagen y semejanza de los dioses.

La obra de Virgilio Piñera, o a lo menos, lo visible de ella, fue seguida con interesada atención y aplaudida con sincero entusiasmo, al final de todos los actos, especialmente al terminar el drama.

La interpretación

Violeta Casal estaba indicada como intérprete ideal de esta Electra sarcástica, implacable, arrebatada y a veces –como en el final– altamente poética. Una de las actuaciones más acertadas de la joven e inteligente actriz, la hemos visto esta noche. Actuación sobria y penetrante, anunciadora de una carrera que ha de proyectarse hacia horizontes más universales que los que hasta ahora presenta el teatro cubano.

Su antagonista Clitemnestra encontró encarnación adecuada en Marisabel Sáenz, a la que dio raigambre perfectamente humana, llegando a la expresión patética del final donde merece que todo el esplendor erótico de esta hembra atormentada por la voz exigente de sus entrañas –exigente en la maternidad y en el amor– se deshace en lamentables cenizas. La expresión, la voz y la plástica de ese momento fueron en Marisabel Sáenz perfectamente artísticas, como una resolución armonizante de toda su actuación anterior.

Mencionemos con especial encomio a Alberto Machado, en el cínico Pedagogo, a Gaspar de Santelices, en el indeciso Orestes, a Carlos Castro que actuó con una sobriedad y discreción ejemplares en los más difíciles y desbordables momentos de su Agamenón, a Modesto Soret en su Egisto "chuchero".

La cantante popular Radeúnda Lima, comentarista obligada de los sucesos, incorporada a los sentimientos y al lenguaje del pueblo, nombrada "Coro" en la tragedia y en este caso, su "posteridad," tuvo una actuación acertada, pues, hasta el detalle de no saberse los versos que había de cantar, le daba naturalidad y prestigio de rapsoda.

La dirección

Empeño no fácil dirigir *Electra Garrigó* con todos los elementos aportados por el autor para la expresión de sus escenas. Acertó plenamente esta dirección, encomendada a Francisco Morín, en la plástica del acto primero y extremadamente en la disposición de la primera de las dos escenas mímicas a que hemos aludido y en la que fue perfectamente secundado por los jóvenes actores que en ellas tomaron parte y que sincronizaron con gestos a veces magníficos –como en el caso de Clara Luz Noriega, la doble de Clitemnestra– las palabras de los protagonistas.

El decorado, evocación en el medio cubano de la línea griega –tan frecuente en la arquitectura local– encuadró perfectamente el drama. En resumen, hemos visto una obra considerable, que revela un autor de personalidad aguda e interesante.

Electra Garrigó
Manuel Casal [266]

Sólo falta precisar lo que ha de entenderse por tragedia cubana, con pleno sentido artístico, para que no nos asuste la sospecha de que pueda tratarse de un esmalte *sui generis*, adherible a voluntad. ¿Qué es lo cubano? ¿Otro complejo? Tenemos que confesar que no sabemos de qué se trata, cuando se habla de tragedia cubana, como tampoco sabemos de tragedia italiana, sueca o inglesa, si no hay más connotación que su ubicación gentilicia. La tragedia es la expresión más intensa que puede alcanzar el autor de cualquier punto de la tierra, sobre cualquier tema, sin más limitaciones que las que le indiquen dos o tres reglas de buen gusto, que también puede ignorarlas si hace escuela con las que se invente. El suizo Guillermo Tell pasó a formar parte de la trágica alemana, por obra y gracia de que Schiller lo tomó por su cuenta; y no sabemos de ningún intento serio de los suizos para rescatarlo. Parece que el viejo filósofo tenía razón y "el hombre es la medida de todo"; ya que lo importante no es la percepción cabal de los elementos trágicos, sino la reacción del perceptor frente a ellos y su ulterior exposición

---

[266] *Prometeo* Año II (11) 1948 : 21, 24, 26.

desesperada. Objetivamente, no es más inglés, pongamos por caso, el soliloquio de Gloucester en la tercera parte del Enrique VI, de Shakespeare, que la relación que hace un periódico londinense acerca de los hechos macabros de un estrangulador neblinero, de capa negra y pupila inmóvil. No padece Hamlet de locura dinamarquesa, ni muere Romeo de amores veroneses, o Hedda Gabler de hastío noruego. Lo real es siempre Shakespeare o Ibsen, echados sobre todo lo que les tolere en su exacta esta-tura colosal. Lo puramente ornamental, la carne de fotografía o *baedecker* debe mantener su sub alternancia a los elementos esenciales de la tragedia.[267]

Electra Garrigó, tragedia a secas, porque sus personajes, por ellos mismos y por interrelación, son trágicos hasta más allá de donde el tono elevado, clásico en la tragedia, pueda expresarlos, y acuden a la distorsión y el sarcasmo enloquecido para desarrollarlos hasta sus últimas consecuencias. No es tragedia cubana, ni tenía por qué, ni cómo serlo (a menos que se considere como tal un terremoto en Santiago o una tormenta tropical) aunque se utilicen elementos folklóricos y simbolismo frutal barriotero. Otra vez, lo importante es Virgilio Piñera. Lo importante es que el poeta amargo de *La isla en peso* descubra su Electra. En los buenos autores Electra es siempre un pretexto –y un vehículo que se abandona cuando ya no es cómodo. En *Electra Garrigó* el tema y el tono oscilan a voluntad, o mejor dicho, a impulsos. Ninguno de los personajes están hechos de una sola pieza sino expuestos a sus propias contingencias síquicas. Su característica es divagar desde una verdad probada para ellos, y probable para los demás. Esta verdad, la desarrolla Piñera, temperamentalmente, sin compromisos con escuela filosófica alguna que lo sujeten a ideaciones programáticas polemizantes o meramente expositivas. La Electra nihilista del primer acto, es también sacerdotisa del quietismo durante

---

[267] En alemán en el original.

el segundo acto y puritana histérica en el tercero. Este desorden es lícito, porque es humano y sincero. Lo es siempre Electra, buscando una realidad cómoda a su apatía linfática, que le permita subsistir integralmente, aunque esta realidad choque con la de Clitemnestra, y por refracción con la de Agamenón, Orestes y Egisto. De ahí que Electra se sienta como la "necesidad", "la necesidad del destino". Clitemnestra sabe "la extraña verdad de Electra": una mujer-objeto, "un personaje de tragedia", una tumefacción en la realidad fácil de Clitemnestra que lo tiene todo "en la punta de los senos", el punto más septentrional de la mujer, el punto de partida más cercano a una meta visible. Agamenón, Egisto y Orestes pueden ser tres direcciones o tres obstáculos, sin embargo, en la concepción de Virgilio Piñera, la solución no está en ninguno de los tres. La relación es solamente Electra-Clitemnestra. La lucha es entre ellas porque se sienten seguras en sus puestos. Cada una es para la otra "el desorden". Históricamente el triunfo debe ser de Electra y en esto no puede haber objeción, porque Clitemnestra necesita la muerte orgánica a la vista de todos, como cosa humana resuelta. Electra es un fluido, nada más, algo vago, inapreciable, una indivinidad, también sagrada, que exige un culto ecuestre que la persiga eternamente sin poder, ni querer alcanzarla.

En lo externo, vale decir en lo anecdótico, *Electra Garrigó* se ciñe bastante al patrón Sófocles y sus sucesores, tanto en el desarrollo en «oratorio» como en la distribución oportuna de los «calderones».[268] En el primer acto se advierte un valiente juego escénico, novedoso y bien resuelto, que consistió en conjugar, con la acción tradicional, una réplica expresionista de las derivaciones delirantes del monólogo interior de Agamenón Garrigó y Clitemnestra Pla. El viejo coro griego, severo e implacable, está sustituido por una voz ingenua que comenta a

---

[2] Calderón o corona es un símbolo musical que indica un punto de reposo. Se puede aplicar a una nota o a un silencio.

la manera fácil de nuestros campesinos, los momentos culminantes de la acción. Este acierto de Virgilio Piñera es de fondo, no un mero adorno cubano de forma que, donde quiera que se representase la obra puede sustituirse por la tonadilla equivalente, sin perder intención. El diálogo: muy poético y rico en imágenes novedosas y sugerentes. El tono humorístico, preciso y fino. El juego escénico, con excepción de dos o tres caídas, por excesivo cerebralismo y alargamiento estéril de parlamentos, se desarrolla con efectividad dramática creciente. Con estas virtudes y aquellos vicios de diletantismo, es *Electra Garrigó* la obra más hermosa, valiente y capaz de autor cubano estrenada en La Habana.

Francisco Morín comprendió el valor de la obra y realizó una magnífico primer acto, el más difícil para el director, por la doble escena de mimos, que exigía absoluta precisión, para no hacerle paréntesis al desarrollo de la acción dramática. En el segundo y tercer acto hubo también problemas de movimiento, agravados por el poco fondo del escenario, sorteados por Morín algunos y otros disimulados hasta donde fue posible. La escenografía de Osvaldo, un gran acierto en línea y color con vista a la proyección artística de valores ornamentales de la arquitectura colonial.

Violeta Casal en Electra, mantuvo una línea plástica apropiada y dijo con intención. En el *aria di bravura* del segundo acto resolvió expresivamente las dificultades técnicas de ese extenso monólogo, más bello y profundo que positivamente dramático. Marisabel Sáenz logró una real Clitemnestra, con nuevo «metier» y su excelente dominio escénico de siempre. Muy bien en los dos monólogos e insuperable en la escena final.

Gaspar de Santelices, discreto en los segundos planos de su papel, y excelente en el monólogo, dicho a la manera tradicional shakesperiana, y en la inefable anagnórisis del tercer acto. En la escena final no contaba con gran apoyo en la obra y lo resolvió con plástica acertada. Carlos Castro, un tanto indefinible en el tercer acto, hizo con gracia y gravedad, sucesivamente, los dos aspectos de su escena final, lograda totalmente. Modesto Soret se abandonó con exceso a matices demasiado fáciles de obtener con el Egisto de Piñera, pero que tenía que pulirlos artísticamente para que no chocasen con la atildada actuación de los demás. Alberto Machado logró con el pedagogo su más brillante actuación desde *El chino*, de Carlos Felipe. Se puede advertir ya, que solamente en estos papeles de carácter es donde Machado se mueve con más holgura. Su Pedagogo estuvo siempre a tono. Clara Luz Merino, en el mimo-doble de Clitemnestra, demostró en su breve actuación, seriedad artística y buen gusto. Eduardo Acuña, bien en el doble de Agamenón. Los mimos Margot Hidalgo, Digna María Horta, Cristina Gay, Reinaldo G. Peralta y Leovigildo Borges, actuaron discretamente, a pesar de la improvisación, gracias a la vigilancia del director.

¡Ojo con el crítico...!
Por Virgilio Piñera [269]

No, por supuesto, jamás escribiría un ensayo sobre la crítica... Sí, estoy enterado que constituye suprema elegancia, prueba de alta cultura ocuparse de la Crítica... ¡Hasta sé que existen especialistas! Evanescentes especialistas, ayos y ayas de la Crítica.

No, yo me ocuparé del Crítico; me siento en un terreno más seguro, piso en firme si lo que examino es el Crítico y no sus consecuencias; esto es, la Crítica. Se sabe que todos los que, dejando a un lado al Crítico, se enfrentan con la Crítica, les ocurre lo mismo que a niños haciendo pompas de jabón. Al final, un levísimo estallido y, ¡nada en las manos! En cambio, si echamos a un lado la Crítica y nos reducimos estrictamente al Crítico, advertiremos que nos enfrentamos con algo palpable; con algo que tiene historia, que se nos mueve, que nos va a dar la pauta y la cifra de sus críticas...

Pues la Crítica en general y a las Críticas en particular se puede referir ese viejo latiguillo del derecho francés: *«Cherchez la femme...»* En efecto, cada vez que una crítica caiga bajo nuestros ojos, apartémosla enérgicamente y busquemos al crítico que la escribió. Será él, y nada más, lo que nos proporcionará la clave de ella... Crítica.

Y a tal punto es ello exacto que podemos decir que ya poseemos una infalible «brújula de marear críticos». Sí, son ya tantos los «casos» estudiados, estudiados minuciosamente, que se cuenta por decirlo así, con un paradigma del crítico, como se cuenta por ejemplo, con un paradigma del verbo. Porque (y ruego no olvidarlo) la Crítica no es sino

---

[269] *Prometeo* Año II (11) 1948: 2-4, 23.

una excrecencia del crítico y no, como erróneamente se asumiría, el Crítico una excrecencia de la Crítica.

Así, auscultando al Crítico, sabremos el porqué de sus críticas; sabremos que tal o más cual de ellas es verde o amarilla, porque su crítico es verde o amarillo; las sorpresas, las interrogaciones, los movimientos de terror, de cólera, los accesos de risa o de llanto que la Crítica nos depare encontrarán explicación pertinente mediante un vigoroso buceo en la persona del Crítico.

Conocí un crítico musical que tenía la manía de repetir a través de todas sus críticas que el «color» de las trompas estaba mal concebido. Pues bien, rastreando en su vida pasada me enteré de algunos extremos muy reveladores. En primer lugar, dicho crítico era un músico fracasado; en segundo lugar, su talón de Aquiles éranlo precisamente los instrumentos de viento; en tercer lugar, de tales instrumentos eran las dichas trompas su terror. ¡Nunca pudo hacer nada con las trompas! Resulta bien lógico entonces que atacara sin piedad en lo que respecta a trompas y a su colorido... Esto se llama, en términos de sicología elemental, una «descarga».

Fundamentalmente existen tres clases de críticos sobre las cuales es preciso asestar un ojo vigilante. El crítico bien intencionado pero inculto (parece absurdo que la incultura case con la crítica, pero es una de tantas realidades a aceptar); en segundo lugar, el crítico filisteo; por último, el crítico que es artista fracasado. De estos tres tipos resulta el más nocivo el del artista fracasado. La palabra «resentimiento» es su *motto*, y de ella parten todos los radios de ese monumento de impiedad que es el "resentimiento".

Pero procedamos según un orden. Antes digamos que la diferencia que los determina es sólo de grado y no de sustancia... como diría un neo-escolástico; se distinguen por la intensidad, en cuanto a la materia, son idénticos, es decir, son críticas concebidas por críticos desorientados.

El crítico inculto opera, por lo común, a base de adjetivo seguido de nombre. En este rasgo lo reconoceréis. Y si habla es la misma cosa. Dirijámosle la palabra. ¡Ya está! ¿Qué hemos escuchado? Adjetivos seguidos de nombres... En segundo término, lo veremos usar fatalmente una palabra que resulta elegante y de moda en el *milieu* cultural. Por ejemplo, «formidable», o «encantador», o «fantástico». Él sabe que «está bien» usarlas, que sus críticas «ganarán» derrochando esas voces de actualidad. Además, no importa si la tal palabra resulta un absurdo o contrasentido dentro de sus críticas. Se sabe de uno de estos críticos cuarto-analfabetos que usaba, porque estaba en moda, la palabra «anaerobio». Así sembraba sus escritos de anaerobios, y leímos frases como ésta: «Muy poco anaerobio el movimiento de masas en el pintor X...»

Es como para morir de risa. Sin embargo, no lo despreciemos porque es dañino con todo y conviene no perderlo de vista. Representa una casta y es el *protegé* de otra casta no menos dañina: la de los escritores que no son escritores... ¡Se conllevan formidablemente! Finalmente, constituyen un peligro nacional cuando el país sólo cuenta con unos y con otros...

Y el grado de peligrosidad aumenta con el crítico filisteo. Este es el más duro de pelar. Ha arrojado toda honestidad intelectual por la borda y se vende al mejor postor. Representa en las letras el papel de mercenario: si funge de crítico en la revista A atacando a B, le veremos pasado mañana vendido a la revista C que ampara ese mismo B objeto de sus diatribas. Pero –y ésta es su *marca*– elogia más que ataca; su objetivo es confundir, confunde desde el elogio, y así elude enojosas cuestiones. A poco que se examinen los textos del filisteo se caerá en la cuenta que el tipo es culto y que se maneja con fluidez y elegancia; que constantemente perifrasea; que retoriza y jamás «entra» profundamente en la crítica. Es el método del mariposeo. ¡Qué definición, entonces, más exacta que él mismo es una mariposa!

Y arribamos enseguida al caso más monstruoso y patético de estos críticos: el del artista fracasado. Podría ejemplificar con todas las artes, pues en todas se nos ofrecen ejemplos arquetípicos, pero en la imposibilidad de entregar todos los casos y atendiendo que escribo estas líneas en una revista dedicada a la divulgación teatral voy, en consecuencia, a ocuparme del autor teatral fracasado que ha devenido, por fuerza de sus fracasos dramáticos, crítico teatral.

Su «constante» (perdonad el término) –como expresara más arriba– es el resentimiento; un profundo resentimiento que lo lleva, sistemáticamente, a negarlo todo en materia de teatro; desde la simple colocación de una bambalina hasta la obra misma que se estrena. Su fracaso le cabalga psíquicamente y se ve constreñido al tipo de descarga más onerosa, es decir, a la «descarga incoercible». Nada puede contra ella; en momentos de la representación, cuando, en cierto momento de la misma está gozando con un acierto, con una situación dramática bien concebida, salta la liebre del resentimiento; le vemos agitarse en la butaca, un rictus le aflora en los labios; constata que el acierto visto es el mismo que él no pudo acertar en la pieza X, y entonces, ¡oh señores!, entonces la razón se pierde, el ánimo se doblega y contemplamos a una fierecilla, que forma *in mente* los más sombríos proyectos de venganza. En efecto, al día siguiente, o al otro, ¡que más da!, aparece, en tinta negrísima, una catilinaria contra el autor, contra los actores, contra las luces, contra el director, contra las diablas y bambalinas, contra el traspunte, contra... ¡Por favor!

Así, cada obra a la que asiste se presenta a sus ojos como una terrible Némesis de sus fracasos como dramaturgo; ella es implacable y le va señalando con su fría mirada todos sus errores y sus insulseces en materia teatral. ¡Eso sí!, si la obra a enjuiciar es de un *raté* como él o una "postalita" bonachona de un adolescente sin nada en la cabeza, entonces bate palmas y afirma que la dramática nacional está salvada. Su objeto es impedir que surja nada que pueda poner en evidencia su propio fracaso; si él no logró expresarse dramáticamente, que tampoco nadie logre hacerlo. Al menos, conseguirá con ello no ser confrontado con nada. Piensa, con típico resentimiento, que la producción dramática está bien muerta y que nadie podría resucitarla.

¿Qué salida le queda a dicho crítico? Si me viera compelido a usar una figura para poner de manifiesto la violencia de sus procedimientos, echaría mano a la forma «suicidio». No otra cosa nos ofrece ese autor dramático que por fuerza de sus fracasos, ha devenido crítico teatral. Como lo niega todo sistemáticamente, va, al propio tiempo, fundamentando en sus lectores un escepticismo que, al fin y a la postre, acaba por volverse contra sí mismo. Las andanadas se hacen tan frecuentes, las jeremiadas tan inoportunas que leyendo la crítica 268, creemos que estamos leyendo la número 1; vemos entonces que sus propias andanadas, sus terribles bombas, sus estruendosos varapalos se vuelven contra él y le contemplamos, como a Acteón, devorado por los perros de una Diana que son sus propias palabras. Pero, como en el interregno entre su resentimiento y su suicidio, puede causar grande daños, conviene vigilarlo con ojos de Argos y poner sobre su mesa de trabajo el servicial cartelito: ¡Ojo con el crítico!

Los intocables
Luis Amado Blanco [270]

Hay muchos, muchos intocables. Altos, bajos, rubios, morenos, carpinteros y escultores, picapedreros y poetas. De todas clases, de todos los oficios, hasta desocupados, de esos que nada parecen pretender y andan por la vida sin dejarse tocar, sobre los ridículos zancos de su orgullo, o metidos dentro de la torre de marfil que ellos, cada día van levantando más y más hacia las nubes propicias. Andan por la tierra lo mismo que nosotros; sus zapatos están llenos de barro, quizá mucho más enlodados que los de cualquier otro ciudadano, pero en cuanto usted, amigo, pone en duda su misión trascendental, entonces se volverán airados contra sus razones, pretendiendo que la porquería de sus suelas es tierra de montaña, es decir, tierra de estrellas, tierra de cielo raso, maravilla de Dios. La psicología moderna ha hablado mucho, muchísimo, de su caso. Son los inestables, los que no se sienten seguros, los que necesitan gritar y hasta insultar para afirmarse a sí mismos, cercándose con muros de barajas que un soplo puede echar al suelo para siempre.

Podríamos poner muchos ejemplos, miles de ejemplos. Pero pongamos uno, al alcance de todos, al alcance de todos los días: Un autor teatral, y vamos bien servidos. A lo mejor ese autor teatral tiene un pasado poético, un pasado pequeño y sencillo de versificador, refugiado en esa poesía cerrada a cal y canto, donde las introspecciones se miden por milímetros y donde los hallazgos se miden por micras. En esa cárcel del hacer, del fabricar para sí solo, le ha ido bien, admirablemente bien. Muy pocos son los que se ocupan de calibrar tal obra, de aventar sus errores, de reducir a verdades estables sus verdades

[270] *Prometeo* 12 (diciembre de 1948) pp. 2-3, 20.

dispersas. Además, este tipo de creación produce en las gentes un si es o no es de fanatismo cultural, de temor por las cosas ocultas. Algo así como el respeto que nos inspiran los faquires, los doctores en ciencia ocultas, los astrólogos y las adivinadoras. El hombre, prisionero de su ignorancia, sin saber de dónde viene ni adonde camina, no puede, conscientemente, enfrentarse con esos seres que aseguran tener en sus manos la esquina del manto que tapa el gran secreto y por donde, a ratos, pueden meter sus curiosas narices. En el mejor de los casos debe soslayarlos, pero nunca, jamás, negarlos de plano, cerrarles toda posibilidad de atisbo. La poesía puede así confundirse con la magia, el sublime viento con el huracán de escorias. Nada tiene, por lo tanto, de particular, que un escritor criado en esa enrarecida celda, cuando pretenda enfrentarse como autor teatral, con el gran público y con la crítica, si no llega a aceptar, si no llega a impresionar de primera intención, arremeta contra los críticos que, por humana lógica, son los encargados de ejercerla. Es un grito de necesaria afirmación, es un lamento de seguridad, es una descarga biliar hacia la salud, por el sendero químico de las desintoxicaciones. Pretende, —como el ladrón que piensa todos son de su condición— achacarles a los demás sus propios, personales defectos; quiere reducir a la nada lo que, mucho o poco, es algo; anhela destruir el oasis para sentirse solo en el desierto, donde, como no hay nadie, nadie podrá llevarle la contraria.

Los críticos y los médicos, estamos muy acostumbrados, previamente entrenados, a padecer, con sonrisa comprensiva, estas antipáticas actitudes. La medicina de todos los tiempos, igual que la crítica, ha tenido que aguantar pacientemente estas desorbitadas declaraciones de los enfermos incurables por un lado, y de los autores equivocados por el otro. Mas lo curioso es que los "matasanos" han visto cómo en los trances supremos los buscan ansiosamente, estrechando con manos trémulas sus manos ecuánimes, con la consabida frase de "sálveme usted, doctor". Y los críticos han tenido que ir, a través de los siglos, separando la paja del grano, con oído sordo a los ayes de rencor y de terrible desesperación. No todos son aciertos, pues es condición de hombres el equivocarse, pero a pesar de esto, ¿qué sería de la humanidad sin la sapiencia de los médicos? ¿Y de la literatura sin la perspicaz y orientadora visión de los críticos? De los críticos, digo, pues la crítica es función de los críticos, la ebanistería de los ebanistas, la orfebrería de los orfebres, ya que no sabemos que ningún ángel con sus divinas alas, haya venido al mundo a ejercer tareas de hombres. Que, como ya decía el rabino Jesús hace mil novecientos cuarenta y ocho años, "por sus obras los conoceréis", y por lo tanto achacar ahora a los críticos su trabajo de crítica, es algo así como descubrir el mar Mediterráneo, o más hogareñamente, la sopa de ajo.

Lo que acontece a los intocables, es que blasfeman contra los críticos sólo en la circunstancia de que su opinión le sea adversa. Ya dijimos por qué y nos parece natural. En el caso contrario, en el que la crítica le fuera positiva, se callaría muy astutamente y, muy astutamente también, aumentaría el perímetro de sus sacos por el engorde de la vanagloria. La humanidad es así y pienso no habrá manera de reformarla. Los hombres, los verdaderos hombres, están hechos para la adversidad; en la desgracia es cuando dan toda su talla, cuando se yerguen con toda altivez, cuando saben sonreír mejor, cuando dicen su mejor palabra, teniendo bien presente que los gritos no son palabras y que, frente al verdugo de la existencia, es cuando la mudez adquiere la máxima expresividad, cuando hay que tragarse el sable de la inútil maledicencia.

Dios ciega a los que quiere perder. Y hay que estar muy ciego para no darse cuenta que la crítica habanera actúa con un exquisito tacto, con una cautelosa prudencia, embarcada en la creación –a contrapelo público– de una dramática nacional y de sus modos actuantes. Desearla en la mayor parte de los casos, escribir de otra manera, no descender a ciertos detalles, al parecer insignificantes, pero en un afán puro y simplemente colaboracionista, abandona todo ademán que pueda tomarse por excesivamente sapiente, para comportarse como otro grupo cualquiera que pone su granito de sal en la sopa común de nuestro yantar. Crítica sencilla, hasta ingenua, lo que no puede suponer acepte le quieran pasar gato por liebre, ya que una cosa es la actitud benévola y otra el paladar cultivado en duras pruebas. Muchos, muchos y grandes autores nacionales, que si entre todos creamos un gran árbol, su buena sombra iba a cobijarnos también a todos, y la envidia (si la hubiere) empezaría por Shakespeare, para continuar por Lope de Vega, pero sin llegar tan abajo, tan abajo como quieren suponer algunos intocables, ya que todos poseemos nuestro corazoncito, ya que todos tenemos nuestra propia estimación.

Puede ser que un crítico haya estrenado una obra, sólo una, y que la crítica de sus compañeros los críticos le haya sido negativa. Pero como el crítico no es un intocable ha callado, ha admitido la negación de su acierto con la más exquisita elegancia. Lo que demuestra que el autor está bien seguro de la buena intención de sus camaradas; por un lado; y por el otro que éstos no se detienen ni ante la amistad ni ante el compañerismo para expresar su pensamiento, para decir su opinión sobre la obra en turno, sea de quien sea, esté escrita por Bernard Shaw o por un poeta cualquiera de los muchos que habemos y también padecemos (sic). El crítico autor sabe muy bien con quien está tratando; sabe de la cultura, de la honestidad, del altísimo concepto que todos ellos tienen de su misión profesional; por eso cuando cualquier chisgarabís se mesa los cabellos, levanta histérico los brazos y grita enloquecido: "Aquí no hay más valores que el mío", le vuelve la espalda seguro de que el tiempo pasado, presente y porvenir está con aquellos que dicen de verdad, su verdad, por encima de todas las coacciones que puedan interponerse en su camino.

Por eso no se suicida literariamente y sigue alegre su trabajo, orgulloso de su tarea y en muy buena y honrada compañía, por cierto. Porque al fin y a la postre lo que interesa, lo que va a importar para el futuro es el trabajo. El trabajo esforzado crítico o no crítico de los que un día y otro día van construyendo sin alharacas su propio edificio, jamás altiva torre. Un edificio de muchas puertas, muchas ventanas y por lo tanto mucha libertad, mucho sol y mucho aire para que la pestilencia moral de los intocables se vaya lejos, tan lejos, tan lejos, que nadie pueda hallar su rastro, ni mucho menos sus propósitos tan suciamente inconfesables, ya que el yoísmo de estos desventurados es de tal naturaleza que únicamente aspiran a salvarse ellos solos, pase lo que pase.Ególatras de esos de "después de mí el diluvio. Salvajes de esos que en los naufragios verdaderos de un buque en alta mar volcado por la gigantesca ola, pisotean mujeres y niños, siendo capaces no del suicidio, pero sí del asesinato con tal de mantener su cabeza, de pretendidos dioses, sobre el nivel de las revueltas aguas.

Editorial de Prometeo
Nuestra posición[271]

En nuestro número anterior apareció el artículo ¡Ojo con el crítico!, de Virgilio Piñera, que ha producido malestares en importantes sectores de nuestro medio teatral. Como quiera que en reciente entrevista con la dirección de *Prometeo*, el presidente de la ARTYC manifestó el deseo de conocer la proyección de nuestra revista, hacemos las siguientes declaraciones:

Es frecuente, en publicaciones que discurren con propósitos de hacer o mantener cultura, el abrir sus puertas a todas las ideas y a todas las inquietudes que se manifiesten.

Es obvio que un artículo firmado, confiere a su autor la total responsabilidad de las ideas contenidas en el mismo y así lo hemos declarado desde el comienzo, lo que hace redundante la afirmación de que no representa en ningún caso el criterio de la revista.

La labor realizada en este primer año de existencia de *Prometeo*, por nuestro mejor hacer artístico y la función que en el extranjero tienen las actividades de teatro efectuadas en suelo nacional, son el claro exponente de un lineamiento altamente patriótico. El hecho de que entre nosotros una revista –librada desde el primer número a todas las vicisitudes que suelen salirse al paso, mantenida con el esfuerzo de sus redactores, sin otro convenio o pacto que el resultado de ideales comunes puestos a luchar por dotar al movimiento teatral cubano de un órgano que lo represente– haya logrado arraigarse y subsistir un primer aniversario, habla muy alto de sus proyecciones y del eco que en nuestro ambiente hallan. En cuanto a los pronunciamientos del mencionado artículo, no puede hacer causa con ellos esta publicación

[271] *Prometeo* 12 (diciembre) 1948. p. 1.

que considera a la crítica como elemento constructivo de la realización artística, en su labor orientadora, en su trabajo de fijación histórica de toda producción escénica. Por mantener este criterio, introdujimos desde el comienzo crítica en nuestras páginas. Y ahora, sólo nos resta añadir que —como requiere la ética profesional— acogemos con imparcialidad las objeciones que, con parejo rigor intelectual, salgan al paso de cualesquiera de nuestros artículos y a ello nos hemos brindado gustosamente.

¿Teatro de la fruta podrida?

Aunque parece un contrasentido, la controversia de *Electra Garrigó* no paraliza a los autores que, cansados de recolectas, concursos y antesalas, crean una Asociación: ATA. Se proponen estrenar. Puerta abierta a la esperanza titula *Prometeo* su editorial. Entre estos, Eduardo Manet (*Scherzo*), Rolando Ferrer, (*Cita en el espejo*), René Bush (*Nosotros los muertos*), Jorge Antonio González y Carlos Enrique Sánchez (*La arena está entre el mar y las rocas*) y Antonio Vázquez Gallo (*Camorra*). Las tres primeras se presentan en un programa conjunto dirigido por Modesto Centeno. Para el crítico Casal "padecieron de desorientación total. Se notaba algo así como el esfuerzo de un niño por encontrarle la cuerda a un juguete de mecanismo complicado." Salva de esa falta de rumbo la breve obra de Manet, "entremés con moraleja" en la línea clásica del juego escénico, con imágenes arcádicas modernizadas con malicia. Manet demostró su gracia y buen gusto. La ironía de Satán nos pareció demasiado fácil y hasta un poco incongruentes sus lamentaciones al poder corruptor de una civilización atómica. [...] Minín Bujones "lució ampliamente su gracia escénica", Antonio Hernández, un poco rapsoda, Ángel Espasande, tan bien como en *El avaro* y Vicente Revuelta "caracterizó hábilmente el Satán, acentuándole el aspecto candoroso, con mucha gracia". En *Cita en el espejo*, –balbuceo de principiante– Miriam Acevedo y Jorge Guerrero "no acertaron en sus papeles". Su reseña aparece en *Prometeo* junto a la de *Electra Garrigó*, desestimada por la creencia errónea pero repetida de que todos los críticos escribieron contra

Piñera. Contundente, declara que "es la obra más valiente y hermosa que se ha estrenado en La Habana". [272]

Aguirre caracteriza la reciente producción dramática – incluye a Virgilio Piñera– dentro de "la tendencia al escarbamiento en lo anormal, lo morboso, lo anímicamente desquiciado, lo macabro, lo patológico y lo grotesco. Hay complejos a granel, crímenes a chorros, folletín a todo pasto. Búsqueda de la tensión dramática no por el trabajo serio, honrado, a todo calado, sino a través de lo exorbitante y excesivo". Eso la perturba, ya que podría significar "el hundimiento de la promesa teatral que tenemos entre las manos. Poco se puede esperar si se empieza por caminos carcomidos, huérfanos de higiene mental. Teatro de la fruta podrida, de hombre en descomposición. Este teatro no llegará jamás al pueblo si se hace a la Kierkegaard, vestidos o no por Sartre, repeticiones freudianas pasadas de moda y saqueos superficiales de los elementos argumentísticos de los trágicos griegos". Salva *Scherzo*, de Eduardo Manet, "llena de fantasía poética, libertad, rebosante de sanidad espiritual sobre la fina sonrisa escéptica que le sirve de base".[273] No menciona a Felipe como si perteneciese a otra generación y parece referirse a Piñera con el saqueo de los clásicos.

En la función que ADAD destina a las nuevas autoridades, entre ellas el presidente del gobierno –Marisabel Sáenz está muy nerviosa por la responsabilidad– se repone *Mañana es una palabra*, de Nora Badía, [274] monólogo que Mirta Aguirre encuentra muy parecido a *Infidelidad* de María Julia Casanova, representado en México por Isabela Corona y Andrea Palma, y anota las coincidencias entre uno y otro: la butaca de

---

[272] Casal, Manuel. Crítica. "ATA", "Un marido ideal", "Electra Garrigó". *Prometeo* 11 noviembre de 1949: 20-11, 24, 26.
[273] Aguirre, Mirta. "Función inaugural de la A.T.A". *Hoy*. 2 de noviembre de 1948. p. 10.
[274] Badía, Nora. Se publica en *Prometeo* se escoge para una lectura en Madrid en 1958, aparece en *Teatro cubano en un acto* (1963) y en la colección Vagabundo del Alba, 2005. *La alondra* aparece en la revista *Nueva Generación*.

espaldas, la mujer que llega de la calle, el inesperado encuentro del medio utilizado, el revólver en un caso, el veneno en otro… "Nuestros jóvenes autores debían pugnar por ser ellos mismos, por sacar a la luz su propia entraña, con lo que el éxito puede ser más difícil, pero será, sin duda, más seguro. [sic] Aconseja "huir de lo ñoño con lo que se identifica la literatura femenina". Disonante con relación a otros críticos, Aguirre no celebra la obra ponderada por Valdés Rodríguez y José Juan Arrom. Se escenifica junto a *Camorra*, de Antonio Vázquez Gallo, de temática española lorquiana o influida por la pastoral *La hija de Iorio*, de D'Annunzio, muy floja, según Matilde Muñoz, aunque Aguirre cree es satisfactoria por un genuino sentido teatral. Celebra a Violeta Casal como la Madre y el Rapaz de Raúl Roa, un principiante "con grandes aptitudes teatrales."[275]

A Morín no lo marginan como se anticipa y monta para ADAD *La más fuerte*, de Strindberg, según Aguirre un éxito para el director, quien consiguió un *tempo* y un movimiento escénico muy correctos. María Suárez sobresale en el personaje mudo, "en linderos muy escuetos, afilados, con una estupenda expresividad mímica".

1949 abre con *El alcalde de Zalamea*, de Calderón, en Patronato, dirigido por Luis A. Baralt que en diciembre del año anterior estrenó *El vergonzoso en palacio* de Tirso de Molina en la Plaza Cadenas de la Universidad. En ambas destaca su fidelidad literaria, aunque en la última considera desigual la actuación que «salvan» Eduardo Casado, Paco Alfonso, Raquel Revuelta –muy bien en el decir– Santiago García Ortega y María Ofelia Díaz, además de la meritoria música incidental de Gisela Hernández.[276] Ichaso escribe muy elogiosamente del Pedro Crespo de Casado: "tiene manera de grande. No en balde Margarita

---

[275] Aguirre, Mirta. "Mañana es una palabra y Camorra". *Hoy*. 20 de noviembre de 1948. p. 10.
[276] Aguirre, Mirta. "El alcalde de Zalamea". *Hoy*. 29 de enero de 1949. p. 10.

Xirgu lo llamó para su compañía cuando López Lagar se pasó al cine. Su figura es arrogante —sobre todo en traje de época— se mueve con elegante soltura, su ademán es sobrio y hay en su voz jugosa y bien timbrada un trémolo lírico". Destacó su característica de campesino culto, gran señor de la gleba y también la fina veta poética que puso Calderón en el rústico. "Rápido y enérgico en las réplicas a don Lope, irónico y socarrón cuando lo exige el diálogo, consiguió acentos de paternal ternura en la escena de la despedida del hijo —una de las más bellas del drama—y estuvo discreto en las situaciones patéticas y trágicas de la acción".[277] Eduardo Casado (1913-1954), con méritos sobrados como actor y director y excelente trayectoria en Argentina, Uruguay y México, termina su carrera trágicamente a los 41 años. En medio del ascenso vertiginoso de la pareja que integra con Raquel Revuelta, siete días antes del estreno por ADAD de *Muertos sin sepultura*, de Sartre, dirigida por Francisco Parés, este la abandona por desavenencias con los intérpretes. ADAD hace público un comunicado a sus asociados.[278] *Prometeo* lo secunda y en su editorial manifiesta que la Asociación "por espacio de cuatro años [...] ha venido presentando a sus socios y al público en general, en funciones mensuales, las más escogidas obras del repertorio universal" y es «horno escénico» del incipiente teatro nacional.

"Necesitan más ayuda del estado los artistas teatrales cubanos" titula Selma Barberi su columna de *El Siglo* con declaraciones de Modesto Centeno, Nora Badía y Rosa Felipe sobre el sacrificio que conlleva hacer teatro.[279] Se representa *Abdala*, de José Martí, dirigida por Violeta Casal en la Escuela Normal para Maestros —introdujo un coro griego—interpretada entre otros por Lázaro Herrera (Abdala),

[277] Ichaso, Francisco. "El alcalde de Zalamea en Patronato". *Diario de la Marina* 29 de enero de 1949. pp. 8 y 12.
[278] Aguirre, Mirta. "Circular del teatro ADAD". *Hoy*. 1º de febrero de 1949. p 10.
[279] Barberi, Selma. "Tres obras cubanas". *El Siglo*. febrero 23 de 1949. p. 6.

Margarita González Balboa, (Espirta) e Ida Soler (Elmira). El 5 de febrero AMAD estrena *Winterset*, (*Bajo el puente*) de Maxwell Anderson, con escenografía de Rubén Vigón y puesta de Martínez Aparicio. Unos días después Roberto Peláez dirige en la Escuela Normal *Damas retiradas*, de Reginald Denham y Edward Perry Smith, con ajustado *tempo* y actuaciones notables de Dulce Velasco, Rosa Felipe, Marisabel Sáenz y Miriam Acevedo, en quien se observa naturalidad de la voz, el gesto y la expresión facial. [280] Selma Barberi titula su crónica " Nuevo triunfo del grupo ADAD: tres obras de humor en un acto". *¿En qué piensas?* de Javier de Villaurrutia, dirigida por Roberto Garriga, *Nocturno*, de Matilde Muñoz, dirigida por Modesto Centeno y *El inca de Perusalén* de Bernard Shaw por Ramón Valenzuela. [281] La primera, llamada misterio por su autor, es una mirada en el alma de María Luisa, interpretada por Gina Cabrera, "alma ingenuamente convencida de su amor". La segunda, un divertimento, en un viejo castillo de Escocia, donde el caballero Tristán muere de amor por la princesa Isolda. Muñoz —escribe Eduardo Manet— "quiere mostrar el revés de la medalla y saca a los enamorados de sus húmedas tumbas para presentarlos con sus modernas apetencias a pesar de que los filtros mágicos hacen su efecto en la pareja de los Barclay, actuales pobladores del castillo a punto del divorcio". Dirigida por Modesto Centeno, con Vicente Revuelta, Ángel Aguirre, Violeta Casal, Juan Cañas y María Suárez. La tercera, es una sátira sobre la figura bélica del Kaiser, todo terror y poder, convertido en un ente ridículo. Marisabel Sáenz estuvo muy bien en el tono de comedia, Juana María Parés hizo un personaje muy agradable, Ernesto de Gali, discreto y Julio de Carlo acertó en su

---

[280] Aguirre, Mirta. "Damas retiradas". *Hoy*. 8 de marzo de 1949. p. 10.
[281] Barberi, Selma. (Seud.) *El Siglo*, marzo 16 de 1949. p. 6. Regina. "Teatro ADAD. Gran función .." *Diario de la Marina*. 8 de marzo. pp. 8-19.

papel. [282] El 30 de mayo de 1949 se escenifica *La columna y la vid*, de Roberto Bourbakis, ambientada en el París de 1946, dirigida por Modesto Centeno con Patronato del Teatro por su aniversario. Marisabel Sáenz es la *cocotte* Madame Passy y Vicente Revuelta, Monsieur Triboulet, el mejor y más desarrollado personaje de la obra. Manuel Casal se detiene en "su fuerte temperamento artístico y la fina sensibilidad que lo destaca entre nuestros actores. Todo el segundo acto fue un ejemplo de labor inteligente y comedida."

Los siete años de Patronato se celebran "con aciertos y errores, exaltaciones y caídas dentro de una buena fe estética", según Ichaso. Su presidente, Baldomero Grau, expresa que las obras han abordado "una manera cubana de sentir". Zúñiga recibe un Talía por *La heredera*, junto a Rosa Felipe, Mercy Lara, Gaspar de Santelices y Vicente Revuelta, por Triboulet. En el rubro de los autores, Bourbakis gana el primer premio por *La columna y la vid*, y María Álvarez Ríos el segundo por *Martí 9*, comedia de costumbres que toma su nombre de una calle de cualquier población del interior. La pieza de Bourbakis, según Ichaso, es "un ensayo temerario sin verdadera audacia, que acumula efectos de gabinete, trasegada de citas y frases" y aconseja al autor "no mirar hacia los puntos cardinales y observar el paisaje que le rodea". [283]

Ana Saínz sobresale en *La marquesa Rosalinda* de Valle Inclán con diseños de Lillian Mederos, efectos luminosos de Juan Manuel Pallí y música de Antonio de Quevedo. En julio Eduardo Casado dirige *El hombre, la bestia y la virtud* de Pirandello con Carmen Varela, Pedro Martín Planas, Vicente y Raquel Revuelta, Bernardo Menéndez, José Camejo y un amplio reparto al que imprimió ritmo de farsa, aunque como actor mantuvo la naturalidad, escribe Regina. Vicente Revuelta

---

[282] Badía, Nora. *El Siglo*. abril 13 de 1949. p. 6.
[283] Ichaso, Francisco. "La columna y la vid". *Diario de la Marina*. 1º de junio de 1949. p. 14.

estuvo desorbitado –como un saltamontes en el escenario (Aguirre)–y en general le faltó profundidad. Aguirre va más lejos al considerarla fallida por equivocar su carácter al que Vicente imprimió ese exceso. Le recomienda "no confiarse enteramente a su temperamento". Raquel no estaba preparada para el papel pero así todo "brilló con maestría de buena comedianta, flexible y mesurada". [284]*Ensayando*, de Jorge Antonio González, por ADAD, merece un comentario ácido de Aguirre por la superficialidad del «ensayo trágico en dos partes en tiempo de farsa», "epidérmico" "cuando nuestro teatro, sobre todo, es una gran hambre estética en medio de la más espesa indiferencia burguesa, pública y privada". [285] En agosto Cuqui Ponce de León dirige en Patronato *Acabada de nacer* de Garson Kanin, tres años en las carteleras de Nueva York, con Ana Saínz, Carmen Chela, Conchita Yebra, José de San Antón y Eduardo Egea, comedia de salón romántica, su especialidad.

Ichaso escribe "Por el Patronato del teatro, un S.O.S al presidente Prío": "El Patronato se halla en trance de muerte. Es necesario decirlo sin paliativos. La gente está dispuesta a pagar siete u ocho dólares en Nueva York pero dos en Cuba le parece una enormidad". Reclama, protección para el teatro. [286] El seminario de arte dramático ofrece otra función experimental con *Hechizo*, de Modesto Centeno, *Las aceitunas*, de Lope de Rueda y *La inocente* de Lenormand dirigidas por Roberto Garriga el 11 y 12 de marzo de 1949. [287] Aunque según Barberi no son propiamente de esa categoría, *Hechizo*, poética y simbólica, interpretada por Miguel Navarro y Emma Kramer, (incorpora no propiamente a

---

[284] Regina. "El hombre, la bestia y la virtud". *Diario de la Marina*. 31 de julio de 1949. pp. 14 y 15. Aguirre, *Mirta. Hoy*. 2 de agosto de 1949. p. 10.
[285] Aguirre, Mirta. "Ensayando". *Hoy*. 27 de julio de 1949. p. 10.
[286] Ichaso, Francisco. "Por el Patronato del teatro, un S. O. S al presidente Prío". *Diario de la Marina* 21 de agosto de 1949. p. 60.
[287] *El Siglo*. 1º de marzo de 1949.

una mujer, sino una voz y un reflejo), son aciertos. [288] AMAD presenta el 25 de agosto *El distraído* de Reynard por sus alumnos. No es posible rastrear todas las representaciones pero son señalados los logros de *La familia Barrett*, de Bercier, dirigida por Lorna de Sosa, con una notable actuación de Violeta Casal como la poeta Elizabeth Barrett, junto a Ernesto de Gali y Homero Gutiérrez. [289]

En *La Gioconda*, de D'Annunzio, dirigida por Andrés Castro, debuta la española Adela Escartín, invitada por Andrés. Aunque Miriam Acevedo "se equivocó en el hieratismo del gesto", Manuel Casal opinó que no se oyó a la Escartín que sin embargo gustó mucho a Mirta Aguirre.[290] Se anuncia con bombo y platillo *Un extraño en la colina* del norteamericano Herbert Cobey, texto y adaptación de Jorge Antonio González, escenificado en el teatro de la Escuela Normal el 8 de octubre de 1949, dirigida por Crusellas, antesala de su puesta en los Estados Unidos. Se estrena *Theresa*, de Thomas Job, el 28 de septiembre de 1949, con Violeta Casal (Madame Raquin), Raquel Revuelta, (Teresa) y Enrique Santiesteban (Lorenzo) junto a Sara Rodríguez Díaz, Gaspar de Santelices, Rafael Ugarte y Lilia Lazo, dirigida por Luis Martínez. La obra fue enteramente de Violeta – obtiene un premio Talía– por el personaje de la madre mientras Raquel es una Teresa "contenida y de sofocante pasión".[291] *Montserrat*, de Emmanuel Robles, traducida y adaptada por Francisco Parés, se adelanta unos días a su estreno en Nueva York, dirigida por Eduardo Casado. Según Regina, el autor aprovecha la revolución independentista suramericana solo en términos de escenario y critica la

---

[288] Aguirre, Mirta. "Seminario de artes dramáticas de la Universidad". *Hoy* 16 de marzo de 1949. p. 10.
[289] Ichaso, Francisco. "La familia Barrett". 1º de marzo pp. 8-10. Aguirre, Mirta. "La familia Barrett". *Hoy*. 1º de marzo de 1949. p. 10.
[290] Aguirre, Mirta. "La Gioconda". *Hoy*. 30 de julio de 1949. p. 10.
[291] Aguirre. Mirta. "Theresa de Thomas Job en el Patronato del Teatro". *Hoy*. 30 de septiembre de 1949. p. 10.

escenografía de Rolando Portuondo y Vicente Revuelta "de un realismo tan desnudo, que no engaña a nadie".[292]

El 28 de septiembre abre el primer concurso teatral de *Prometeo* y en menos de un mes se premia y representa *El Cristo* de Jorge del Busto. Si se compara la nota satírica de Sergio Nicols en *Noticias de Hoy* con la de Mario Parajón en la revista *Prometeo*, se comprende que cada crítico o espectador ve una obra diferente. [293]

> Jorge del Busto nos ha probado con su *Cristo*... que posee muy buenas cualidades como dramaturgo, sabe construir las escenas con muy buen acierto, su diálogo es ligero, sin pretensiones retóricas ni literarias... Además hay cierta delicadeza en su estilo, cierta elegancia natural que le impidió, con muy buen gusto, dejarse llevar por la burla, y por lo riesgoso de la trama, en un humor grueso que tan mal efecto habría causado tratándose de figuras de cuya existencia divina se duda, pero que por su categoría simbólica inspiran muy merecido respeto por el halo poético de que la tradición las rodea. [294]

Nicols, discreto suplente de Aguirre, comenta la «generosidad» del alcalde Nicolás Castellanos al ofrecer en el anfiteatro funciones gratuitas de la compañía Lope de Vega, dirigida por José Tamayo. "Nada se logrará con que se subvencione una compañía extranjera por dos funciones en un sitio inadecuado donde presentarán dos obras famosas con las que las masas no están familiarizadas, gracias a la sistemática falta de atención oficial al cultivo y desarrollo del arte teatral. Nada se logrará con ayudas momentáneas producto de un

---

[292] Regina. "Montserrat". *Diario de la Marina*. 30 de octubre de 1949. p. 14.
[293] Nicols, Sergio. "El Cristo". *Hoy*. 18 de octubre de 1949.
[294] Parajón, Mario. Crítica. *Prometeo* (21) enero de 1950: 22-23.

sorteo". Mientras, la revista *Prometeo* comenta sobre la «crisis teatral», publica documentos relativos al fenómeno –entre ellos el informe del ministro Ramón Vasconcelos– con las demandas de las instituciones y los artistas, que solicitan escenarios, subvenciones y una academia de formación actoral. Ichaso y Nicols abogan por Patronato, pero sobre todo, piden ayuda para ADAD "que subsiste por el amor al arte de sus integrantes". Ernesto Vilches provoca ácidos comentarios de Jorge Antonio González porque se rumora el actor se ha entrevistado con el Presidente y podría dirigir el Teatro Nacional. Mirta Aguirre, conciliatoria, es al mismo tiempo ríspida al reseñar *Wu-li-Chang y la leyenda exótica*, de Harry E. Vernes y Harold Owen, con la que La Habana de los veinte aplaudió a actor español. [295]

Nace el Grupo Escénico Libre (GEL) el 17 de noviembre de 1949, en el Palacio de los Yesistas (Xifré 57), modesto local obrero en una barriada alejada del centro de la capital con obras cortas de Tennessee Williams. *El caso de las petunias pisadas*, *El más extraño de los amores* y *Propiedad clausurada*, dirigidas por Clara Ronay, Carlos Malgrat y Eduardo Manet respectivamente.[296] Sigue el 29 *El retablillo de Don Cristóbal*, de Lorca, con Héctor Tejera, Alberto Insúa, Leonor Borrero y Vicente Revuelta, debuta en la escena Elvira Cervera en *Antes del desayuno* de O'Neill y *Petición de mano*, de Chejov, con Vicente, Violeta Casal y Armando Soler, dirigidos por Andrés Castro. Después de *Auto da fe*, de Tennessee Williams, dirigida por Rubén Vigón, con Raquel y Vicente Revuelta, siguen obras de Benavente, Martínez Sierra y los hermanos Álvarez Quintero en las que participan Reynaldo Miravalles, Fela Jar y Elodia Riovega.

El 30 de diciembre de 1949 se inaugura el Blanquita, "el teatro más grande del mundo" según la propaganda, dedicado a Blanquita Maruri,

---

[295] Aguirre, Mirta. "Debut de Ernesto Vilches". *Hoy*. 26 de julio de 1949. p. 10.
[296] Nicols, Sergio. "Grupo Escénico Libre". *Hoy*. 17 de noviembre de 1949. p. 10.

esposa del senador Alfredo Hornedo y construido en su recuerdo. Con 7, 650 butacas, situado en Primera y Ocho en Miramar, aunque Ichaso objeta su monumentalidad, ha visto actuar desde entonces circos, ballet, revistas, ópera, zarzuela, cantantes, patinaje sobre el hielo, homenajes y ha celebrado desde funciones de payasos hasta plenarias del Partido Comunista. En 1960 cambia su nombre por el de Carlos Marx.

El único que paga su entrada y no ha sido invitado a la inauguración es el cronista de *Hoy*, Sergio Nicols, que en "La Habana, gran ciudad" explica cómo, aunque se estrene el fastuoso teatro, los cubanos pobres preferirán en primer lugar la pelota y después el cine, entretenimiento por excelencia desde que somos niños.[297] Se inaugura con un *show* de la compañía de revistas Lou Walters y el precio de la platea alta es de 2.50. "La sala no es artística ni bella, pero sorprende por su grandiosidad", escribe Nicols, que le señala fallos acústicos y poca ventilación, entre otros, pero así todo se enorgullece del edificio.[298] Hornedo acompañó a un visitante de paseo por la ciudad y este le dijo que no hay una gran ciudad sin un gran teatro. Y se aprestó a lograrlo. Sin embargo, Hornedo sobrevive por un burlón anecdotario. Se cuenta que una vez, mientras la marquesina del teatro estaba en reparación, un empleado le comenta "Tenemos problemas con la marquesina" y Hornedo contesta: "¡Tráiganla inmediatamente, quiero ver la marquesina!" Otro día, después de la función de una renombrada orquesta, llama con mucho misterio al director y le dice: "Oiga, usted perdone, pero a mí me parece que aquí hay alguien que no trabaja lo suficiente" y señaló ¡la arpista!

---

[297] Ichaso, Francisco. "El Blanquita". *Diario de la Marina*. 3 de enero de 1950. p. 8 y Nicols, Sergio. "La Habana, gran ciudad" *Hoy*. 8 de enero de 1950. p. 12.
[298] Nicols, Sergio. Teatro Blanquita. *Hoy*. 1º de enero de 1950. p. 12.

GEL continúa. El 10 de febrero de 1950 escenifican *Episodio*, de Arthur Schnitzler, con Carlos García Calderón, dirigida por Carmen Varela; *Recuerdos de Berta*, de Tennessee Williams, con Raquel Revuelta, María Suárez y Georgina Almanza, dirección de Vicente Revuelta e *Intimidad* de Jean Victor Pellerin, por Paul Díaz, con Eduardo Casado y Hortensia Guzmán.[299] Uno de los momentos más creativos de los 50, reúne actores, directores y autores como Rolando Ferrer y Clara Ronay cuya obra madura y se enriquece en la próxima década. El otro, casi sin prensa, es la temporada de Prometeo en el Parque Central, dirigida por Francisco Morín, durante las primeras semanas de enero, con montajes atrevidos de obras clásicas y del repertorio español, al aire libre, en las casetas abandonadas por la Feria del Libro. Allí se estrena *Desde adentro* de Rine Leal, *La máquina rota*, de Silvano Suárez, *El descubrimiento*, de Marcelo Pogolotti, única incursión teatral del también pintor y ensayista, y *Survey* de Roberto Bourbakis. Dirigida con sus alumnos de la Academia Municipal de Arte Dramático, el autor la llama "aventura terrestre". Un ángel baja a la tierra para averiguar si sus habitantes creen en la existencia de los ángeles. La Buscona, el Loco y el Libertino lo aceptan mientras el Cura y el Empresario no. Singular parece ser la escenografía: un aro de estrellas en forma de interrogación se dibuja en el cielo que iluminado, señala la conducta ambigua de los personajes. Por el diálogo transcrito por González Freire que la leyó, es la menos retórica y la más relacionada con la realidad cubana de las obras del autor al escoger el auge de la sociedad de consumo y el *survey* como indicadores de la eficacia de una campaña política o la satisfacción con una pasta de dientes. Elaborada con "jocosidad", a manera de divertimento, Casal opina lo contrario. "La aventura está matizada de intelectualismo hueco e influencias diversas, las peores de Hollywood,

---

[299] Nicols, Sergio. Actualidades. "Grupo Escénico Libre". *Hoy*. enero 25 de 1950 y 7 de febrero de 1950. p. 10.

–léase, de los cómicos posteriores a Chaplin—... Una vez más, Bourbakis ha equivocado el camino a seguir. Hoy por hoy, sigue dando palos de ciego", escribe sobre la puesta que interpretaron Julia Astoviza, Alberto Vila, Daniel Farías y Conchita Brando.

El 20 de septiembre de 1949 los alumnos de la Escuela de Declamación de Pro Arte Musical presentan *Cisnes*, de Matilde Muñoz, actuado y dirigido por Hortensia Gelabert, que pese a los pronósticos de Aguirre, continúa desde 1946. El año termina con *Orfeo*, de Jean Cocteau, dirección de Francisco Morín, una de las obras mencionadas por Piñera entre sus "modelos" en "Teatro y poesía" pero el director cumple antes su compromiso con los dos autores premiados.

De Tambores al travieso Jimmy

A partir de *Tambores* (1939-1943) Carlos Felipe escribe con el aliento, el tono y la ambición de quien crea no solo una pieza sino un escenario. El ensayo de una comparsa congrega a los vecinos de una casa de inquilinato (antiguo palacio de los condes de Fontaneda), no la llama «solar», cuyas diferentes maneras de ver el mundo conforman un mosaico, una comunidad que vive sus frustraciones y ambiciones a flor de piel. Hay vecinos, vendedores con el pregón en la boca, transeúntes, trovadores, santeros, curiosos y chismosas de lejana estirpe catedrática. Un poeta intenta revivir el areíto, todos sobreviven sin horizontes. Una gama de personajes de sainete, como el *chévere cantúa*, elevado a otra categoría con la sola meta de organizar la comparsa, orgullo del solar. Entrevistado por Berta Maig, Felipe dice que le interesa "desdeñar las pautas extranjeras, buscar las facetas nuevas a nuestro teatro, ir a la raíz del pueblo, crear".[300] Extensa, su propósito panorámico conspira contra su cohesión; prima el fresco y el trazado amplio, que según la nota incorporada a la edición de 1988, proviene de su lectura de los libretos del Alhambra. El Alma de un tambor africano funciona como conciencia, de ahí que para Escarpanter hay que leerla a partir de ese rescate, sin dudas muy limitado. Eduardo Manet, su primer crítico, escribe:

> en el sainete trágico que es *Tambores*, Cuba mira su reflejo. En tono menor, sin pretensiones de gran drama; pero con una equilibrada sinceridad que es, acaso, su mayor mérito. Sinceridad, vocablo muy ajeno a estos días cuajados de cinismo, tan fértiles para el gesto

[300] Maig, Berta. Carlos Felipe. "Figuras de nuestra escena". Ob. cit.

irresponsable y la mentira calculadora. Una obra firme y veraz, puede subsanar, en ocasiones, la desidia de un pueblo; servir de ejemplo a las manos quietas y los oídos torpes. Es por ello que las letras cubanas deben entonar albricias, cuando surge una inteligencia alerta, emocionada y limpia; cuando se va a la raíz...[301]

El libreto rescatado es el "reducido", escenificado en el Teatro Martí por el Grupo Jorge Anckermann en 1967. De acuerdo con Felipe, se podría determinar la fecha de su escritura por las metáforas, pero no las tacha, dice: "Queden ahí, para vergüenza del autor". [302] Consecuente, casi al final de su vida de privaciones, fuera de los círculos de poder y lejos de la fama, no la desacredita, sino la asume como parte de la batalla por crear un teatro en medio de la hostilidad. El tema de la emigración, sustancial en 1967, es un añadido o un énfasis: Manet no lo refiere en sus artículos.

En 1950 Morín estrena *Capricho en rojo*, también en proyecto por Andrés Castro, que interpretarían Violeta Casal, Rosa Felipe y Gaspar de Santelices. No se sabe por qué ese montaje se frustra pero Morín dirige dos títulos, primero y segundo premios de ADAD. *Capricho...* y *Jesús*, de Virgilio Piñera. El voto de Raimundo Lazo decide a favor de Felipe en el concurso. El primero se estrena después de infinidad de posposiciones y cambios de fechas, el 12 de agosto de 1950, rodeado de expectativa y ansiedad por conocer la producción posterior del autor de *El chino*. Sin embargo, comenta Regina en Escenario y pantalla, "el milagro no se produjo". Un extenso reparto supone muchísimas contrariedades para lograr un espectáculo coherente, en un minúsculo escenario y con pocos ensayos. Obra difícil, requiere escenificar la "dispersión", refleja como ninguna otra la perspectiva del excluido, el

---

[301] Manet, Eduardo. "Tambores". *Prometeo* 10 (oct 1948): 20-30.
[302] Felipe, Carlos. *Teatro*. José A. Escarpanter y José A. Madrigal, eds. Ob. cit. p. 118.

que mira la fiesta a distancia e incorpora desde su fraseología mundana al fingimiento y el disfraz. El marginado observa desde una vitrina los bailes «zíngaros», las operetas vienesas y los frívolos modelos de Laribeau, entre cuyos «caprichos», Pablo cree ver a la moribunda Silvia. Cuando la analizo en *Teatro cubano: relectura cómplice*, no podía imaginar que reuniría para este libro cuatro comentarios inteligentes sobre la puesta en escena, aparte de los artículos de Eduardo Manet. Quizás se encuentren más críticos interesados en el aporte de Felipe.

Gaspar de Santelices en la conga final de *Capricho en rojo*.

En 1964 Rine Leal en "Un Carlos llamado Felipe" intenta rescatar su dramaturgia pero *Capricho...* es para él una muestra de endeblez dramática. "*El chino* debe aparecer junto a *Electra Garrigó* y *Jesús*, de

Piñera y *Lila la mariposa*, de Ferrer, como los mejores momentos dramáticos que Cuba ha gozado con anterioridad a 1959." [303]

Rine R.[olando] Leal Pérez, de veinte años, importante crítico e investigador teatral, es un «sátiro» en la conga, Carmen Montejo, estelar del cine y el teatro mexicano es la protagonista junto a Gaspar de Santelices, excelente actor de largo recorrido y el extenso reparto. [304] Las críticas de Mario Rodríguez Alemán, Manuel Casal, Regina de Marcos y Mirta Aguirre hablan por sí solas de la idea del montaje y los escollos del director enfrentado a una pieza "rica en inquietudes que no llegan a manifestarse claramente". Hay interés y fervor en las cuatro reseñas de *Capricho en rojo*, muchas más de las recibidas como promedio en los estrenos de la época. Manet la vincula con *El chino* por "infundir un contenido humano universal a personajes de plena raigambre cubana". El más consecuente crítico de Felipe, entendió *Capricho…* como la búsqueda de la ilusión a través de "un estado mental desintegrativo". Contrario a los que lo destacan por su sátira social y sus tipos populares, cree que se proponía "hacer buen teatro, sin otros calificativos al margen."[305] Yo misma en este recuento escribo sobre el ostracismo de Piñera sin mencionar que la exclusión de Felipe ha sido peor por silenciosa. Es el otro gran autor cubano de estos años, pero nunca ha sido reconocido por la crítica.

---

[303] Leal, Rine. *En primera persona*. Ob. cit. pp. 189-201.
[304] Operador, Eduardo Carballo; Estela, Caridad Camejo; Andrés, José Camejo; Ana, Xenia Facenda; Pablo, Gaspar de Santelices; García, Modesto Soret; Capricho I, Margarita Figueredo; Capricho II, Caridad Camejo; Capricho III, Nelly Gómez; Capricho IV, Hilda Soto; Capricho V Doris Thompson; Capricho VI Elena Huerta; Criada Nelly Gómez; Madre María Luisa Castell; Hermano René Sánchez; Silvia Carmen Montejo; Violinista José Camejo; Criado I, Orlando S. Tajonera; Criado II Antonio Jorge; Niño Ricardo Tellado; Sátiro, Rine R. Leal; Arlequín Antonio Torres; Doctor Julio de Carlo; Dama Ofelia González; Cowboy Telesforo Ferrer. Comedia en tres actos de Carlos Felipe. Escenografía. Luis Márquez. Vestuario. de Andrés. Luces, Jorge Dumas.
[305] Manet, Eduardo. "Actitud y obra de Carlos Felipe" *Estudios. Mensuario de Cultura* (agosto, 1950). pp. 46-47.

En 1951 estrena por última vez antes de 1963. No está solo en el panorama, han surgido nuevos autores. Ese mismo año sube al escenario *La hija de Nacho*, de Rolando Ferrer, dirigida por Andrés Castro; *Sobre las mismas rocas*, de Matías Montes Huidobro, premio de Prometeo, dirigida por Morín y *La rana encantada*, de Roberto Bourbakis. En 1952 María Álvarez Ríos estrena *Martí 9*, para algunos la mejor de sus piezas. Se escenifican, entre otros, Modesto Centeno Nora Badía, Jorge Antonio González, Jorge del Busto, Cuqui Ponce de León, Isabel de Amado Blanco, José Ángel Buesa, Paco Alfonso, René Bush, Luis Manuel Ruiz, Oscar Valdés y Eduardo Manet.

En marzo, Eduardo Casado dirige *El travieso Jimmy* para el Patronato del Teatro, representada en dos funciones a precios populares, 27 de febrero y 17 de marzo, en el anfiteatro de La Habana.[306] Regina escribe que precisamente por la secuencia de sus representaciones, "se trata de un hombre con suerte" y "un autor con inquietudes". "Pocos comediógrafo cubanos (por no decir el pesimista ninguno), escribe, han podido ver interpretadas sus piezas con tal sentido de continuidad. Pero más que la buena fortuna, es el abejeo de la creación —su chispa originaria— su proceso, su llevarla a término —lo que importa al comentario crítico. "Adelantándose siempre en nuestro medio", escribe Regina, "Felipe ha ensayado con igual curiosidad que ahínco formas distintas. Incluso con sus seis escenas y su acción regresiva, *El travieso Jimmy* corre el riesgo de lucir un cine-drama frustrado. Ya que no podemos hacer cine, aprovechemos bien el tablado; la imaginación es capaz de derribar sus paredes parece decir Carlos Felipe". Critica que "los personajes que pueblan la memoria de

---

[306] Reparto: Leonelo viejo, Eduardo Casado; Enfermera. Beatriz Fernández; Emilia, Carmen Pujol; Leonelo niño, Miguel de Grandy; Estefanía, Rosa Felipe; Sixto, Julio Martínez Aparicio; Jimmy, Sergio Doré; Quesada, José de San Antón; Leonelo adulto, Vicente Revuelta, Lila, Ada Béjar; Raimundo, Ricardo Román.

Leonelo, unas veces se materializan en su propio mundo (el telón corto donde ocurren el prólogo y el epílogo de la comedia) y en otras ocasiones requieren una escenografía para ellos solos. Existe una contradicción en la línea argumental. Mientras la búsqueda de la madre quiere centrar el asunto, realmente queda arrinconada al principio y al fin en dos monólogo íntimos, casi líricos. Nunca toma fuerza dramática, jamás choca en conflicto".[307] Regina no parece entender la presencia de Estefanía, Sixto y Quesada, paródicos y disonantes con el mundo de Leonelo anciano, interpretado por Eduardo Casado. La puesta, sin dudas, inspira a Vicente Revuelta a revivirla en los 80', quizás un homenaje silencioso a Casado que la rescató.

"Jimmy, símbolo de un destino que golpea ciegamente o de maldad gratuita, fue interpretado con mucho vigor y verosimilitud por Sergio Doré, como si cada una de esas mentiras fuera la más absoluta verdad. Otro éxito indiscutible, la actuación de Rosa Felipe, en un papel frívolo y diferente a lo que se acostumbra. Verde en los años, maduro en su discreción, Miguel de Grandy hijo. Esa bondad ha de hacerse extensiva, con los más y menos lógicos, a los demás artistas y sobre todo, al brillante decorado, compuesto por Andrés". José Cid cita las críticas de Mario Rodríguez Alemán y Eduardo H. Alonso, que no he localizado. Obra de la memoria, íntima, de confesiones y subtexto, no parece adecuada para un anfiteatro. Escogida para la antología de Aguilar por Martí de Cid, que sin explicaciones excluye a Piñera y califica *Electra* de «discutida y discutible», es la mejor obra de Felipe.[308]

Así todo *El travieso Jimmy*, con su diálogo directo, "depurado de la frondosidad romántica" que lastraba las anteriores, (González Freire), su pintoresca locación, el rico folklore del sur de Isla de Pinos y ese

---

[307] Regina. "El travieso Jimmy". *Diario de la Marina*. 1º de marzo de 1951. p. 14.
[308] Martí, Dolores. Ed. *Teatro cubano contemporáneo*. Madrid: Aguilar, 1962. Cid, José. "El teatro en la Cuba republicana" 15-38.

captar la extrañeza de un paisaje donde otros han visto costumbrismo, tampoco consigue destacarlo entre sus contemporáneos.

En 1951 Felipe es considerado un autor con suerte porque estrena. Trece años después la única obra suya que sube a un escenario, según Rine Leal, es la de "menos inventiva creadora". *De película*. Y cuando Vicente Revuelta repone *El travieso...* en 1980 con Teatro Estudio, más de veinte años después de representada, realiza lo que se consideró una "subversión". Su Jimmy (interpretado por Adolfo Llauradó) era más sexo que misterio y el montaje se debatía entre enterrar a Felipe o revivirlo. A pesar de que Vicente interpretó a Leonelo adulto en la puesta de 1951 o quizás por eso, el director no fue capaz de cederle el lugar al autor como Eduardo Casado. En los cincuenta se respeta la obra de Felipe. En los ochenta el tiempo ha pasado sobre sus personajes.

Jesús García, vecino de Aguacate no. 5

> TERCER ANIVERSARIO DE LA REVISTA
> "PROMETEO"
> Con el estreno de
> "JESUS"
> de Virgilio Piñera
> Dirección: FRANCISCO MORIN
> Escuela Municipal "VALDES RODRIGUEZ"
> 6 y 5a., VEDADO
> Localidades: UN PESO
> HOY 9 p. m

A pesar de la marginación a la que se ha sometido a Piñera, ADAD otorga a *Jesús* un segundo premio. "En los concursos siempre el segundo premio debió ser el primero, dijo Virgilio Piñera al conocer el resultado", escribe Morín. "Su *Jesús* corrió la misma suerte adversa que su personaje". Francisco Morín la estrena el 28 de octubre de 1950 cuando hasta conseguir un sillón de barbero es una odisea para un grupo sin recursos. Lo procura Rine Leal, su asistente, a cambio de una mención publicitaria en el programa. Y como si no bastara, se publica en tres partes en la revista *Prometeo*.[309] Desde abril de 1950 Piñera está en Buenos Aires. ¿Hay alguna carta o comentario suyo sobre ese segundo estreno? Se representa una sola noche, como era habitual.

Jesús, con *Falsa alarma* y *Electra…* constituye el universo del primer Piñera, caracterizado por la humorada, la parodia y la negación, pero

---

[309] El primer acto de *Jesús* se publica en *Prometeo* 25 (junio, 1951) pp. 26-32, en el 26 (octubre, 1951), p p. 26-35, el segundo acto y el tercero con el reparto en el número 27(julio, 1952) pp. 17-25.

son muy diferentes entre sí. La exuberancia de *Electra Garrigó* es única. *Jesús* es tersa, con una concentración de propósitos y austeridad en el uso del lenguaje que la aleja de *Electra…* Sobre *Jesús* gravitan las consecuencias del montaje de la Garrigó y la polémica que lo margina. También las condiciones sociales de la isla durante el final del gobierno de Grau, en el que algunos depositaron grandes esperanzas que ahora se derrumban. Piñera la rehizo para la edición de 1960 (se impone un cotejo entre las versiones de *Prometeo* y *Teatro completo*) pero las abundantes notas de Fundora y Machado en *Las palabras de El Escriba* indican sus diferencias.[310]

Con dieciséis personajes, su primer acto transcurre en la barbería de Jesús García, de treinta y tres años, apodado «Jesús de Camagüey», vecino de Aguacate no. 5 en La Habana Vieja. Se corre el rumor de que hace milagros, por lo que el primer acto se destina a subrayar su terca resolución en personificar su contrario, a pesar de que sus padres son María y José, tiene la edad de Cristo y de las paredes de su salón cuelga un cuadro del Sagrado Corazón. Su experiencia es cortar cabellos y afirmarse en la negación. No es el Mesías ni hace milagros. Cuando uno de sus clientes lo abofetea en la mejilla derecha porque ha sido incapaz de salvar a un niño enfermo, Jesús devuelve el golpe.

CLIENTE. ¿Por qué?
JESÚS. Lo siento: no soy Jesús para ofrecerte mi mejilla izquierda…

En su sinceridad y su firmeza —su no claudicación— rechaza amistades, contubernios, dinero y fama. No, no puedo hacer milagros, repite una y otra vez. En el segundo acto, la barbería está ocupada por sus prosélitos (los no-creyentes) y Jesús aparece sentado en el sillón del

---

[310] Fundora, Ernesto y Machado, Dainerys. *Las palabras de El Escriba. Artículos publicados en Revolución y en Lunes de Revolución* (1959-1961). La Habana: Unión, 2014.

barbero desde donde dirige las riendas de la acción. El Cliente, personaje que lo descubre como supuesto Mesías, contesta la extensa correspondencia de seguidores y fanáticos. Jesús se mantiene en sus trece. No acepta dádivas. "Quisiera complacerlos pero no puedo. Toda mi fuerza y diría que hasta mi posible santidad –al revés, se entiende– se encierran en la negación rotunda, sistemática, de que no soy ni seré el nuevo Mesías. Si me declarara como tal, sería olvidado en una semana. Me sé de memoria lo efímero de los santos de ocasión".

El discurso de *Jesús* –articulado sobre la religión y los milagros– puede interpretarse sobre la creación y el papel del artista negado a utilizar subterfugios y estratagemas para salir ileso –como en la polémica de *Electra Garrigó*– o una afirmación de identidad dentro de la sociedad homófoba que lo rechaza. En la obra, la iglesia le recomienda ser neutral, mantenerse indiferente a la voz del pueblo y contemporizar. Cuando la Condesa lo invita a una fiesta de caridad, contesta que su papel como no-Jesús es más apasionante. No es un mixtificador.

En el segundo cuadro del segundo acto, el ambiente es casi clandestino. La Voz del Locutor, proveniente del aparato de radio, de amplia utilización dramática a partir de aquí, informa que García fue "apedreado en manos del populacho, pero logra escapar". En la calle Prado un niño le solicita un milagro. Jesús se niega: no acepta hacer milagros, tampoco exiliarse en Miami. Se convierte en una amenaza para el pueblo que lo reconoce como salvador y un problema para el orden público. Sospechoso de la autoridad y esposado, en el juzgado, dos detectives y dos policías lo someten a un interrogatorio. En el tercer acto, parodia de la última cena de Cristo, Virgilio se permite un "plagio inocente": los actores visten y se maquillan de blanco para conseguir un "efecto de disolución". La luz es entre los signos del espectáculo, el más utilizado por Piñera. Como las camaristas de *Electra…* borran la acción vestidas de negro, aquí se pretende una disolvencia cinematográfica. La atmósfera cambia. Sentado al centro de la mesa, a un lado el Cliente y del otro, la Condesa, Jesús vaticina cómo han de morir cada uno de sus apóstoles-invitados. Y cuando le preguntan, justifica: "Son muertes de escenario. Las únicas que puedo predecir". La obra que descansa sobre un procedimiento realista, se torna meta-teatro, Jesús la sitúa en el tablado, sobre el cual, en burla, hace milagros *made in home*, milagros fabricados, milagros al por mayor, milagros de feria". Como un trujamán de plaza, colorea el agua de rojo y multiplica los peces, mientras un maniquí con la réplica de Lázaro avanza unos pasos a la voz de levántate y anda. Morín ha contado las dificultades del montaje para el tramoyista apodado El ruso quien logró por medios artesanales que un pescado cocido destilara vino y otros trucos, soluciones aparentemente mágicas en las condiciones de pobreza del teatro.

"Al pueblo le basta con creer" dice Jesús con cinismo. "Los hombres sabrán por mí que no hay salvadores del género humano". El segundo cuadro del tercer acto se desarrolla otra vez en la barbería a la que llega un calvo. A la altura del espectador solo se ve su cabeza, pero insiste en que le corten el cabello inexistente. Ambos sostienen el diálogo más audaz de la obra, ya que Jesús, avisado, descubre a su asesino. No evita su muerte, sino intenta convencer al «tipo» de su inocencia. Cuando la conversación se torna álgida y el calvo excitado clava a Jesús a la pared, transcurre este intercambio.

JESÚS. Usted... ¿Sería capaz de quitarle la vida a un semejante?
ASESINO. Pero, compadre, ¿usted cree que un hombre que hace milagros es un semejante? ¡Es un diferente!

El asesino saca un cuchillo y lo levanta. Jesús se vuelve hacia él y le ofrece el pecho. El tipo le hunde el puñal. Pronto llegan el Cliente y los prosélitos, enfrentados a la pregunta "¿Se convencen?" El director escribió erróneamente que ningún crítico fue a verla pero Luis Amado Blanco en *Información* la ataca con violencia. [311]

> Un gran asunto, echado a perder, con sólo dos cuadros discretos de los cinco habidos: el primero y el último. El primero, por su indudable valentía de arrimarse al tema de entrarle por derecho sin distracciones ni rodeos. El último por su brutal realismo, algo así como esas pústulas sucias y sangrantes que los pordioseros de la vieja Europa enseñan a los fieles a las puertas de las catedrales.

También está insatisfecho con el director:

> Francisco Morín, bien y mal, como en toda esta última temporada. Compuso con fácil eficacia de estampa religiosa –no de cuadro– y buscó ciertos escasos perfiles a la obra, pero sin molestarse o sin sentirse inspirado, por esta vez.

El montaje exigía, de acuerdo con Morín, mover un reparto de quince actores, varios cambios de decorado y decenas de detalles o trucos resueltos por el tramoyista y el carpintero. El protagonista fue Juan Cañas; el Cliente, Alberto Machado; el Asesino, Amador Domínguez y el resto, casi todos personas de la calle, que se interpretaron a sí mismas e interesaron a Morín por su aspecto físico o alguna otra cualidad. [312] Vicente Revuelta descalifica a Morín por

---

[311] Citado por los editores en *Las palabras de El Escriba*. Ob. cit. pp. 76-79. Amado Blanco, Luis en *Información*. 15 de noviembre de 1950. pp. 16, 17.
[312] Reparto en la revista *Prometeo* 27, julio de 1952. Jesús, Juan Cañas; Cliente, Alberto Machado; Madre. María Luisa Castell, Mujer 1, Margarita Figueredo, Mujer 2, Doris Thompson, Mujer 3, María Elena Tellado, Adolescente, Mario Martín, Hombre 1, Eric Santamaría, Hombre 2, Rinaldo Martínez. Detective 1, Mario Marval, Detective

trabajar con «cualquiera» como en este montaje, cuyos personajes ocasionales o algunos de importancia como la Prostituta, no eran profesionales. Leal, tan cerca del montaje, nos privó de su testimonio. Pero Piñera se interesa por Barrault y el Odeón y no por Francisco Morín, vecino de la calle Misión. A finales de 1948 escribe a Adolfo de Obieta que lo supone informado de la *mise en scene,* sin más. "Mi obra *Jesús* ha quedado en París a traducir, existe una leve posibilidad de ser llevada a escena por [Jean Louis] Barrault".[313] En 1959 Julio Matas aspira a montarla y en su lugar reaviva la vieja polémica. Luis Amado Blanco contesta una carta suya con "A un apresurado director de Ionesco" y Piñera riposta con "Un crítico que se las trae". Los tiempos han cambiado, le dice a Amado Blanco, ahora los complots son "aplastados por la mano vigorosa de la Revolución."[314] En su Prólogo de 1960 aporta escasos datos del montaje y en ambos textos equivoca la fecha de estreno.

2, José Díaz; Reverendo, Daniel Farías; Condesa, Sara Rodríguez Lara; Prostituta, Alba Amador; Profesor, Jorge Martín, Agente de publicidad, Antonio Jorge; Tipo, Amador Domínguez, Gente del pueblo, Rolando Gómez y Gabriel Gould. Tramoya, Gerardo Rodríguez, Luces: Jorge Dumas.
[313] Carta de Virgilio Piñera a Adolfo de Obieta de diciembre 22 de 1948. Colección Virgilio Piñera en Cuban Heritage Collection. El anuncio en el no. 11 de *Prometeo* (noviembre de 1948).
[314] En *Virgilio al borde de la ficción*...ob. cit. pp. 228-230.

Críticas: Capricho en rojo y Jesús

Mario Rodríguez Alemán [315]

En Carlos Felipe encontramos un caso excepcional en la dramática cubana. En silencio, sin alquitaradas disyuntivas que le alejen del verdadero quehacer intelectual, Carlos Felipe no ha dejado de fraguar continuamente en su escena tipos y coyunturas de aspecto local, aquel "color local" de que hablaba Unamuno. Desde *El chino* su teatro ha ido tomando fuerza en casos y cosas de la vida diaria, moldeándose al contacto de la vida social y parapetado en una zona de luz que mueve igual a la crítica que a la sorna, a la sátira que al análisis de los tipos y de las diversas condiciones ambientales. Pero a más de eso, a más de esa profundidad de tesis que vierte en su teatro, en Carlos Felipe se produce el hecho singular de un aparato dramático de sincera peripecia teatral. Para él un tipo no se puede producir sin su ambiente, sin su órbita de acción. Y busca entonces motivos – efectos– que le aíslen de los demás y le preparen el "mundo entero" de cada cual. De ahí que acabe por ser su escena de difícil realización. (Al fin y al cabo teatro es espectáculo, y como dice Goethe, espectáculo para ver.)

Capricho en rojo es algo más que una simple obra cubana. Su acción, aunque transcurre en esta "pequeña aldea que es La Habana", acaba de ser universal, traducida a cualquier ambiente, que alcanza a todos los dramas de todos los hombres, en formas y vidas, en presencias y distancias. En *Capricho en rojo* han coincidido, para lograrla, motivos firmes de acción, consistencia argumental, soltura de diálogo, profusión sicológica en los tipos y sutiles calidades climáticas. Todo esto sin la

[315] Rodríguez Alemán, Mario. "Capricho en rojo". *Mañana*. 17 de agosto de 1950. no. 188. p. 6.

presencia interior de un dramaturgo seria fútil e inconsistente, pero Carlos Felipe complementa ese accidente: él sabe cómo estructurar las escenas, cómo advertir efectos que levanten al espectador de la butaca, como deducir un desenlace, cómo hacer teatro. Y *Capricho en rojo* está hecha a base de color, clima y análisis.

¿Moralista? ¿Escandalizador?

Carlos Felipe crea en *Capricho en rojo* lo uno y lo otro: la moral y el escándalo. Su obra es estrictamente patológica, de persecución de tipos de prestancia biológica singular. Lo patológico en el teatro, que al ser de forma, intenta mover la acción preparada siempre al salto de la irrealidad y su fantasía, llega en *Capricho en rojo* a lograr los mejores aspectos y las más firmes trayectorias caracterológicas (El Pablo es de por sí esa forma de ser y no ser, de ser real y anhelar, y en la locura, el amor irreal de Silvia).

Con un *tempo* de sutil armonía en la obra —con excepción del dilatado primer acto— *Capricho en rojo* es un perfecto argumento cinematográfico. Tal vez el poder del cine para aislar las escenas hubiera logrado en esta comedia una magnífica estructura dramática, que los efectos del teatro impiden alcanzar, al menos los pequeños efectos teatrales con que podemos contar en nuestro incipiente tinglado.

2

Una obra tan difícil como ésta de Carlos Felipe necesitaba de antemano un aparato escénico de primer orden, a la vez que tiempo de ensayos de mayor importancia. La obra, dirigida por Francisco Morín, salió, al no contar con esto, como pudo, y por lo tanto, bastante mal. Lo que allí se presentó el sábado, para los que hemos leído *Capricho en rojo*, no fue la obra, para los que no la conocen, fue una obra ininteligible, sufriendo, como es natural las consecuencias, el capaz Carlos Felipe. Pocas veces Morín ha presentado nada de tanta festinación como esta pospuesta pieza cubana. Lo que debió requerir de una estilización fragante y de un manejo absoluto y real de su presentación, siquiera por ser teatro cubano, y del bueno, salió estropeado, magullado hasta más no poder y sin que los actores se supiesen a derecha, o al menos que entendiesen a derecha, sus personajes. El ritmo estuvo desunido, la dirección mal concebida y, como es natural, el propósito de gran espectáculo que la pieza conjunta, mal dispuesto. Faltó el color, se deslució la maquinaria accesoria de la pieza (sonidos, luces, etc.) y por lo tanto, los aspectos puramente teatrales fallaron en lo elemental de su consistencia. Si a esto unimos que la escena de la conga –la más esperada– estuvo mal movida, sin que los actores cupiesen en aquel pequeño escenario, y que no hubo un acoplamiento de gran conjunto para realizarla, comprenderemos que Morín no captó la esencia general de la comedia, mal cortada por otra parte (se le eliminaron partes de la obra de tanta importancia como el monólogo del primer acto que daba la tónica caracterológica del Pablo), *Capricho en rojo* dejó caer la emoción y el punto de apoyo del estímulo dramático en casi todo el segundo acto, sin contar que el primero fue de una tensión pobrísima y sin los grados expositivos que todo primer acto exige. Mala, positivamente deficiente la dirección de Morín, que buscando lo secundario, perdió la madeja medular de la comedia.

3

El nivel general de las actuaciones estuvo más que peor. Carmen Montejo, tan capaz, estaba descuidada hasta tal extremo que fallaba en su dicción por no saberse en papel mientras el traspunte vociferaba tratando de darle un pie que pocas veces logró captar. Algunas veces logró acercarse a la tónica específica de Silvia, pero sin fuerza, desvaída, tuvo, sin embargo, gracia y soltura de movimientos. Gaspar de Santelices no articulaba, sino que murmuraba palabras que no se entendían siquiera en la quinta fila. Por otra parte, sin encontrar en Carmen Montejo auxilio en cuanto al texto al que ésta correspondía, su actuación se redujo a lo insignificante. Él, tan vigoroso y de tanta práctica escénica, envuelto en aquel callejón sin salida del escenario, acabó por destruir, en lo esencial, el Pablo. La Ana de Xenia Facenda fue afectada y sin color. Su entonación no pudo ser más falsa. María L. Castell fue la que más apuntó el tipo. René Sánchez no nos comunicó fuerza. Modesto Soret no sabe lo que es actuar. Los personajes de Alberto Machado y Héctor Tejera insinuaron el desequilibrio de sus tipos, sin calibrar la profundidad dramática de ambos. Los hermanos Camejo en la Estela y el Andrés ingenuizaron (sic) estridentemente la poesía de sus adolescentes. La escenografía de Márquez estuvo buena, sin ser mejor. Las luces fueron exageradas y usadas a destiempo. El vestuario de Andrés, exquisito.

Manuel Casal [316]

Carlos Felipe es un autor que sabe qué es lo que le gusta al público y accede a servírselo, pero a la manera de Carlos Felipe. El espectador atento sabe que en la escena no está ocurriendo nada que desborde su capacidad emocional e intelectual y se tranquiliza para toda la noche, y aún cuando advierta ciertas rarezas por aquí y por allá, él tiene un hilo en la mano que nunca le arrebatan. Cuando regresa a su casa está convencido de que no le han tomado el pelo y retiene en su memoria un argumento, que contará a quienes se lo pidan esa misma noche, al día siguiente o mucho después.

El espectador más atento a su cultura ultramoderna (éste es otro espectador) que a poner remedio a su hastío insobornable, advierte que

---

[316] Casal, Manuel. *Prometeo* 24 (agosto-octubre 1950) p. 21.

la obra tiene argumento y se horroriza…, pero menos mal, es retrospectivo. Vaya susto. Este espectador se marcha, también contento, porque hay un enfoque de qué hablar, aunque es casi seguro que apenas recuerda el argumento.

Es que Carlos Felipe tiene una habilidad extraordinaria para velar a Dios y al Diablo. Escoge un tema para todos pero lo desarrolla desde su sensibilidad de artista y con técnica ágil de dramaturgo que sabe lo que es teatro y todo lo que puede hacerse sin salir de él. A nuestro juicio *Capricho en rojo* no es superior a *El chino*, pero sin embargo, es un paso adelante en cuanto al desarrollo de los elementos dramáticos. En *El chino* toda la obra se circunscribe a Palma y el resto, sin ser tenue, es nada más que el soporte de la protagonista. En *Capricho en rojo* hay mayor despliegue. No se trata solamente de Pablo y la representación histórica o plástica de su neurosis, sino que hay una Silvia, la madre, el hermano con personalidad propia y destacada. El ambiente, si no tan logrado como en *El chino*, es por lo menos interesante. *Capricho en rojo* se estrenó, al fin, después de tenebrosas dilaciones, no obstante veinte mil reparos que pueden hacerse a su presentación, aquella noche, es justo declarar que estuvo muy bien dirigida por Francisco Morín. Que los actores se pusieran inaudibles es culpa de ellos. No hay director que pueda controlar al actor después que se abre la cortina. Basta con el tercer acto, el que mejor se oyó, para garantizar con buena fe lo demás.

Regina [317]

Sin duda, *Capricho en rojo* debía llegar más tarde o más temprano a la escena. Varias razones así lo exigían. Primeramente, su premio

---

[317] Regina [de Marcos]. "Capricho en rojo". Escenario y pantalla. *Diario de la Marina*. 15 de agosto de 1950. p. 14.

convocado por ADAD, después el autor, uno de nuestros más prometedores comediógrafos a partir de *El chino* y hasta los varios anuncios que de hipotéticas representaciones se hicieron. Puede ser que estos anuncios y aquellas razones, el montaje de *Capricho en rojo* fue posponiéndose, dejándose de un día para otro día, de otro mes y de otro año. Incluso pudo suspenderse definitivamente ya que se trata de una obra dificilísima de realizar.

Capricho en rojo es rica, sobre todo, en inquietudes que no logran a veces manifestarse claramente, ni cuajarse ni fundirse en un plano puramente imaginativo, tiene pretensiones de reforma social, mientras se engarza en un medio que no sabemos si desea satirizar o aprovechar como seguro escándalo. Por si no bastara con esto, posee un cuadro, – un acto completo, según la representación– que no sólo es distinto al resto de la pieza sino que cambia súbitamente su ilusión por un fantasma. Es un descenso de la fantasía.

Aunque su principal personaje aparece en el escenario, desde que se abre el telón, Carlos Felipe prepara cuidadosamente, con misteriosas referencias, la entrada efectiva de Pablo. De ahí esa escena entre Laribeau y Soria, que ofrece por añadidura, "ambiente". Dado el estado mental de Pablo, cualquier cosa que diga o crea, resulta permisible, pertenece por entero a su realidad. Cuenta por lo menos, que pasando una noche por una calle, lo llamaron a la habitación de una moribunda. Esta que lo reconoció como un alma gemela, le rogó entonces que continuara su obra a favor del niño, como si en vez de una anónima maestrita, se tratara de un famoso e importante ministro. Pablo hizo lo que cualquiera de nosotros en su lugar: se negó. No merecía ese castigo, según sus palabras. Los remordimientos lo cercan hasta la locura cuando, oculta bajo un disfraz, se le presenta de nuevo Silvia, ahora alegre, coqueta, viva. Tienen su *flirt* y a nadie podría extrañar que, al terminar el baile, su imagen se disolviera entre aquellas seis desconocidas que comparten el caprichoso capuchón escarlata. Sobra, pues, la puntualización del misterio: que Pablo haya estado todo el tiempo besando, abrazando y amando a una muerta. Pero muerta o viva, la mujer, a quien encarga Carlos Felipe la salvación del alma, logra lo que quiere el autor: la conversión y la paz final de Pablo.

Muy ocupado en hacer representable la pieza, reajustando su diálogo, podando sus escenas, transportando algunos personajes, Francisco Morín descuidó la función y su teatralidad, como por ejemplo, el instante de la conga, inexcusablemente mal. Además aplicó arbitraria y derrochadoramente las luces.

Demasiado vital y metida en las circunstancias la Silvia de Carmen Montejo. Pero quizás sea este exceso más del personaje que de la actriz. Sin duda convicción de Pablo y de su subconsciencia, Gaspar de Santelices, a quien se le oyó deficientemente durante toda la noche. Caridad y José Camejo insistieron más en la puerilidad de Estela y Andrés que en la poética nota de Colombina y Pierrot. Xenia Facenda, rígida como la dúctil Ana. Alberto Machado subrayó con malicia y desenvoltura el equívoco carácter de Laribeau. Y menos sutil como el Conde Soria, Héctor Tejera. Dentro de la comedia de costumbres, pero sincera en el papel de la Madre, María Luisa Castell. Discreto, René Sánchez. La escenografía de Luis Márquez resolvió todos los problemas, excepto aquellos de los prolongados intermedios.

Más bello y espectacular en conjunto que individualmente, el traje de capricho diseñado por Andrés. Una obra casi imposible de que saliera bien. Una representación en la que no ocurrió el milagro.

Mirta Aguirre [318]

En su función del pasado sábado en la Escuela Municipal Valdés Rodríguez, el grupo teatral Prometeo presentó *Capricho en rojo*, obra de Carlos Felipe, ganadora del primer premio en el segundo concurso dramático del Teatro ADAD.

Con *El chino* Carlos Felipe se situó como quizás el más atendible de nuestros escritores teatrales de reciente promoción. *El chino* daba una pluma de jugos cubanos, de gran vigor realista a la vez que de libre juego imaginativo, de vivacidad y de hondura y de tuétano esencialmente dramático, es decir, pluma de teatrista verdadero, no de ensayista o de novelista amigo de dialogar y escenificar sus creaciones.

Capricho en rojo, según nuestras noticias, sufrió aligeraciones y cortes para su subida a escena en la noche del pasado sábado. Ignoramos, por tanto, cómo es en realidad el texto original. Pero se nos ocurre que ha de haber el él excesiva aglutinación de motivos y elementos, ya que lo visto en escena continúa padeciendo de frondosidad en su primer acto, excesivamente largo y un tanto híbrido en sus factores constituyentes. Comentario que ha de entenderse ceñido a lo que malamente pudimos sacar en limpio a través de un titánico esfuerzo auditivo, ya que por desdicha lo que ocurría en el escenario era imposible de oír a mediados de la sala de butacas, lugar al que sólo llegaban palabras sueltas de la mayor parte de los intérpretes y ni una sola palabra de Gaspar de Santelices, cuyas intervenciones había que suponer por lo que se escuchaba decir a Carmen Montejo.

La audición mejoró en el segundo y tercer actos. Y quizás por ello estos dos parecieron –en cuando a la pieza misma– mucho mejores que el primero. De todos modos, hubo en ellos un poder de síntesis mucho

---

[318] Aguirre, Mirta. "Capricho en rojo". *Hoy*. 15 de agosto de 1950. p. 10.

más adecuado al espíritu de lo dramático que el que reinó en el acto inicial de la pieza.

Capricho en rojo no es una pieza sencilla de las que pueden juzgarse sin preocupaciones por conocimientos ceñidos a una sola representación no informada por lecturas previas. Si a esto se añade que el comentarista, literalmente, no pudo enterarse de lo que decía el autor en el primer acto, perdiendo cosas que han de haber sido esencialísimas –como la grabación que precede el recuerdo de Pablo de su primer encuentro con Silvia– se comprenden las dificultades de un juicio justo, y la imposibilidad de decir, en cuanto a muchos extremos, algo más que simples generalidades.

¿Qué podemos afirmar en estas condiciones, sin incurrir en deliberado pecado de ligereza? Lo que ya dijimos: que la pieza reúne demasiados elementos de fondo y de forma. En lo temático se pretende, a través de una pintura demasiado personalizada –el verdadero nombre del Condesito de Soria podría decirlo cualquiera– una sátira, una censura o al menos una descripción social que no se logra porque no ajusta bien con el resto del conjunto; se pretende, también, una especie de contraposición caracterológica a lo que el Condesito de Soria personifica, quizás en un intento de dar la cara opuesta de esa medalla social que se frustra en su primer elemento. De esa rápida y muy imperfecta visión de *Capricho en rojo* extrajimos la impresión de que el autor pone sobre la mesa dos –como diría Adler– estilos de vida antagónicos e irreconciliables, comunicándolos a través del artificio más o menos sentimental, moral y patológico de la anécdota de Pablo y Silvia. Pero la *high life* se pinta fragmentariamente en su costado más vulnerable, peor desde ciertos puntos de vista, pero sin duda también más inofensivo en cuanto a carga de poderío clasista, ya que ningún condesito Soria será jamás tan significativo como un magnate azucarero cualquiera, aunque este último pueda ser un intachable ejemplar biológico. Y por otra parte, la beneficencia dulzona de Silvia y los suyos dista mucho de representar las fuerzas sanas que pueden rescatar al hombre –Pablo– resituándolo en su plena dignidad y su más alta eficacia.

Es decir, que si Carlos Felipe quiso lo que nos pareció entender, *Capricho en rojo* no escogió bien los medios para conseguirlo.

En cuanto a la técnica utilizada para el desenvolvimiento de la acción, la pieza, comenzando por necesitar un reparto inmenso, necesita también muchos trucos escénicos, –luz, transparentes, etc.– para un montaje adecuado: hay un recuerdo, ensueño o alucinación de borracho, aparición fantasmal, grabaciones de voces, abundante exigencia de recursos musicales y por último ese cuadro de la conga –que dicho de paso– se logró muy bien, de indudables dificultades de montaje. ¿Cubana? Con un criterio localista, *Capricho en rojo* lo es. Con un criterio que atienda más a lo profundo que a lo externo, lo es muy poco. Al cabo, la conga se baila donde quiera y Condesitos Sorias y modistos a la Laribeau no faltan en ninguna parte.

Como teatro experimental, es un empeño interesante. Como realización de Carlos Felipe, la obra nos complace menos. Carlos Felipe tiene una gran fibra creadora, un genuino talento teatral. ¿Por qué no se decide de una vez por los caminos dificilísimos de lo sencillo? en su caso, ese es un verdadero deber. Nuestros jóvenes teatristas gustan de andar demasiado por lo complicado, por lo espectacular, por lo abstruso de pensamiento y "epatante" de la representación. Y aunque Carlos Felipe no caiga en eso, su obligación de hermano mayor de esos teatristas juveniles –mayor en talento y en garra– es pronunciarse francamente, contra eso: trazar el camino a seguir, diciendo mucho dentro de la mayor economía posible de medios.

En general, el reparto de la obra fue muy flojo. Entre las mujeres, la mejor, sin dudas, Carmen Montejo, sobria en su difícil papel, bastante segura —excepto al galopar el diálogo, que es cuando le sobrevienen las erratas de dicción— y agradablemente espontánea. Bastante bien, también, María Luisa Castell en la Madre. Terriblemente falsa de voz Xenia Facenda.

Santelices mejoró extraordinariamente a partir del segundo acto. En el tercero estuvo muy bien, casi acertado a salvar la caída en lo cursi del final. Por desdicha, en todo el primer acto no consiguió que se le oyera un solo bocadillo. El joven René Sánchez, muy verdecito, muestra posibilidades de buen desenvolvimiento. Modesto Soret, muy envarado. Mejor Héctor Tejera que Alberto Machado, en sus delicados personajes.

La dirección de Francisco Morín fue desigual, como si Morín hubiese puesto todo su interés en las escenas de movimiento de conjunto. En el tercer acto, en eso —la conga— mostró muy buenos resultados. El segundo acto lo dejó desmayar de *tempo*. Y también permitió lo mismo en muchos trozos del primero. La escenografía de Márquez, tanto en la casa de Soria como en la de Silvia, constituyó un rotundo acierto. Pocas veces un escenógrafo ha conseguido amoliar de ese modo y extraer todas sus posibilidades al escenario de la Escuela Valdés Rodríguez. La luz, a cargo de Jorge Dumás, se utilizó muy bien. El sonido, en cambio, fue casi siempre desastroso. En suma, un esfuerzo del mayor interés, tanto en sus fallas como en sus éxitos, que debe agradecerse sinceramente a los integrantes de Prometeo. En la representación del sábado se pensó, se aplaudió, se censuró, se vio una desinteresadísima y audaz jornada artística, se conoció algo nuevo que nadie debe ignorar, ya sea para aprobar o para desaprobar: se intentó, en suma, algo, con pureza y seriedad. No hubo el sábado en la Valdés Rodríguez teatro intrascendente para divertimento digestivo de nadie. Y eso es ya, por sí mismo, muchísimo. Es genuino empeño artístico y no pasatiempo social.

Jesús. Luis Amado Blanco [319]

[...] Esta crónica debería titularse, "Crítica con retraso", pues con evidente retraso va a nuestros lectores, más, como el periodista debe atender la actualidad pública antes que ninguna otra, por estas y las otras razones evidentes hemos tenido que ir dejando, un día y otro esta nota sobre la *premiere* de *Jesús*, drama de aquel ingenuo intocable que se llama Virgilio Piñera. Estábamos por escribir, en vez de "se llama", "se llamó" porque después de ese estreno y con la ausencia pontifical de cierto espíritu metemem, todo, poco o muy poco le queda que hacer por el sendero de las tablas; pero como al fin y a la postre no somos nadie para acertar con el presente o pasado de un autor, ahí dejamos el presente y que Dios, el buen Dios que todo lo perdona, sea con él y desde luego, con nosotros.

La "actualidad pública", hemos dicho y como quiera que la expresión se presta a equívocos, seanos permitido explicar que la actualidad queda periodísticamente modificada por la asistencia del público a tales actos, por el interés mostrado por el respetable hacia la obra teatral de este pícaro e ingenioso Piñera y como se celebró ante una inmensa y dispersa minoría, sin caracteres de selección, su actualidad o su importancia, para ser más categóricos, se reduce a cero bajo cero, a cero absoluto. Lo que acontece es que por nada del mundo queremos que alguien piense ocultarnos tal representación, no sólo por el malpensado autor, sino por el mucho entusiasmo que Prometeo pone en sus funciones realizadas con un heroísmo sin igual en nuestras latitudes. Nobleza obliga.

---

[319] Sección Retablo. En *Información*. 15 de noviembre de 1950 p. 16, 17. El primer párrafo incluye el reparto. Salvo Aldo Guash, los intérpretes ya citados.

Y porque además, cuando asistimos, cuando estamos presentes, no queremos se interprete nuestro silencio a ésta y a otras torcidas causas y por lo tanto, vamos al deber de notariar (sic) nuestra opinión por aquello de la dignidad del cargo que muchos no saben hasta qué sacrificios lleva. Con éxito o con fracaso, tarde o temprano opinaríamos y aquí estamos poniendo nuestros pecadores dedos sobre las sufridas letras de la máquina de escribir para garantizar un nombre. Fiel reflejo de nuestro tiempo, tiempo de negación, de fe negativista en la que se pueden obtener prosélitos por el no hacer milagros, tanto como el divino Jesús los conquistaba por el hacerlos; otra cara de la moneda, imposible unidad sin la contrapartida primera de lo auténtico.

Por encima de todo, la necesidad recóndita de lo milagroso en la vida íntima de los pueblos, y como siempre, el encuentro con el poder, fatigado siempre por la gloria ajena de los taumaturgos, los santos y adivinos no precisan de oficinas ni mucho menos de estadísticas, y como los Estados basan sus aciertos en los papeles oficinescos de sus servidores, he aquí que el enemigo número uno del milagro, es el empleado público, aunque luego, a la hora de acostarse, le rece a la Virgen de Regla o a Changó, por el milagro de un numerito o santo para la bolita del día siguiente. Un gran asunto, volvamos a repetirlo. Posible en todas partes, hasta en Cuba, aunque aquí con menos posibilidades que en otro lugar del mapa. Sabemos de sobra el auge que tienen entre nosotros los santeros, las adivinadoras, las cartománticas, etc. etc. Incluso su intervención como consejeras áulicas en algunas circunstancias. Pero una cosa es hablar en nombre del misterio sin rozarlo y otra, bien diferente, encarnar el misterio mismo, ser el pulso de su sangre y verdad de su apariencia, nuevo Mesías, estampa fiel de aquel otro que nos trajo la paz con el amor de los unos para los otros. En esta personificación radica su antítesis con lo cubano de estos días. Comprenderemos eso del vivir en el misterio del espejo, doble imagen de sí mismo que padecen los barberos cotidianamente y que sufrimos de tarde en tarde los clientes cuando no sabemos si el que nos habla es el de atrás de nosotros, o el de atrás pero de frente, en ese otro nuestro yo del lago vertical. Comprenderemos todo eso y algo más aún, pero así todo el criollo no cree en reencarnaciones a causa de su carne, del sol, de la fatiga y ese coco gris que se sube a los árboles para retener el agua diversa de las nubes que pasan. "Beto, pélate", nos aseguraba un gran escritor que le gritarían nada menos que a Beethoven, si apareciera en público por las calles de la ciudad con su alborotada melena romántica.

Un gran asunto, pero nada más que un gran asunto, ya que los asuntos importan o no importan según se les trate, según se les dirija hasta el dulce puerto de salvación más o menos eterna. Un gran asunto, echado a perder, con sólo dos cuadros discretos de los cinco habidos: el primero y el último. El primero, por su indudable valentía de arrimarse al tema de entrarle por derecho sin distracciones ni rodeos. El último por su brutal realismo, algo así como esas pústulas sucias y sangrantes que los pordioseros de la vieja Europa enseñan a los fieles a las puertas de las catedrales. De los otros tres, vale más no hablar, por lo mucho que ellos dicen sin fuerza, sin ingenio, sin poesía. ¿Es posible, Señor de las alturas que este Virgilio Piñera, sea poeta? Quiso razonar sobre Jesús, sobre su Jesús, en vez de sentarse a su vera a escuchar los latidos de su corazón recién afeitado; en vez de interrogarlo sobre el juego y rejuego de sus negativas, en vez de llorar dos lágrimas con él, dos puras y castas lágrimas por el alma de este peluquero metido en el peligro de la navaja de dos filos. Indudablemente no están todos los que son, ni son todos los que están. Así es la vida.

Del largo reparto únicamente merecen mención, ya que la labor de los demás es rotundamente episódica, Juan Cañas, que hizo discretamente o un poquito más que discretamente si se quiere, Jesús de Camagüey, Alberto Machado, de un borroso "Cliente" que debió ser parte muy principal del drama. Y Amador Domínguez en el Tipo de la última escena. Gran actor este Domínguez, de una nobleza expresiva escalofriante, que nos pagó con creces el haber esperado hasta el final, con tierna calma franciscana.

Francisco Morín, bien y mal, como en toda esta última temporada. Compuso con fácil eficacia de estampa religiosa –no de cuadro– y buscó ciertos escasos perfiles a la obra, pero sin molestarse o sin sentirse inspirado, por esta vez. Desorbitó el papel de la joven callejera hasta unos términos grotescos y desde luego, chabacanos. Estamos seguros de que Morín se entusiasma con lecturas que luego, al verlas de pie en la escena, llegan a repugnarle. Entonces, sin querer, por un movimiento de fuga, se inhibe; o si le invitan demasiado, se ríe. Deliciosa risa si el teatro fuera un juego para el solo, pero peligrosísima para un destino común del tablado cubano.

Farsas de un ciclón

En noviembre de 1955 la revista *Ciclón* publica *Los siervos*, de Virgilio Piñera, farsa violenta influida por el esperpento, la obra de tesis y los filmes-caricaturas de los comunistas como *Ninotchka*, guión de Charles Brackett, Billy Wilder y Walter Reisch sobre un cuento de Melchior Lengyel.[320] Patronato estrena la versión teatral en octubre de 1950, a unos meses de París. Según Regina, es "ligera, superficial, epidérmica, no plantea en ningún tono los problemas que confrontan los pobres personajes terrestres. Ninotchka quiere liberar un lienzo de Rembrandt. La comisaria inflexible y rígida se enamora y surge otra en ella. Martha Muñiz es la camarada, a Gaspar de Santelices parecía no importarle el papel y los restantes personajes eran como tríos de cómicos. Una comedia de mentirosa actualidad".[321]

Virgilio está en Buenos Aires desde abril de 1950 hasta septiembre de 1953, cuando vuelve a La Habana por breve tiempo. Por una carta a Rodríguez Tomeu pareciera que su visita se extiende alrededor de uno o dos meses. No sabe si pueda soportarlo, "qué ruidos, qué chusma, las calles de la Habana Vieja abiertas. Parece una ciudad sitiada".[322] Regresa a Argentina y permanece allí hasta mayo de 1954, en condiciones de vida más favorables, como empleado del consulado de Cuba. En enero de 1955 regresa a La Habana. *Los siervos* debe escribirse ¿entre Buenos Aires y La Habana? No hay alusiones a esta en las cartas conocidas aunque el desaliño del lenguaje y cierto descuido delatan su relativa prisa, quizás urgido por algún propósito que se desconoce. Entre los

---

[320] Piñera, Virgilio, "Los siervos". *Ciclón*. vol. 1, núm. 6, 1955, pp. 9-29.
[321] Regina. "Ninotshka". Escenario y Pantalla. *Diario de la Marina*. 5 de octubre de 1950. p. 14.
[322] Carta de septiembre 25 de 1953 a Humberto Rodríguez Tomeu. *Virgilio Piñera de vuelta y vuelta...* pp. 95-97.

descuidos, Basilio Adamov aparece una vez como Sergio, adjudicado antes a otro personaje, Sergio Stepachenko, pero lo más llamativo es su lenguaje que, a falta de otro término, parece de "traducción": los personajes se "repantigan" en el asiento, se habla de «desapercibimiento», se utilizan interjecciones como *diablos* y los tiempos verbales propios del español de España. No es el diálogo magnífico de *Electra Garrigó* ni el más eficiente y teatral de *Jesús*. Dividida en tres cuadros, cada uno de ellos cierra con la caída del telón, recurso viejo en 1950 cuando se exploran las posibilidades de la luz para indicar las transiciones como Matías Montes Huidobro en *Sobre las mismas rocas* o Paco Alfonso en *Hierba hedionda*.

Ni sus más cercanos están al tanto de la obra, que en 1957 se lee y estrena en Madrid, lo que hace pensar que el objetivo de Virgilio es subir a un escenario a cinco años de *Jesús*. En su corta visita del 55 conoce a José Triana en Santiago de Cuba, en la Universidad de Oriente, por mediación del novelista Ezequiel Vieta y su esposa, la ensayista Beatriz Maggie. Quizás es el viaje descrito en una de sus cartas a Rodríguez Feo: "una de las cosas doradas (las poquísimas de mi vida). Nunca te lo dije: pero cuando salimos por la carretera Central rumbo a Santiago sentí un agradecimiento magnífico. ¿Y qué me dices de nuestra llegada a Camagüey?"[323] Años después, Triana, establecido en Madrid, es (o se supone) el intermediario con el Teatro de ensayo Escena que la representa en 1957, dirigida por Aitor de Goiricelaya y José Moraleda.[324] No he encontrado constancia de la puesta en la que Triana trabaja como actor, en cambio sí de la lectura realizada en el Instituto de Cultura Hispánica el 27 de junio, a la que sigue un conversatorio con la intervención del peruano Sebastián Salazar Bondy,

---

[323] *Virgilio Piñera de vuelta y vuelta*. Ob. cit. Carta del 22 de abril de 1955. pp. 116-118.
[324] Vasserot, Christilla y Triana, José. El autor: apunte biobibliográfico. Cervantes virtual.

el nicaragüense José de Jesús Martínez, la actriz chilena María Victoria Salinas, y José Moraleda, director del Teatro de Ensayo.[325]

¿Busca Piñera un lugar en Madrid a través del Instituto de Cultura Hispánica? La revista *Primer Acto,* iniciada ese año, no la reseña. Según William Navarrete es del grupo español Dido, aunque en la excelente cronología de Triana se adjudica al Teatro de Ensayo.[326] El dato, conocido pero poco explorado, explica su indiferente recepción si fue leída en un ciclo organizado por una institución del franquismo. Es un misterio que no exista ninguna carta entre 1955 y 1957 con referencias al proyecto entre las tantas menciones a sus colaboraciones para *Ciclón.* No hay rastro de la obra o comentario de cómo fue recibida. ¿O existe y se expurga del epistolario? Es posible que entre marzo y septiembre de 1957 existan cartas perdidas ya que una lectura en Madrid requirió al menos de coordinaciones básicas. Claro, se realiza un día antes de la puesta del director Julio Matas de *Falsa alarma* en el Lyceum junto con *El caso se investiga,* de Antón Arrufat.

El 15 de diciembre de 1957, al referirse a los estrenos por el Mes de teatro cubano, Piñera le comenta a Antón Arrufat que *Los siervos* será dirigida por Juan Guerra en El Sótano y un poco después, que tiene un problema porque Guerra quiere hacerla con el Instituto de Cultura.[327] No hay más noticias. *Los siervos* no se estrena. Juan Guerra ha sido director de escena de *Juana de Lorena,* puesta de Vicente Revuelta (1956) y está al frente del grupo Triángulo, mientras que la sala El Sótano, propiedad de Paco Alfonso –fundador de Teatro Popular– se vuelca al repertorio fácil y de entretenimiento pero no al punto de auspiciar una obra anticomunista. Tampoco es creíble que Piñera, pilar de *Ciclón,* con su sonada embestida contra el régimen, acepte el patrocinio de una

---

[325]. "Lectura de una obra cubana". *ABC* 27 de junio de 1957. p. 61.
[326] Navarrete, William. "Una amistad sin reservas. De José Triana a Virgilio Piñera". *Diario de Cuba.* 22 de diciembre del 2013.
[327] Piñera, Virgilio. *Virgilio Piñera de vuelta y vuelta.* ob. cit. pp. 178-179.

institución de Batista. Lo que sí hay que apuntar es que tanto en el momento de su lectura y/o representación en Madrid como al proyectar su montaje habanero, está desubicada. En Madrid está vigente el teatro social y en La Habana el repertorio comercial o las obras consideradas dentro de la «agradabilidad» (Ichaso) o «escapistas». La escena española apuesta por Sastre, Buero Vallejo y el absurdo de Arrabal –*Primer Acto*, alborozado, estudia en extenso *Esperando a Godot*, de Beckett– mientras en Cuba, en medio de la guerra fría y la crisis política, nadie se atreve con una obra de ideas, ni siquiera con las que colocan el comunismo en la picota.

En 1960 Piñera la desacredita mediante el ardid de imaginar un diálogo apócrifo con Sartre. Arremete contra ella y la omite de su *Teatro completo*. La crisis de Octubre la hace circular en los Estados Unidos, traducida por Gregory Rabassa, zar de la traducción en español en el país, publicada en el número de diciembre de 1962 de *Odissey Review*. Esta prescinde de los telones al final de cada cuadro, hace el diálogo mucho más compacto, acentúa el humor y la ironía y busca soluciones que en inglés suenan más a Piñera que las del original.[328] Sin embargo *The Serfs* no causa una reacción inmediata. Los estudiosos se refieren a la fama de Rabassa, pero no a sus soluciones idiomáticas, su agudeza e imaginación. Linda S. Howe la retoma, traduce y publica en la editorial Vigía en Matanzas.

Única tanto por el tema como por su procedimiento estilístico, escribe Carlos A. Aguilera, *Los siervos* "es una obra cínica, tal como debiera ser el teatro, cuando descubre que la realidad, eso que llamamos *la* realidad, no es más que una mala parodia del jueguito teatral mismo". La considera "mejor que las obras didácticas de Brecht, tan

---

[328] Piñera, Virgilio. *The Serfs. Odyssey Review* II: *a quarterly of modern Latin American & European literature in English translation*, Vol. 2. 4 dic. 1962. Russia/Cuba. pp. 184-214.

moralmente aburridas o el teatro de Piscator".[329] Pero no es ese el molde apropiado para ubicar *Los siervos*, sino si se quiere uno más banal, la comedia satírica sobre los comunistas, el teatro francés a lo *Tovarich* de Deval y por extensión, las obras cubanas con el personaje, bien las *agit pro* de Paco Alfonso, *Los perros de Radziwill*, de Carlos Montenegro o *FU-3001* de José Antonio Ramos, quien desilusionado, se mofa del periodista Ravachol Rojo, el polaco Isaac Zimovich y el español Damián Rendueles y los caricaturiza en su oportunismo, tanto que Ravachol termina sin «rojez» y firma sus artículos como Inocencio Blanco. Pero nada parecido al acercamiento de Piñera, cuyos *Siervos* no están pensados dentro de la tradición cubana, quizás influido por Gombrowicz y su proverbial «zapatazo». Rine Leal repetía esa frase de Virgilio. Dar el zapatazo era triunfar, acertar.

Con *Los siervos*, escrita para enviarla a España a petición de Triana o provocar en *Ciclón*, Virgilio quiere dar su «zapatazo». Descartada la idea de que una pieza anti comunista pudiese favorecerlo en la Cuba de Batista (desconocería el papel de la revista y de Rodríguez Feo, opuestos a la política cultural del régimen y la honestidad intelectual de Piñera tanto al escribirla como al desacreditarla), especular sobre la influencia de *El pensamiento cautivo* de Czeslaw Milosz, es concebirla solo como acto libresco u operación de traslación. Su obra no es una remota ilustración de un tema, aunque su procedimiento estilístico es tan tradicional que lastima propósitos de más alcance. ¿Por qué no aceptar que no está lograda? ¿Y por qué no admitir que aunque no lo está, un director puede partir de ella para criticar tanto el comunismo como la sociedad de los traseros? Desde luego, si un joven director la retomara en Cuba a partir del 2010, a tono con el desparpajo y la erosión del lenguaje, haría a sus personajes hablar en chuchero como la proyectada

---

[329] Aguilera, Carlos Alberto. "Para una filosofía del servilismo". *Los siervos*. Ediciones Incubadora S. A.

Pigmalión Pérez de Virgilio sobre una *lady* que se «chusmiza». *Los siervos* celebraría la revolución de los culos al estilo de comedia musical y a paso de conga. O es posible que, fiel al primer Piñera, sigan a Jarry y escenifiquen la toma del poder de los nikitistas o servilistas con figuras de guiñol.

Los siervos

En Rusia, en un despacho, tres funcionarios del gobierno se asustan cuando uno de ellos, Nikita Smirnov, en un panfleto escrito para *Pravda*, se declara intempestivamente "siervo" en medio de un mundo comunizado. Para lidiar con Nikita –principal filósofo del Partido– desechados los métodos violentos para hacerlo desaparecer o su muerte natural y habida cuenta de que ha sido nula la reacción de las masas "que han leído su manifiesto *sin leer*", ya que las masas, ebrias de felicidad, leen sin leer, deben lidiar con el extraño fenómeno nunca visto antes en la sociedad comunista, por el cual uno de ellos, sediento de acción, se declara "servilista". Es tan inusual que alguien se rebele que no saben qué hacer.

KIRIANIN. Interroguémosle encubiertamente.
FIODOR. De todas maneras será un interrogatorio, y Nikita sabrá que lo estamos interrogando.

El juicio, como la parodia en *Electra*…es materia prima del teatro popular desde piezas bufas emblemáticas como *El proceso del oso* (1882) de Ramón L. Morales Álvarez, música de Enrique Guerrero, estrenada en el Torrecillas, hasta los episodios radiales de *La tremenda corte*. El interrogatorio virgiliano se nutre de esta tradición. De hecho, la obra emplea en sorna términos legales como "deposición" y "desapercibimiento" y evoca los juzgados de pueblo de Eladio Secades a Castor Vispo. Se ha sugerido Piñera pudo conocer el teatro bufo en Camagüey a través de su amigo Carlín Galán. [330]

A Nikita lo interrogan de forma encubierta funcionarios o "señores encubiertos". Bajo el pretexto de discutir las cuestiones de forma de su panfleto, le ponen una zancadilla y suspicaces, recuerdan que ha mencionado una revolución armada. Pero Nikita lo admite solo en el plano teórico. No les queda más remedio que «hacer la comedia» (Rabassa traduce, *the act*). Sin dudas, la actualiza porque *comedy* remite a *sketch* televisivo o a comedia romántica o de salón y the *act* al acto, acción de actuar frente a un público y no la mera división estructural del texto. Solicitan que se declare señor y patee el trasero de dos de sus interrogadores. Piñera recicla los traseros de *La carne de René*. Nikita se niega. No se asume como su contrario. Dice "¡Señor, matadme, pero no patearé esos traseros! Haría traición a la sociedad de los traseros". A tono con su recorrido, establece un juego retórico, una jacarandosa broma colosal. Se resiste a patear los traseros como le solicitan, se opone y defiende su individualidad y paródicamente su nikitismo.

En el cuadro segundo, Stepachenko visita a Smirnov en su casa y hay una negociación: acepta ser el amo de Nikita para vigilarlo y comienza a darle vergajazos con *Pravda*, en lugar del *knut*, porque el último recuerda los castigos de los rusos blancos a sus siervos. El tercer cuadro, en la casa de Stepachenko, Basilio Adamov quiere la cabeza de Nikita pues en los lejanos Urales, los siervos de su propiedad se han declarado sus partidarios y han llegado a solicitar la igualdad, y si él puede patearle sus traseros, ellos también podrían devolverle el gesto, como en *Jesús*. Nikita ha demostrado que la única forma de denunciar la

---

[330] Villabella, Manuel. "Días camagüeyanos de Virgilio". *Tablas* 4 (2012) pp. 32-39. Un hallazgo de Villabella, sugiere que Piñera pudo conocer el teatro popular más de cerca a través de su amigo, conocido como "buen recitador de lo afro".

desigualdad es haciéndola evidente y el mundo comunizado no es color de rosa, como informa el periódico oficial, sino un infierno de "encubiertos". Pero el temor de Stepachenko reside en que "los siervos declarados, hasta ahora sumisos, se convertirían en feroces leones como los de los Urales". En el cuadro tercero, la ineptitud de los camaradas ante lo que se avecina es tal que el interrogatorio se desmorona. Hay un cantinfleo sobre la igualdad hasta que llega Kolia, un joven obrero, con la noticia de que el nikitismo se ha expandido y Nikita debe viajar a las fábricas lejanas para que los siervos adquieran conciencia de sus traseros. La máxima vejación de un siervo es al mismo tiempo su medio de lucha. La revolución de los traseros. El final recrea la dialéctica del amo y el esclavo, un ciclo de circularidad y vuelta en redondo del pensamiento.

STEPACHENKO. ¿No se rebelan, pues, los siervos?
NIKITA. El siervo declarado puede pasar a la segunda fase.
STEPACHENKO. ¿Cuya es?
NIKITA. El siervo rebelado.
STEPACHENKO. Hay otra fase.
NIKITA. (*Con sorna*). ¿Cuya es, señor?
STEPACHENKO. El siervo decapitado.
NIKITA. Hay una cuarta fase, señor.
STEPACHENKO. ¿Cuya es, Nikita?
NIKITA. El señor decapitado.
STEPACHENKO. ¿Quieres decir que el siervo puede triunfar?
NIKITA. El siervo puede convertirse en señor y el señor en siervo.
STEPACHENKO. Es muy chistoso.

NIKITA. Sí, señor. Es muy chistoso. Es el eterno retorno. [331]

Para José Rodríguez Feo, que lo conoció mejor que nadie, la pieza es una defensa de la libertad individual. "Satiriza con crueldad burlona el servilismo y la ausencia de escrúpulos morales en los estados totalitarios. [...] Toda la obra de Virgilio Piñera es la reafirmación de la libertad del individuo y su derecho de actuar libremente en la vida, aun cuando esto signifique cometer actos que ante la sociedad convencional parecen absurdos".[332] Es la última vez antes del "Diálogo imaginario" que se habla de *Los siervos*.

En 1957 Julio Matas escoge *Falsa alarma* para un programa conjunto en el Lyceum con *El caso se investiga*, de Antón Arrufat. El establecido y el novísimo en la misma cartelera: el 28 de junio, una función sin resonancia mayor en la prensa, ocupada con *La dama de las camelias* en el Hubert de Blanck y otros estrenos de ese corte, en el ambiente de "superficialidad, ñoñez y mediocridad, común denominador de las otras salas", según Rine Leal. [333] Unos días antes se estrena otra versión de *Un tranvía llamado Deseo*, dirigida por Modesto Centeno. [334] *Falsa alarma* en escena tiene añadidos y retoques respecto a la publicada en *Orígenes*, como la *mosca tsé tsé*, guiño a *Las moscas* de Sartre. Aparte de los cambios lingüísticos, difiere en el final. Rine Leal destaca su diálogo bello e inteligente y califica a Piñera como casi «nuestro único dramaturgo». Pero al discutir su cubanía o al ponerla en duda,

---

[331] Piñera, Virgilio. *Los siervos*. Por la edición de *Ciclón*. Ob. cit.
[332] Rodríguez Feo, José. "Hablando de Piñera". *Lunes de Revolución* 45. 1º de febrero d 1960. p. 4-6.
[333] Leal, Rine. "Dos farsas cubanas del absurdo". *Ciclón*. Barómetro. V. 3, no. 2 (1957) pp. 65-67. Una versión en *En primera persona...* se titula "Dos farsas cubanas". ob. cit. p. 46. Con Daniel Jordán, Rebeca Morales, Leonor Borrero, Vivi Argudín, entre otros.
[334] Suárez Solís, Rafael. Aguja de marear. "Un tranvía y un deseo". *Diario de la Marina*, 27 de junio de 1957. p. A-4.

abre una caja de Pandora. ¿Es este un teatro cubano? pregunta. Decenas de páginas polemizan sobre si Piñera es un autor del absurdo o absurdista, si sus obras tienen ciudadanía propia o su criollismo es ornamental, pero pocos se preguntaron acerca de la naturaleza de la puesta, con actores de poco relieve y entrada gratis en el Lyceum. Precursora en 1948 de la corriente afianzada en Europa con Beckett, Ionesco, Genet y Adamov, en 1957 es una entre otras, brillante en su arquitectura como juego de oposiciones, sabia en su esplendor verbal y sin dudas, la primera de ese estilo en el teatro cubano aunque hay elementos y situaciones absurdas antes de su creación.

Matas se ha señalado por el experimento. Entusiasmado por un cursillo sobre el teatro circular del norteamericano Walter M. Bastian en la Universidad, monta, en la valla de gallos de Aguadulce, *Recuerdos de Berta* de Tennessee Williams el 25 de mayo de 1954 con el grupo Arena. Representa *Medea* de Eurípides, en el Salón de Torcedores, porque "sus columnas eran las réplicas apropiadas para la obra", puesta el 3 de diciembre de ese año. [335] Recuerda una crítica de Lisandro Otero (*El País*), otro de los nuevos críticos, como Rine Leal escribe en *Pueblo* y Rafael Casalins en *Excelsio*r. No se ha hecho justicia a su voluntad innovadora, buen gusto y cultura. Actor, director, dramaturgo y profesor, hacer teatro en la valla Habana de Aguadulce en los 50', equivale a la hazaña de Peter Brook en el Théatre des Bouffes du Nord, cuando las coordenadas, incluidas las de Piñera, se buscan en París. Integra junto con Andrés Castro, Erick Santamaría, Juan Guerra, Vicente Revuelta, Rolando Ferrer y Adolfo de Luis, entre otros, la generación que rompe con el teatro establecido y niega el repertorio banal de las salitas, el primero, Francisco Morín con su mítica puesta de *Las criadas*, de Genet. Tan es así que Matas recuerda a las actrices de esa puesta pero no el reparto de su *Medea*, protagonizada por Ofelia

---

[335] Matas. Julio. Grabación enviada a la autora en febrero de 2003.

González, Florencio Escudero y Cecilio Noble. [336] Como Adolfo de Luis y Morín, confió en Piñera. Arena, TEDA, Triángulo y Prometeo, se arriesgan fuera de lo aceptado. En 1956 se anuncian las puestas de Matas de *Antes del desayuno* y *La soprano calva* en Atelier "delirante como el rock and roll", según la publicidad, y en 1957 en Bellas Artes por el Instituto de Cultura. [337]

Algo ha cambiado en el panorama. A partir de 1954 han surgido las salitas, los pequeños teatros, casi todos situados en la zona del Vedado. Se ha transformado la geografía teatral, llegó la taquilla y las funciones de jueves a domingo reemplazan la función única. Si prima en ellas el teatro comercial o las comedias banales y complacientes, también hay lugar para el existencialismo, la angustia, el teatro europeo y en menor medida, el absurdo. Entre esa fecha y los años finales de los 50' se escriben otras obras de ese estilo, la mayoría no escenificadas hasta la fecha, entre ellas *Anuncia Freud a María*, de Niso Malaret, *Juicio de Aníbal* y *La espera*, de Gloria Parrado y *Los inquisidores*, de Ezequiel Vieta. Hay situaciones absurdas en *El Cristo*, de Jorge del Busto y en *Sobre las mismas rocas*, de Matías Montes Huidobro. Mientras, Roberto Bourbakis escribe obras inclasificables. [338]

---

[336] "Medea en el teatro arena". *Diario de la Marina*. 3 de diciembre de 1954. Suplemento, p. 1 y "Una obra de arte y sensibilidad" *Diario de la Marina*. 7 de diciembre de 1954. p. 20 A. Reparto: Enrique Cruz Álvarez, Margot Matas, Roberto Zara, música de Margarita Torres y adaptación de Rolando Ferrer y Julio Matas. Diseños de Hugo. La sala localizada en San Miguel 662 esquina a Marqués González. Entrada a 60 centavos.

[337] Anuncios de las puestas de *La soprano calva*, el 20 de diciembre de 1956 y 15 de febrero de 1957.

[338] Cf. Busto, Jorge del. *El Cristo*. Farsita dramática en tres actos. La Habana: Editorial Lex, 1948; Malaret, Niso. "Anuncia Freud a María". *Ciclón 6* (nov de 1956): 57-69; Montes Huidobro, Matías. *Teatro completo*. Hypermedia, 2018; Vieta, Ezequiel. *Teatro completo*. La Habana: Editorial Letras Cubanas, 1995; Parrado, Gloria. *Teatro*. La Habana: Cuadernos Unión, 1966. Boudet, Rosa Ileana. *Teatro cubano: relectura cómplice*. Santa Mónica: Ediciones de la Flecha, 2011.

Atelier: la mala palabra

En febrero de 1958, en La Habana, durante el Mes de teatro cubano, Piñera tiene dos puestas en escena. Repone *Electra Garrigó* en Prometeo el 14 de febrero, dirigida por Francisco Morín y al día siguiente, *La boda,* en Atelier, el teatro de 75 butacas que dirige Adolfo de Luis en Galiano 258. A ese Mes –breve temporada de autores cubanos– se adhieren los críticos de todas las filiaciones a pesar de la crisis que vive el país y de notables ausencias, Rolando Ferrer y Carlos Felipe las más notorias. Se habla de un mes de teatro «debilitado», el propio Piñera lo considera "plantado a la fuerza". No figuran todos los que debieran. [339] A la larga obedece al interés del gobierno y de la Asociación de Salas Teatrales por ofrecer su mejor cara, maquillar la violencia, un aquí no pasa nada para el que la tienda Fin de Siglo ofrece

---

[339] Espinosa Domínguez, Carlos. Fragmento *Virgilio Piñera en persona.* ob. cit. p. 159.

sus vidrieras. Pero casi todos los artistas lo apoyan, incluso sus sectores más radicales. La revista *Nuestro Tiempo* opina que aunque su arrancada fue lenta, resultó ser una «locomotora».

Se representan otras obras de los años 40 aparte de *Electra Garrigó*. *Lo que no se dice*, de Cuqui Ponce de León e Isabel de Amado Blanco, dirección de Ponce de León y María Julia Casanova, en la sala Hubert de Blanck, con la consagrada Carmen Montejo; *Ya no me dueles luna*, de Paco Alfonso, bajo su dirección, con María Ofelia Díaz en lugar de Raquel Revuelta en el Sótano y está anunciada *El chino*, de Carlos Felipe, con el siguiente avance: ¡Santizo mátate, mátate! No se sabe por qué no se estrena como se cancela *Ladrillos de plata*, escrita por Felipe para las salitas. *Tembladera* y *La recurva*, de José Antonio Ramos, dirigidas por Juan Guerra, se reponen en el Lyceum. Los estrenos son, además de *La boda* en Atelier, *La víctima*, de María Álvarez Ríos en Las Máscaras y *Gracias, doctor*, de Enrique Núñez Rodríguez, en la sala Talía de Patronato del Teatro, dirigida por Ramón Antonio Crusellas. En el camino, tres obras canceladas, dos de Carlos Felipe y *Los siervos*, de Piñera y dos entidades, Talía y Arlequín, que continúan con su programación habitual debido a las recaudaciones. *Espíritu burlón*, de Noel Coward, es un éxito en Arlequín. Violeta Casal en un personaje de comedia.

Para *Electra*… hay un intenso proceso de ensayos. "Que Morín haga lo que quiera", expresa Virgilio en una carta, incapaz de dominar a Morín ni asistir a dos ensayos al mismo tiempo. El director hizo lo que quiso. Por primera vez el diseñador Andrés [García] estilizó la bata cubana, según Morín, remozó la concepción visual y la obra "entró por los ojos". Un nuevo reparto encabezado por Liliam Llerena, Elena Huerta y Roberto Blanco, revalora el texto después de diez años. Además de los nombrados, tienen personajes principales Omar Valdés y Fausto Montero. [340] Aparte de la visualidad del vestuario y la escenografía a partir del concepto decorativo de Andrés García Benítez, los elementos nuevos son la escena de la pelea de gallos, a la vista del público, y otra en la que Clitemnestra come jocosa y voraz la fruta bomba. Es más colorista y espectacular que la anterior, dice Morín con su habitual parquedad para hablar de sus montajes. Tejuca canta las décimas acompañado de guitarra y claves. Pero no es posible inferir, sin ver las imágenes, cuál es la bata cubana diseñada para *Electra Garrigó*. Según María Elena Molinet, es una de las pocas prendas cubanas de vestir, surgida del *deshabillé* o *negligé* europeo usado por las mulatas dentro de las casas y en las fiestas a mediados del siglo XIX. Una prenda íntima que conquistó el salón. Morín identificó la imagen que corresponde a la puesta de 1958 (p. 235). Clitemnestra (Huerta) viste con el traje ceñido hasta la cintura con mangas de vuelos, empleado hasta el cansancio en el cabaré y los espectáculos folklóricos. Aparece la guayabera de alforzas del vestuario masculino de las versiones posteriores. En 1948 la guayabera está en discusión porque se considera íntima y no aceptada por la etiqueta social. Muchos condenaron el «guayaberismo». [341] Ambas se reiteran en la puesta de 1960 pero en 1958 la bata alterna o se sustituye por el vestuario de estilo clásico imperio. Un gran vacío, irrecuperable, no contar con los bocetos de escenografía y vestuario de *Electra Garrigó*.

El 21 de diciembre Virgilio, inconforme con la pobreza material del teatrico, comenta a su amigo con amargura y cierto desprecio:

---

[340] Liliam Llerena, Elena Huerta, Fausto Montero, Roberto Blanco, Omar Valdés, Assenneh Rodríguez, Clara Luz Noriega, Germán Barrios, Reinaldo Infante, Sergio Cabrera, Francisco Tejuca (coro) y Manuel Pradas (acompañamiento de guitarras). Diseño de escenografía y vestuario de Andrés.
[341] Bello, Giselle. "Bajo esas húmedas estrellas mambisas". Entrevista a María Elena Molinet. *Opus Habana*, pp. 19-27. Cf. Ichaso, Francisco. "Defensa y vejámen de la guayabera". *Diario de la Marina* 7 de agosto de 1948 y Baquero, Gastón. "La guayabera en su sitio o los límites de la guayabera" *Diario de la Marina*. 18 de agosto de 1948.

[...] Pero te digo que cambié la vaca por la chiva pues los recursos teatrales de esa gente, son los de siempre, todo *rabougri*. El escenario para *Electra* es irrisorio y el patio de lunetas, más irrisorio todavía. Las actrices y los actores bien malos. [342]

También está intranquilo con los ensayos de *La boda*. Virgilio se queja en esa misma carta:

En cuanto a *La boda* hay una lucha a muerte con las artistitas porque temen decir la palabra «tetas». ¡Qué van a decir sus padres! [343]

Cambiar la vaca por la chiva sugiere que pudo rechazar otro ofrecimiento. ¿Del Instituto de Cultura o de otro teatro? Después de estrenadas, escribe: "Las obras irán pero a costa de grandes concesiones, de malcriadeces, etc. Con teatritos, pobreza de todo, malos actores". [344] Recién llegado de Argentina donde sueña estrenar pero no lo consigue, no siente hacia la gente de teatro mínima empatía. No conoció la temporada del parque Central realizada por Morín con un grupo de jóvenes entusiastas, no prestó demasiada atención al estreno de *Jesús*, ni ha sido espectador de G.E.L., esfuerzo de Andrés Castro que culmina con la fundación de Las Máscaras, ni se ha acercado a ninguna otra experiencia escénica desde La Cueva. En su correspondencia comenta sobre los ensayos, reflexiona sobre las desavenencias surgidas durante los montajes y chismea, pero nunca hay una mirada más allá.

---

[342] Piñera, Virgilio. *Virgilio Piñera de vuelta y vuelta*. Ob.cit. Carta de diciembre 21 de 1957 a Humberto Rodríguez Tomeu. pp.180-181.
[343] Espinosa Domínguez, Carlos. *Virgilio Piñera en persona*. Ob. cit. p. 153.
[344] Carta del 13 de enero de 1958 a Humberto Rodríguez Tomeu. En *Virgilio Piñera de vuelta y vuelta*. pp. 181-182.

De acuerdo con Morín, sólo Andrés y él confiaron en la *Electra...* del 58. Piñera confiesa en sus cartas que le preocupa reanudar su relación con Andrés después de ocho años de mutismo (algo los distanció durante el *affaire* de la Garrigó) y este se ocupa de la administración y producción de *Prometeo*. El 9 de febrero termina la temporada con *Medea, la encantadora*, de José Bergamín, que Gastón Baquero comentó con entusiasmo (una sala reducidísima, una actuación «sorprendente» y un director a la altura de quien mejor pueda hacerlo en cualquier parte) y el 14 se estrena *Electra Garrigó*, en Prado 111, bajos, entre Refugios y Genio, el local de Radio Caribe. ¿Es posible que el mismo espacio, sin dudas pobre que admira a Baquero, le provoque a Virgilio como única observación que se trata de una sala «enana»? [345]

Luis Amado Blanco revisa el montaje y corrige su valoración con algunos matices, ya que la nacionalidad de la obra "es postiza". Regresan sus resquemores o nunca se disiparon. Escribe que "ciertos grupos de nuestro hoy arte escénico, prefieren el que pudiéramos llamar teatro de arte, al teatro comercial, que de seguro –aquí como en todas partes– procura una mayor afluencia de público, aunque sea municipal y espeso". [346] No solo se coloca contra el teatro de arte, sino emplea los adjetivos que Rine Leal citará con sospechosa frecuencia: municipal y espeso.

De nuevo otro sector de la crítica todavía le es más negativo. Héctor García [Mesa] en *Nuestro Tiempo* la cataloga "para público de selección, avezado en la mitología griega". Dice que es seudo criolla, no se ha adaptado al medio en cuanto a contenido y que "todo ella se plantea y se resuelve en los mismos términos de absoluto, casi canónicos". Sin embargo, celebra el coro, su elemento de mayor

---

[345] Boudet, Rosa Ileana. *El teatro perdido de los cincuenta. Conversaciones con Francisco Morín.* Ob. cit.
[346] Ibid.

cubanidad y a su cantor −Francisco Tejuca−, recorre los aciertos de casi todos los actores y la dirección dignificadora de Morín que condujo a *Electra* por caminos sobrios a pesar de que en su subtexto, subyace que "no es la obra que reclama el momento". Recuérdese la connotación de teatro de selección, título de la temporada de obras premiadas en 1938.

Piñera, sin embargo, comenta a Rodríguez Tomeu que la presentaron con brillantez y encuentra bien aceptable a la actriz que hace Clitemnestra [Elena Huerta]. Más sorprendente es la afirmación de Julio Matas. La puesta se interpretó "como un llamado metafórico a acabar con el tirano Batista; el público aplaudía entusiasmado las encendidas exhortaciones de Clitemnestra a Egisto para que diera muerte a Agamenón, el gallo viejo, y sobre todo aquella frase que parecía alusión provocadora a la realidad del momento: '¡Aquí hace falta una limpieza de sangre!'"[347]

Un reportaje con fotografías de la revista *Gente,* al pie de una de Elena Huerta, escribe: "Transpira sensualidad, maternidad morbosa, soberbia y liviandad en criollo y en griego". Y más adelante: "Nos sorprendemos de que nuestros críticos no hayan enronquecido en alabanzas". Debajo de la imagen del conjunto típico, "el breve y ancho decorado con su portón colonial y cristalería a lo Amelia Peláez, con el vigilante adorno de sus viejos faroles y las columnas dóricas de los extremos como fronteras del Mito, son compendio de la obra misma: una indispensable estampa vernácula con semidioses griegos como estelares…" Siguen los nombres de los integrantes del conjunto, Tejuca, Rodríguez y Prada.

---

[347] Matas, Julio. "Vuelta a *Electra Garrigó* de Virgilio Piñera". *Latin American Theatre Review.* Spring 1989. 73-79.

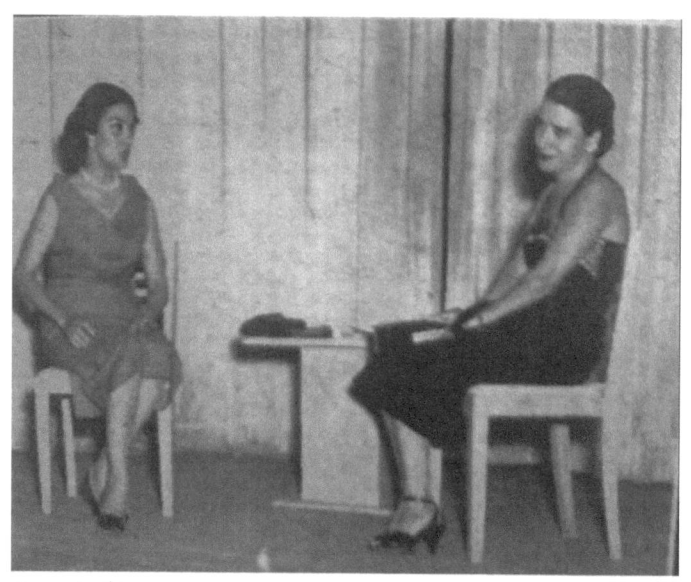

Consuelo Álvarez y Julia Astoviza

Piñera se acerca al teatro como nunca antes, pero entusiasta y eufórico atiende con más interés los ensayos de *La boda*, su nuevo título, dirigido por un actor devenido director, Adolfo de Luis (intérprete de *Orfeo* de Cocteau y *Calígula*, de Camus, puestas de Morín en Prometeo). Dentro del *entourage* de Adolfo, para utilizar una palabra de Virgilio, vive momentos de alegría –actúa en *Fedra* con Eva Fréjaville y Adolfo en una fiesta de fin de año– y asiste a tertulias y reuniones con amigos y conocidos. La francesa Fréjaville, estudiosa del teatro, colabora en *Prometeo*, escribe *Marcel Proust desde el trópico* (Ediciones la Verónica, 1942) y la pieza teatral *Damiano y los espejos* que según Natividad González Freire "es una comedia en tres actos sobre un caso clínico de perturbaciones mentales, eminentemente verbalista y decididamente influida por los personajes desplazados de Cocteau".[348]

La aventura de *La boda* tampoco es un recorrido lineal hacia la meta pues el 26 de septiembre de 1957 Piñera le comenta a Antón

[348] González Freire. Ob. cit. p. 122.

Arrufat que Adolfo no la iba a estrenar debido al «escándalo» pero el 17 de diciembre le confirma que sí, cuando se proyectan tres puestas suyas entre las que figura *Los siervos*, dirigida por Guerra. Virgilio se queja en sus cartas de la sustitución de Niso Malaret en *La boda* por Eugenio Domínguez y de una "chusmería horrible" en los ensayos. [349] Todavía el 2 de febrero aparece Niso en el elenco, pero Adolfo consideró que su dicción era muy americana.

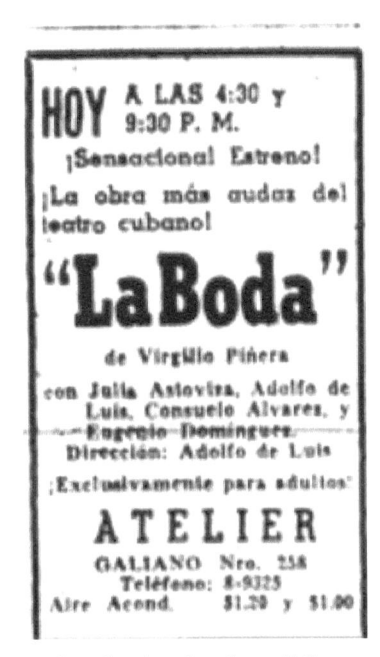

Muchos años después, el director dijo a Bárbara Rivero que la eligió no porque fuera *epatante*, sino porque "yo soy un artista vivo, ¿te das cuenta?" Me parece ver sus «pestañas imposibles», como lo recuerda Myriam Acevedo, su compañera en la Academia Municipal. A Adolfo lo atrae "una obra «cubana» que podía funcionar como un catalizador con el público en un Mes de teatro que fue un arrojo y quiso incentivar la dramática nacional en medio de una de las crisis más profundas del país".

Cuando alguien la descalifica como *boutade*, Adolfo recuerda: "Es que Virgilio era una *boutade*… Clara Llanes, una periodista de los años 50', dijo maravillas de la obra antes del estreno, sin leerla, y después de asistir a la representación, expresó que se trataba de una obra sobre un *brassier*. Virgilio estaba encantado con que se hicieran críticas adversas

---

[349] Carta del 30 de enero de 1958 a Humberto Rodríguez Tomeu. En *Virgilio de vuelta y vuelta*. pp. 183-184.

porque él era *epatante*".[350] Desde un mes antes, de Luis está en campaña publicitaria. Tiene en cartel *Los pájaros de la luna*, de Marcel Aymé.[351]

Ni siquiera el sobrecogedor testimonio del director que la escenifica en 1958 junto al que la repone dieciséis años después (Raúl Martín) en conversación con una estudiosa de Piñera, revela todo sobre la puesta. Rivero no puede consultar la impecable bibliografía sobre los ensayos y el estreno atesorada por de Luis: muere el 15 de septiembre de 1994. Otra entrevista suya es todavía más desoladora en materia de datos. El estreno se ubica equivocadamente en 1957, ADAD radica en el ¿Lyceum? y nunca se aclara que sus grandes momentos como actor son *Orfeo* y *Calígula* bajo la dirección de Morín. En esta última se enemistaron para toda la vida.[352]

El *Diario de la Marina* publica una nota bastante insólita.

¡No se alarmen los puritanos! Habrá boda.
O no habrá. ¡Quién sabe!... Porque nuestro Virgilio Piñera ha creado una obra original, que amedrentará a los púdicos y llamará la atención de los estudiosos de las nuevas corrientes dramáticas que conmueven al escenario nacional. Unos senos caídos, servirán de físico pretexto para un drama de frustraciones y críticas humanas. Aunque el autor niegue todo intento de filosofar o hacer malabarismos sicológicos.[353] Otros anuncios dicen ¡la obra más audaz del teatro cubano! o la más divertida.

---

[350] Rivero, Bárbara E. "La boda: una conversación a tres voces". *Tablas* (julio-diciembre) (1994): 27-31.
[351] *Diario de la Marina*. 2 de enero de 1958.
[352] Santos Moray, Mercedes. Adolfo de Luis. "Tengo muchos proyectos". *Tablas* no. 2 (1986) pp. 25-32.
[353] Citado por Espinosa Domínguez. *Virgilo Piñera en persona*... p. 154.

Escribe Virgilio:

Noche tormentosa. Nada menos que un apagón de una hora minutos antes de empezar. Fue algo horrible. Imagina cómo salieron a escena esos actores, que por añadidura, no son maravillas y, como siempre, cojeaban, además de otras cosas, en la letra. La obra salió mal que bien. El público reaccionó favorablemente, a la sola excepción de los padres de Julia Astoviza, que salieron airados del espectáculo.[354]

Astoviza es Flora, la protagonista, de veintinueve años. Los otros intérpretes son Eugenio Domínguez y Consuelo Álvarez. ¿Quiénes los restantes?¿Cómo era la escenografía de Luis Cartaya, cuál el concepto de la puesta? Si nos atenemos a la información del 2 de febrero, integran el reparto Julia Astoviza, Niso Malaret, Consuelo Álvarez, Julio César Mas y Julio Budén. Música de A. González. Se estrenaría el jueves once y quizás para no asustar al público, el avance publicitario reza: "A tal punto él la tortura mentalmente que se convierte en una perfecta histérica y rompe en hilarantes gritos".[355] Eugenio Domínguez sustituye a Malaret y en los anuncios aparecen Astoviza, Álvarez, Domínguez y de Luis como intérpretes.

En las notas al programa, Eva Fréjaville inserta la obra en la atmósfera de Breton, los surrealistas, Jarry y la pesadilla de Kafka, esa atmósfera «inquietante», ese clima de ¿risa negra? [sic]". No se trata de una boda con azahares, cirios y vestido blanco sino una que evoca "prótesis, cirugía plástica, palabras chocantes, frases secas, objetos desagradables, decepción, cenizas". De manera sintética resume el ardid

---

[354] *Virgilio Piñera de vuelta y vuelta.* Carta de Piñera a Humberto Rodríguez Tomeu. febrero 17 de 1958. p. 185.
[355] H. Alonso, Eduardo. *Diario de la Marina.* 2 de febrero de 1958. p. 45.

virgiliano: "agotar todas las combinaciones posibles acerca del rompimiento de una boda".[356]

Rine Leal escribe, antes de verla. "Es la más audaz en el orden de las palabras, la más elusiva en cuanto a la acción, la más absurda en cuanto al planteamiento final. Para Virgilio es su mejor obra", afirma, pero Leal precisa que "a pesar de todas sus virtudes, a pesar de evitar siempre el melodrama, lo que es una hazaña en nuestra escena, y a pesar de un diálogo libre de palabrerías inútiles, se mantiene detrás de la parodia de *Electra* y lejos de las bondades de *Jesús*".[357]

La boda (1958) es un *tour de force pour épater*, una vuelta de tuerca a la comedia de salón, un absurdo refinado, una bofetada al teatro de vodevil. El lugar de la acción es un tocador con su respectiva sala de sofá y butacas, el clásico *boudoir* de tanto melodrama de alcoba ya que está de moda la «agradabilidad»– Ichaso celebra *Alta política*, deliciosa comedia de Verneuil, puesta del Patronato del Teatro en Talía en mayo de 1958– y desata una oleada de montajes de comedias de ese corte, traducidas y/o autóctonas. "Es un valor postergado en medio de la abundancia de piezas ingeniosas pero densas, con un desarrollo monótono ya que en primer lugar debe situarse la amenidad". *La boda* pertenece a ese contexto y se burla de la necesidad de obras «amables». Con el respaldo de la incipiente propaganda comercial, se transforman y banalizan textos cínicos.[358] Según Calvert Casey el nivel más bajo llega en 1958, en el Palacio de Bellas Artes del Ministerio de Educación, con una comedia inglesa, *La tía de Carlos*, "convertida con la complicidad y tolerancia del público, en un espectáculo de procacidad

---

[356] Espinosa Domínguez. *Virgilio Piñera en persona...* Ob. cit. pp. 157-159. No he localizado el programa de mano que Ernest Rudin cita con palabras de Marcelo Pogolotti, que supongo un añadido a las de Eva Frejáville.
[357] Leal, Rine. *En primera persona...* Ob. cit. pp. 52-53.
[358] Ichaso, Francisco. "Alta política, deliciosa comedia de Verneuil en el Patronato del Teatro". *Diario de la Marina*, 6 de mayo de 1958. 20 A, 22 A.

sin igual para satisfacción de unególatra desenfrenado. Amenizan la hazaña una soprano que se acompaña al piano y un trío criollo, injertados a viva fuerza en el segundo acto".[359] Después de 1959 abundan esas precisiones críticas. Se fustiga de forma indiscriminada el teatro anterior.

A partir de un defecto físico (Flora tiene las tetas caídas) y el regusto por la palabra tetas como *mierdra* en Jarry, Piñera crea una armazón, un vertiginoso rejuego entre las paredes que oyen y cómo conoce Flora el disgusto de su prometido ante sus requetecaídas tetas. Una obra del absurdo empotrada en el artificio de la comedia de salón. Piñera –de acuerdo con Abilio Estévez– se vale del recurso para criticar las *formalidades* de la que son víctimas sus personajes, cosificados e incapaces de discernir y actuar. Del amago de boda a su no realización, escenifica la no-boda, no la unión sino el desenlace, el vacío, la negación y la imposibilidad. Como en *El casamiento*, de Gombrowicz, la boda no se consuma. No porque Flora tiene un defecto, según Estévez, sino porque este ha sido "verbalizado". La primera parte es una indagación en torno a las consecuencias del defecto de una novia supuestamente perfecta, simpática y sobre todo, "fundida en oro". La procacidad descansa en la palabra pero también en la morbosa necesidad de Luis de conocer cuán turgentes son los senos de la prometida de su amigo y a cuantos manoseos ha estado sometida.

Hay una indiscreta manera de entrometerse en la intimidad, mientras un ajustador pasa de la percha a la conversación como un animal de feria, a veces como paño de cocina. Hasta que casi al final del primer acto, Flora dice un bocadillo capaz de consternar a los espectadores: "Diga que no habrá boda porque hay tetas caídas". Y

---

[359] Alberto Ramírez, Adolfo Mayor, Rafael Correa, Ninfa Alonso, Ana Viña, M. Carvajal, María Pardo, Miguel A. Hernández, Lolita Berrio. Anuncio del 10 de abril de 1958.

empiezan formalidades, rutinas y una pasmosa frialdad parecida a la verificada con los cadáveres en la clase de anatomía.

A causa del sustantivo y al redundar sobre el defecto, fue difícil encontrar la actriz que se atreviera a gritar tetas. Como el cabrón de Satanás o la papaya, las palabras detonan los mayores escándalos en un país acostumbrado a lavar los trapos sucios puertas adentro. Todavía el teatro, también el de Piñera, es verbal y recatado. No hay una revolución de los culos en *Los siervos*, sino de los traseros, como en la traducción del *Ferdydurke* se escribe culito, cumulito, cucucu, cuculi, cucurucho, cuculandrito. Tetas es su palabra más procaz. Se trata, como puntualiza un recuadro de *Lunes de Revolución*, "del horror burgués a la mala palabra cuya repetición llega a producir cansancio después de un momento de estupor". Así todo Leonor Borrero y Martha Valdivia rechazan el papel que finalmente protagoniza Julia Astoviza.

Además de la reiterada obscenidad, a lo largo de la obra se puntualiza la marca de los productos: el perfume es de Lanvin, la vajilla de Sevres, el restaurante, Kimboo, las telas de La Suerte y se mencionan las tiendas El Encanto y Fin de Siglo, como se evocan los detalles frívolos de la moda (*aigrette* por tiara o *robe de chambre* por albornoz o bata). Virgilio tiene gracia para el matiz grotesco de la trivialidad. En una carta de 1959, cuenta que Marta Fernández tomó el avión en *grand decolleté* y capa de armiño mientras una negra vestía de visón con bombachas de nailon rosado. Son la primera dama que huye al triunfo de enero y una mujer del pueblo que "nacionaliza" el abrigo de piel. Después de veinte minutos de una acción casi detenida y uno de los diálogos más áridos de Piñera, Flora grita hasta desgañitarse ¡Tetas, tetas, tetaas! y el segundo acto finaliza. En el tercero las formalidades se vuelven atrocidades y el autor sigue por su derrotero absurdo, al crear texturas sonoras ilógicas y encadenamientos de ideas surgidas al azar, de los detalles a las telas y los trajes de *soirée*.

JULIA. Mire: palco, Berta, casa cuna, boda, madre adoptiva, derrumbe, antepalco, difunto. (Pausa). Me explicaré: antepalco difunto se derrumba sobre madre adoptiva y Berta palco se boda con casa cuna.

Así describe la revista *Gente* su sorpresa en medio del ensayo: "Salmón y detalle. Salmón por acá. Detalles por allá. ¡Salmón y detalles!" repetirán en coro, *in crescendo*, los tres personajes en pie. Y la novia se desgarrará en un alarde de frustración". Con la entrada del notario para una "deposición", se reitera el tema judicial y el interrogatorio.[360] Virgilio ofrece, aunque tímidamente, oportunidad a la vejada Flora de juzgar al Novio que ha hecho público su defecto. No hay venganza sino la misma escalofriante escalada de rumores en voz baja y acusaciones en tono menor. La mujer en Piñera es una víctima propiciatoria a quien se humilla y toquetea con palabras como el ajustador se vapulea, ajeno y desagradable. Misoginia e indiferencia, la prenda es parte de las rutinas del rompimiento. Los novios han quemado sus trajes de boda en el horno de la cocina. Ahora guardan sus cenizas. Flora puede contar la historia de sus tetas.

"¿Por donde anda lo cubano en el teatro?" [361] una versión interesada y/o retocada de su charla del 23 de febrero de 1958, es lo más explosivo de su presencia en el mes de teatro cubano. Leída hoy, recuerda la necesidad que tenía el país de publicar la historia del teatro de José Juan Arrom (1944), explicar que las obras de Ramos, aunque se

---

[360] Loyola, Guillermo. "El interrogatorio en el teatro piñeriano". *Encuentro de la cultura cubana*, 14 1999, Madrid: 29-35.
[361] Piñera, Virgilio. "¿Por dónde anda lo cubano en el teatro?" *Virgilio Piñera al borde...* Ob. cit. pp. 510-518.

ponían una sola noche, no tenían el agravante de que la última fuese peor que la anterior, la Avellaneda no pertenece al teatro español y así rebatir muchas de sus afirmaciones tardías y poco sustentadas. El autor teatral no ha alcanzado la fama del libretista radial Castor Vispo ni del pelotero Orestes Miñoso, escribe y hasta muy entrados los sesenta, la idea está en el aire como la de *epatar*. Oí decir muchas veces que el teatro tendría que producir algo semejante a un jonrón de Agustín Marquetti. Sin embargo, hay que interpretarla como una defensa de la cubanía de sus obras que la crítica puso en duda. "Si cubano es lo de bulto, afirma Virgilio, esa realidad inmediata que nos golpea, es decir, el solar, el guajiro, el chuchero, el manisero, no menos cubano es nuestra informidad de carácter, nuestra apatía, indolencia y tristeza; un observador agudo de nuestro medio, en una palabra, un artista, puede en una obra aparentemente fantástica, irreal, trasuntar la realidad más profunda de nuestra existencia". Apuntó que José Antonio Portuondo lo valoró en sus cuentos y *Les Temps Modernes* en su selección.

Después, a tenor de su experiencia en los ensayos de *La boda*, ataca a los actores tan violentamente que me extrañaría que a alguno le quedase ganas de interpretar una obra suya. Son incultos, carecen de lecturas, no tienen dicción ni entienden lo que leen, se quedan en babia cuando les habla de *Fedra* de Racine, aparte de "la ñoñez de las mujeres y la preocupación por el qué dirán". Sin decir nombres, se refiere a las actrices que no trabajan en cierta obra porque hay una palabra que ofende sus oídos. "Olvidan que la profesión de actriz es como la toma del velo, renuncia, en el caso de la actriz a la ñoñería y a la gazmoñería". Es muy probable que juzga por el reducido círculo de Atelier, pero es injusto si caracteriza la profesión, dicho por alguien anunciado como doctor, recién llegado de Argentina, con una historia literaria de desacuerdos y polémicas. A la lamentable intervención, titulada «charla sobre autores y directores», sigue un debate. En la versión publicada en *Lunes de Revolución,* Virgilio menciona a Adolfo de Luis, Francisco Morín y Adela Escartín como excelentes directores pero no desarrolla el tema. Respecto a los actores, cree que pueden llegar a ser tan buenos como los graduados del Teatro Municipal de Santiago de Chile o la Comedia Nacional Uruguaya. Solo que Cuba inaugura la primera academia de actuación de Hispanoamérica en 1940 seguida desde 1942 por el seminario del Teatro Universitario y en 1947 por la Academia Municipal.

José Massip en *Nuestro Tiempo* no tiene paz con *La boda*. La considera "vulgar y obscena, de un pirandellismo demasiado forzado, nacionalidad amorfa y personajes que carecen de ciudadanía [...] la mejor interpretación no hubiese podido rescatar *La boda* del cieno en que la quiso sumir su autor". Piñera ha escrito una obra "reprobable" no por el *shock* a que es capaz de someter a la sensibilidad más soñolienta, sino por los medios utilizados. El autor se ha apoyado en una palabra vulgarísima, ha convertido la vulgaridad y la obscenidad en finalidad. No puede considerarse una pieza cubana legítima. Massip se indigna porque Adolfo de Luis permitió intercalar [como en el Alhambra] menciones comerciales a manera de morcillas ya que "el necesario beneficio pecuniario que con ello se busca, hay que pagarlo a un alto precio de dignidad artística".[362]

La palabra repetida convulsionó el atildado mundo de las salitas. Mientras las vidrieras de Galiano y San Rafael celebran el teatro, algunos crucifican a Virgilio o callan. ¿Cuánto hay en la ríspida nota de incomprensión hacia la *boutade* y el gesto de romper las normas del convencionalismo burgués y el teatro comercial? ¿Cuánto de cierto en

---

[362] Massip, José. "Atelier: La boda". *Nuestro Tiempo* 22 (marzo-abril 1958).p. 18. En Hernández Otero, Ricardo. *Revista Nuestro Tiempo: compilación de trabajos publicados.* La Habana: Letras Cubanas, 1989. pp. 307-309.

la inseguridad de los actores la noche del estreno, sometidos a tantas dificultades, incluida la amenaza de cerrar por deudas? *La boda* no es otro escupitajo al Olimpo porque no hay dioses ante los cuales escupir, pero sí una burla al teatro acomodaticio, fácil e insulso. Una palabra indecente pretende dinamitar la moralidad y las buenas costumbres. Tetas como *merdre* resuena pero por poco tiempo.

El 18 de marzo Virgilio ya está en Buenos Aires y con cierta urgencia, quiere rescatar los cinco libretos de *La boda*. Allí intenta darla a conocer (el 16 de mayo Bioy Casares refiere en sus *Diarios* una conversación con la poeta Wally Zenner por la que trasciende está preocupado por la reacción del público de Buenos Aires ante la palabra). En junio anuncia una lectura en casa de Silvina Ocampo, "entusiasmada con la obra", aunque no tiene esperanzas de darla allí porque los argentinos "no toleran presiones tan altas".[363] Se piensa que la lee el 9 de junio pero salvo esas menciones, no trasciende un juicio sobre el texto. A estas alturas, nadie especula si un montaje de *La boda* habría funcionado con el público argentino. Al fin, después de una estancia llena de vicisitudes, llega a La Habana el 27 de septiembre. Parafraseando el tango, llegó para no volver.

---

[363] *Virgilio de vuelta y vuelta*. pp. Carta del 9 de junio de 1958 a Pepe Rodríguez Feo. 194-195.

Puntos de vista en 1958
Cubanidad postiza: Luis Amado Blanco [364]

La segunda pieza que aparece en este mes del Teatro cubano, es un reestreno: *Electra Garrigó* de Virgilio Piñera. Fue estrenada allá en el mes de octubre de 1948, en la Escuela Municipal Valdés Rodríguez, para celebrar el primer aniversario de la revista *Prometeo*, altavoz literario de este mismo grupo, hoy como ayer bajo la batuta de Francisco Morín. Virgilio Piñera estrena también en la Sala Atelier su nueva obra *La boda*, lo que significa una clara preferencia por este autor cubano de recia raigambre poética, de muy aguda y sutil cuentística. El hecho en sí debe anotarse, aunque no podamos entretenernos a estudiarlo debidamente. Por lo pronto cabe apuntar que ciertos grupos de nuestro hoy escénico, prefieren el que pudiéramos llamar teatro de arte, al teatro comercial, que de seguro —aquí como en todas partes— procura una mayor afluencia de público, aunque sea municipal y espeso. Actitud exactamente heroica, en tanto y cuanto andamos aún por los inicios de una pública atención por el quehacer de nuestros artistas del tablado de la antigua farsa. Quizás el "todo o nada" de raíz netamente hispánica. O el jugarse el destino —nada menos que el destino— a un solo color, en la peligrosa ruleta de nuestra existencia. Cualquiera sabe.

El reestreno de *Electra Garrigó* plantea al crítico una revisión de su criterio de hace diez años. No es que temamos esta revisión ni ninguna otra. Cuando la lealtad —admitida o no admitida— va por delante, estas encrucijadas nunca resultan peligrosas, sino todo lo contrario. "De

---

[364] *Información*."Retablo", 19 de febrero de 1958. Título de la edición y no de Amado Blanco.

sabios es cambiar de opinión", dice el viejo refrán castellano. Pero aunque no presumimos de sabios, ni mucho menos, el decir hoy sí, a lo que dijimos ayer no, ha de producir algunos ingenuos despistes en el lector que ignora esta dolorosa provisionalidad de la profesión crítica, a lomos del caballo veloz del último estreno. Y no es que tengamos que negarnos, ni los reparos de entonces no puedan ser reparos ahora. Por suerte, o por desgracia, estamos en las mismas. Pero de otra manera. Hace diez años *Electra Garrigó* nos lució una pieza interesante, de muy dura contextura literaria, pero de muy dispersa contextura dramática. Hoy, nos luce una obra metálica en una y otra dimensión, contra la que se puede golpear para sacarle las bellas estrellas del forjador de luces. Ignoro totalmente si han sido los años –mis años– transcurridos. Si se ha hecho alguna sabia poda en el texto original, o si los años de Morín y su constante aprendizaje han obrado este milagro de transformar los panes en peces, y los peces en panes, aunque la cantidad y calidad de unos y otros sean exactamente iguales.

Por lo pronto, la cubanidad de la obra nos resulta tan postiza, ausente y distante como una estrella cualquiera. Estamos en Cuba como podríamos estar en otro lugar de la cambiante geografía de nuestro humilde globo. No es que la tragedia disminuya por esto. Está en su sitio, y eso basta. Pero ni las décimas, ni el delicioso cambio de humores, ni la arquitectura del hermoso decorado ni el vestuario tan maravillosamente conjugado por Andrés, añaden ni un ápice a su esencia, a su hondura local, aunque sí a su plástica sugerente. No es que el cubano no pueda ser capaz de la dimensión trágica de *Electra Garrigó* y su familia. Todo lo contrario. Más bien diríamos que nuestra latitud espiritual es una latitud trágica, a pesar de la falsa alegría multicolor que se pasea por las calles. No es eso. Es que la problemática de *Electra Garrigó* y su gente, no está condicionada por la esencia criolla, por sus características primordiales y básicas, tan pronto en el choteo como en la exaltación suprema. No hay que olvidar el profundo acierto de aquel otro gran poeta nuestro, Nicolás Guillén, cuando cortaba su gran poema para introducir por cansancio espiritual, la letra de un doloroso son estremecido: "Cinco minutos de interrupción. La charanga de Juan el Barbero toca un son." En *Electra Garrigó* no acontece nada de esto. Nada. Ni aún el desenvolvimiento de la trama espiritual que se teje por dentro. Tan sólo el simbolismo feroz de los gallos pone una justa pincelada en la intimidad de los personajes. Tan sólo. Pero una pincelada maestra no hace la totalidad de un cuadro.

Sin embargo, a pesar de todo lo dicho, a pesar de la concordancia de lo dicho ayer con lo dicho ahora, *Electra Garrigó*, parece distinta, nos llega a zonas del pensamiento y la emoción a las que antes no había podido llegar ni con mucho. Y aunque, como afirmamos antes, no sabemos a cara descubierta a quién achacar este milagro, esta renovación, esta potencia, no cabe duda de que Morín ha encuadrado esta vez la obra dentro de sus justos límites, con una sobriedad esclarecedora de la que hace años estaba aún muy distante. Diez años de trabajo esforzado, luchando contra el misterio expresivo de uno mismo, son muchos años. Antes todo era delectación parcial de algunos instantes, barullo de algunas escenas, mientras que ahora se ha conseguido una unidad férrea, una apretazón formidable de la tragedia entera. Ni un instante los actores hacen lo que no deben hacer. Encerrados en el rígido marco de la gran tragedia, madre de la escena, los gritos, los suspiros, las intenciones, brotan al primer plano en busca de la expectación del respetable, sin distracción ni coloridos populares absurdos. La tragedia luce como es: escueta, rectilínea, complicadamente primitiva. El monstruo griego surge a pesar de la serenidad de las estatuas. Y como lo helénico es, en resumen, el hombre, la terrible trama nos hiere en lo hondo, nos subyuga, nos penetra. Aunque hoy como ayer no estemos conformes con las deducciones y planteamientos psicológicos de muchos de los personajes de *Electra Garrigó* esto ahora nos importa menos. El mundo está lleno de absurdas contradicciones. Todo es posible. Pero el puñal siempre saca el mismo surtidor de sangre.

Un gran triunfo de Morín y de Andrés, mano a mano. Ese Partenón criollo de la fachada de la casa, es todo un acierto. Y la luz, y la cálida, lenta traslación de las figuras. Y ese tino apreciable –muy apreciado– en el paso del humor a lo trágico, del grito al murmullo, de lo sutil a lo hiperbólico. Todo. Guste o no guste al público, un acierto. Y una obra: digámoslo sin que nos quede nada por dentro.

En cuanto a interpretación, la pieza podría titularse, Clitemnestra Pla en vez de *Electra Garrigó*, ya que Elena Huerta sobrepasó con mucho a Liliam Llerena en la incorporación de su papel. De dentro a fuera, como hacen, las grandes actrices. Ni un solo movimiento en falso. Ni un grito sin el grito del alma. Sin una sola falsedad de los pies a la cabeza. El rostro, las manos, la actitud total. El público, que sabe mucho más de lo que suponen algunos "entendidos" la saludó al final con sus más cálidos aplausos. Sin que esto quiera decir que la señorita Llerena estuviese desacertada ni mucho menos. Todo lo contrario. Pero en el monólogo –por ejemplo– con que comienza el segundo acto, se vio la composición directriz de su hacer escénico. Algo fallaba para la conquista de la partitura. Se estaba tocando como había sido ensayado. Hasta el límite máximo. Pero sin poner nada de sinceridad, de terror, y de trágico humorismo personal en su recitado. Una gran actuación, pero no tan de ella como es debido.

Muy bien, admirable en sus cortas intervenciones, Roberto Blanco en Egisto, de un barato populacherismo delicioso, sin perder el perfil de la moneda griega. Bien, el Pedagogo –Omar Valdés– sobre todo de estampa. Discreto, Fausto Montero en Agamenón Garrigó. Y como siempre bien, sobrio, misterioso y ceñido, Helmo Hernández en

Orestes, con ese hálito de acierto que constantemente envuelve sus actuaciones. Perfectos, los Gallos Domingo Palomo y Rafael Machín. Los Dobles, Camaristas y Criado, más bien flojos. Correctos de estampa, pero débiles en la acción.

En un mes de Teatro cubano, no podía ni debía faltar una obra como ésta. Ahí está. Aplaudamos la ocasión de volver sus valores y sus flaquezas. Que de todo se llena la viña del Señor.

Seudo criolla por Héctor García [365]

Electra Garrigó es una obra para público de "selección". Para un público culto, de un desarrollado sentido teatral y, en particular, avezado en la mitología griega. De no cumplirse cabalmente estos requisitos, no es posible que la obra pueda ser bien aquilatada, ni mucho menos comprendida. Y como nuestro público de "selección" es muy limitado, muy limitado es su alcance. El argumento, muy estrechamente relacionado al de las homónimas tragedias de Sófocles y Eurípides, basada a su vez en *Las coéforas*, de Esquilo, data de casi cinco siglos antes de nuestra era. Tiempo suficiente para que cambien los ríos y los hombres. Época aquella urgida, por sus peculiares razones históricas, de otro modo peculiar de concebir y expresar la realidad; modo que, además de ser divino, porque aquel dorado pueblo pendía del Olimpo, era exaltadamente fatalista, como ya no somos.

Ese carácter ha sido traducido con suficiente acierto por el autor de esta nueva Electra seudo criolla en formas aceptablemente cubanas. Lo que no se ha adaptado a nuestro medio es su contenido, porque esto es absolutamente imposible, ya que nuestra realidad no es la de los helenos ni por asomo, pues los problemas que nos ocupan no son los

---

[365] *Nuestro Tiempo* número 22, marzo-abril, 1958. p. 10.

mismos que ellos pudieron tener, que el mundo evoluciona... Ni siquiera se ha querido conferir a esta transcripción una concepción contemporánea del asunto, ya que todo en ella se plantea, y se resuelve, en los mismos términos de absoluto, casi canónicos, en que aquellos clásicos se miraban a sí mismos. Por eso la cuestión planteada, aunque haya sido reproducida por un autor del país, no puede ser cubana, porque no atiende a nuestra esencia social, por más que pueda parecerlo externamente.

El coro, sin embargo, es un logro grande. Las décimas están muy bien concebidas y constituyen el elemento de mayor cubanidad. Su relato, dentro de los límites que le impone su estilo subjetivista, es bastante preciso y de ingenuo colorido guajiro. Ello bastó para que nos emocionásemos, de entrada, al experimentar el contacto en una sala de teatro con una de nuestras más entrañables manifestaciones folklóricas y lo agradecemos. El trovador Francisco Tejuca posee un timbre de voz y una sonoridad apropiadísima para nuestro "punto" y su interpretación nos convenció, pese a la deficiente coordinación con el acompañamiento.

Liliam Llerena se superó considerablemente esta vez, asistida de una hábil dirección y la felicitamos por ello. De todos modos, como Electra, la esperábamos más dueña de sí y de las situaciones, más categórica, más aguda. Debió ahondar más en la gravedad de su personaje y también debe vigilarse más la voz. La concepción del Pedagogo, nos resultó más que satírica, ridícula, por la doble afectación, innecesaria del atavío y del gesto. Roberto Blanco, como Egisto, debió relajarse menos. Hizo una caricatura de un personaje «cubiche» en franco contraste con la universal expresividad de las demás actuaciones. Fausto Montero dio un Agamenón vencido, gris, que añadió lógica a su desaparición fortuita.

Helmo Hernández, en su Orestes poco conflictivo, estuvo demasiado sobrio; sobre todo en las escenas en que la tragedia, ya desatada, debía desorbitar la pulsación de la trama. A la comparsa de la camarista y los criados le reconocemos toda su espectacularidad, atributo éste en que abunda la obra, pero es precisamente por ello que, considerando la limitada perspectiva que ofrece esta sala, creemos que la dirección de las escenas en que éstos intervienen debió realizarse de una manera más cautelosa. Su efecto se extravió mucho. La pelea de gallos sucedió de un modo abrupto, carente de plasticidad o significación artística.

La culminación de la noche fue Elena Huerta. Esta magnífica actriz sabe concebir un personaje de modo que juegue con la línea general que lo enmarca. Descontando la ventaja de que su papel, de por sí, es el vórtice real de la tragedia, su actuación fue sobresaliente, de una como "teatral sinceridad" que informa la pieza.

Pero las bondades resultantes de la representación, hay que acreditarlas, en amplia medida, a la dirección dignificadora de Morín. Su experimentada tutela pudo conducir a esta *Electra...* por caminos sobrios, salvo en los temerarios momentos antes apuntados, creando así un clima compensatorio para la atención del espectador.

Electra Garrigó, en última instancia, es un espectáculo interesante; un experimento bastante feliz, como tal, de un escritor de elaborado oficio, pese a las limitaciones que se ha querido imponer –y con las que disentimos irreconciliablemente como lo es la evasión voluntaria de la realidad– que lo obliga al empleo de tratamientos alambicados y subjetivos, y a la elección de temas alegóricos o vencidos a expensas de la verdad de nuestro momento que nos reclama, con lo poco que se añade a nuestra palpitante tradición cultural, y que lejos de contribuir puede que distraiga la verdadera función de la cultura que es la de iluminar la vida del hombre.

La boda por José Massip

La boda ha sido concebida para ser lanzada brutalmente sobre el espectador a la velocidad de un tren expreso. Encarrilada dentro del género absurdo –muy transitado por el autor como ruta estética para expresar su propia concepción de la vida: recuérdese *Falsa alarma* y *Cuentos fríos*– la obra resulta reprobable no por el *shock* a que es capaz de someter a la sensibilidad más soñolienta, sino por los medios utilizados para ese *shock*.

El absurdo es un producto artístico relativamente reciente, aunque su árbol genealógico llega gasta Hieronymus Bosch y aún hasta Aristófanes. Pero como corriente artística, como «género» broa apenas a principios de nuestro siglo. Su abuelo, Apollinaire, su padre, Kafka; Ionesco, el hijo pródigo. Bajo la superficie de su desconcertante ilogicismo, una firme desesperación: la de la impotencia del hombre ante fuerzas omnipotentes, que trazan sin que cuente su voluntad, las líneas de su destino. Fuerzas que reinan tiránicamente «la vida» (eufemismo que tantas veces sustituye a esa aborrecida y a menudo temida palabra: «sociedad» y que constituyen la ensordecedora voz que nos grita que el universo no está en nosotros, sino nosotros en el universo, verdad esta que se ha abierto un camino hasta la conciencia de muchos hombres pero que ha sido vedada para la conciencia de otros. en arte, el absurdo es una posición ante esta verdad y un estado de ánimo: la perplejidad, forma terrible de desesperación. A menudo esta posición se traduce en una feroz acometida contra las convenciones, las normas, la moral predominante, y toda la mecánica del medio social, y muy pocas veces –las más valiosas– contra el orden

[366] *Nuestro Tiempo* 22 marzo abril de 1958. p. 18.

social, verdadera madre de lo anterior. *La boda* pudiese haber sido lo primero.

No llega jamás a serlo porque el autor ha preferido para sostener dramáticamente a obra el endeble apoyo de una palabra vulgarísima que resume un imposible conflicto –razón a su vez del absurdo– cuya sola exposición en una frase invade el territorio de lo obsceno. De la vulgaridad y la obscenidad reiteradas mil veces ha dependido exclusivamente Virgilio Piñera para producir el *shock*. Es decir, la vulgaridad y la obscenidad convertidas en finalidad. Estamos ante el *shock* por el *shock*, ante el absurdo por el absurdo. Y *La boda*, entonces, es apenas algo más que una pieza vulgar y obscena y es éste un juicio –quede constancia de ello– despojado de beatería o del puritanismo cuya pulverización seguramente regocija al autor. Lo vulgar y lo obsceno no son más que lo vulgar y lo obsceno.

Al lado de la fascinante *Electra Garrigó*, *La boda* quedará en el mejor de los casos, como un lamentable error de Virgilio Piñera, escritor de indisputable talento. Desafortunadamente a este error inexcusable se pueden sumar otros, que de no ser aquél tan detestable, hubiesen sido errores mayores. Primero, un pirandellismo demasiado forzado, remachado. La participación del público puede ser un recurso eficacísimo, si la violación de la frontera que separa al actor del espectador se hace con mano experta. Esta mano no la ha tenido *La boda*. Después: el último acto: un calco casi absoluto del último de *La soprano calva* en lo que se refiere a la ruptura con la lógica del lenguaje. Lo que resulta llanamente burdo si esta ruptura no está condicionada por un proceso dramático anterior. *La boda* no contó con ese proceso. Finalmente, *La boda* no puede considerarse una pieza cubana legítima. Su nacionalidad es amorfa. Sus personajes, sus situaciones, el espacio social en que aquéllos se mueven y éstas surgen, carecen de ciudadanía.

Este cosmopolitismo –muy distante, por cierto, de la cubanía de *Electra Garrigó* – es, seguramente un costado inevitable de esa forma que ha tomado el autor de imaginar la vida y el mundo que consideramos fue definida certeramente por Fornarina Fornaris en su crítica de *Cuentos fríos* (*Nuestro Tiempo,* julio-agosto de 1957).

Su mundo [el de Virgilio Piñera] es un espectro que agoniza bajo el signo de la derrota. Escuchamos aquí el bramido de la desesperación... Brama esa literatura su amargura y desaliento, su lasitud y su cinismo, su escepticismo impenitente... mezcla de surrealismo ... horror y asco [tiene] una predilección por los aspectos más bajos de la vida. Se recurre con demasiada frecuencia a términos como excrementos, masturbación, putrefacción, excretas, un tema sin nacionalidad definida.

Después de lo escrito arriba, lo que se escriba sobre la actuación y la puesta en escena resulta baladí. La mejor interpretación no hubiese podido rescatar *La boda* del cieno en que la quiso sumir su autor. Mas tampoco hubo acierto en la actuación. Solo Adolfo de Luis lució librado –como podría esperarse de un actor experimentado – de una inseguridad de noche de estreno de grupo estudiantil que hizo presa de los demás intérpretes (aunque en menor cuantía de Julia Astoviza) en el decir de los parlamentos y en el moverse en escena. Sí fue imperdonable, en cambio, que un actor y director de la seriedad profesional de Adolfo de Luis consintiera y ejecutara el intercalamiento de "morcillas" consistentes en menciones comerciales. El necesario beneficio pecuniario que con ello se busca, hay que pagarlo a un alto precio de dignidad artística.

Resurrección de Electra

En Cuba empieza la odisea de Virgilio por ganarse la vida con artículos para *Carteles,* entre estos, uno sobre Jarry que finalmente no se publica porque en la cita de *Ubú rey* figura la palabra culo. Rechazado por "escandaloso", le piden otro sobre un tema navideño y se le ocurre hacer unos pastiches poniendo en boca de Martí, Borges, Kafka y Proust lo que serían sus impresiones del 31 de diciembre… Ahí no terminan sus angustias. En su correspondencia, cuenta a Humberto que Ramón [Ferreira] y Agustín [Fernández] lo amenazan en plena esquina de 23 y 12 a donde va a limpiarse los zapatos. En la versión de Piñera, le gritan cucaracha y lo previenen de que no podía asomarse al barrio porque le iban a dar una paliza que lo iban a matar. Virgilio lo cuenta a Collado, siquiatra esposo de Eva Fréjaville, quien le dice que era una explosión de envidia de Ramón por el fracaso de su obra en México. [367] Debe ser la puesta de Salvador Novo de Un *color para este miedo*, anunciada en el programa del Congreso Panamericano de Teatro al que

---

[367] Carta del 4 de noviembre de 1958 a Humberto Rodríguez Tomeu en *Virgilio de vuelta y vuelta*. pp. 208-209.

Ferreira asiste como delegado. [368] Ninguna de las obras de Ferreira fracasa, por el contrario, tienen varias temporadas en la sala de Bellas Artes o en la de Adela Escartín que las dirige y a pesar de Piñera, *Ciclón* la reseña y publica un texto. Agustín Fernández, pintor y escenógrafo esposo de la diseñadora María Elena Molinet, se asocia con Las Máscaras, hace la escenografía de *Yerma* de Andrés Castro con Vicente Revuelta y Adela Escartín. Pertenece al círculo íntimo de Piñera. Fréjaville escribe muy elogiosamente sobre el ambiente tropical de su pintura, maravillada con la abundancia de madréporas y enredaderas y sobre un retrato suyo, el segundo, después de *Eva en el baño*, de Carlos Enríquez. [369] La puesta de *La boda* reúne a un grupo diverso y selecto. Regina, hermana de Miguel de Marcos, cronista del *Diario de la Marina*, no escribe sobre la obra, pero le presta a Adolfo de Luis el traje de bodas usado en el montaje.

Virgilio reitera en sus cartas las amenazas y la intimidación de que es víctima. Está aterrorizado y lleno de ansiedad. Humberto lejos y él prisionero entre las paredes de su casa mientras el miedo se apodera de él. Ese regreso angustioso estimula su gran obra *Aire frío*. El pánico vuelve durante las reuniones de la Biblioteca Nacional en 1961, pero se instala mucho antes, atizado por un clima homofóbico. Tendría que llegar algo que viniera a salvarlo.

Virgilio tiene cuarenta y seis años y marginado y ninguneado, busca su lugar. Son de sobra conocidas sus tempranas cartas a Fidel Castro y sus declaraciones en la televisión sobre la posición del escritor. Después de intentar sin éxito un puesto de agregado cultural, pronto

---

[368] Piñera, Walfredo. "Brillante actuación de la delegación cubana al Congreso de Teatro en México". *Diario de la Marina*, 23 de octubre de 1957. p. 12. Asisten Rubén Vigón, Minín Bujones, Ramón Ferreira y José Manuel Valdés Rodríguez como observador.
[369] Fréjaville, Eva. "Ambiente de Agustín Fernández". *Diario de la Marina*. 3 de enero de 1958. p. 4-A.

escribe para el periódico *Revolución* y el semanario *Lunes de Revolución*. En su primer artículo como El Escriba (enero 15 de 1959), después del discurso de Fidel Castro recordado como ¿Armas para qué?, se ocupa del destino de los que como él vivieron "con la incógnita de ¿comeré hoy? y quieren asegurarse un puesto de empleados". [370] El Escriba sigue el discurso por la televisión y piensa "¿Qué puesto me darán, qué cosa me ofrecerán, me dejarán fuera, me encajaré de una vez por todas?" Mientras Fidel recuerda al pueblo que la Revolución no se hizo para disfrutar de los "gajes del poder", "montarse en una cola de pato, vivir como un rey, tener un palacete" y habla de desinterés, espíritu de sacrificio, "darlo todo a cambio de nada" y renunciar a todo lo que no fuese cumplir el deber de sinceros revolucionarios, Virgilio, desde su modesta «colocación» de corrector de pruebas, según cuenta en una carta y disipada su incertidumbre acerca de su «menesterosidad», se encarga no de pensar en mayúscula sobre lo que se avecina sino de sus más perentorias necesidades, esas que aparecen trascendidas en su obras teatrales. A distancia, es paradójico, Cabrera Infante, sin libro publicado es el director de *Lunes* y Piñera con su trayectoria literaria, corrector.

Su estreno como Escriba no desborda el entusiasmo de "La inundación", (mayo de 1959) pero asume un tono personal a pesar de no estar firmado. La Revolución instaurada la noche del 31 de diciembre es un río desbordado y atroz que fraterniza y vindica. Contiene e hiperboliza las imágenes (tan recurrentes en la ficción documental) del pueblo destrozando parquímetros y cajas contadoras y la violencia de horca y cuchillo como fiesta de los desposeídos que un poco después será la «revolución con pachanga». Aparecen casi todos los temas que ocupan al Escriba: milicianos, barbudos y el interés por

---

[370] Piñera, Virgilio. "Nubes amenazadoras" *Las palabras de El Escriba*. Ob. cit. pp. 33-35. "La inundación". En *Virgilio Piñera al borde…* Ob. cit. pp. 228-233.

desacreditar las "plumas respetuosas". Transcurren seis meses entre el primero y el segundo de los artículos, "La reforma literaria", publicado en junio de 1959, a partir del cual escribe con frecuencia increíble para quien nunca antes hizo periodismo diario. A veces cada dos días, con el consiguiente desaliño. Y si sus temas son el compromiso del escritor y la necesidad de una reforma literaria, ya en "Casal... o Martí" establece, con la conjunción disyuntiva, el imperativo de escoger entre uno u otro, y hace recaer la sospecha sobre el escritor que dice marchar codo con codo con la Revolución y traiciona o los que a su juicio mantienen un compromiso simulado. Su punto de vista se coloca en el plano del vocero y el editorialista. Por primera vez un sueldo fijo le garantiza dedicarse a la escritura en un órgano de alcance masivo. Presionado por la necesidad económica, acepta sus exigencias y se dispone a hacerlo con absoluta entrega. Si el periódico le exige el seudónimo por su homosexualidad, no firma los textos pero grita a los cuatro vientos su identidad al seleccionar temas cercanos: la próxima aparición de alguna revista o los más notorios descalabros de la traducción teatral, sin demasiados detalles sobre los malos traductores y sí de los buenos (su amiga Eva Fréjaville con quien comparte tertulias y Graziella Pogolotti, que "sube como la espuma"). Además de las excelentes notas de los compiladores, debe referirse a la traducción de Aurelia Castillo de *La hija de Iorio*, de D'Annunzio. (Imprenta de Fernández, 1907). El tema de las traducciones teatrales es casi virgen y la costumbre de cubanizarlas en estilo chuchero con frases chabacanas, más que vigente.

La primera muestra de una actitud belicosa aparece en *Nueva Revista Cubana*, donde publica "Alfred Jarry o un joven airado de 1896" pero ni por ello se excluye de criticar al "director de la orquesta" y de paso a Nicolás Guillén, porque espera de él un poema revolucionario y se aparece con "Epístola", dedicado a Águeda y Nora, la dramaturgo Flora Díaz Parrado y su hermana, cuyos nombres reales aparecen en una versión anterior del poema. [371] A su juicio Nicolás merecería más *rapé*.

En carta a Gombrowicz del 3 de febrero de 1959 le asegura sería nombrado agregado cultural en París o Buenos Aires. Cuatro meses después, en "Agregados culturales y desaguisados"... como en tanto periodismo, el aspirante al cargo elogia al ministro o al funcionario de turno para obtenerlo, como satiriza en *Flirt* José Antonio Ramos, diplomático-dramaturgo como Hernández Catá, Díaz Parrado y muchos otros. Mediante otra carta se conoce en qué paró su designación. [372] En julio, en uno de los mejores textos, "Las plumas respetuosas", instalado como francotirador, orgulloso de haber puesto a la Avellaneda «en su lugar» en la conferencia famosa del Lyceum, sostiene que el escritor debe tener valentía y coraje hasta "para arriesgar su vida". El Escriba legitimado, se arroga el derecho de criticar el baquerismo, los batistianos, la vieja guardia, la consagrada intelectualidad, unos por el vínculo con el régimen anterior, otros por una dedicatoria, una alusión, por criticar excesos, por ser condecorados, "sembrar el confusionismo", con el mismo sesgo intolerante de los que a título de depuradores, acabaron con la cultura en el quinquenio gris, y también con el Escriba. Mucho antes de "Palabras a los intelectuales" El Escriba lanza sus agresiones. Justificadas, merecidas o inmerecidas, fustiga a Baquero, Ichaso, Chacón y Calvo, Ortiz, Guerra, Acosta, Santovenia y Vitier. Piñera abre dos frentes, contra Gastón Baquero (que dejó morir la revista *Orígenes*) pero entregó a Lezama Lima una columna en el *Diario de la Marina* y contra la baja productividad de los escritores o la precaria existencia de la literatura cubana, tema de varias entregas.

[371] Aparece en *Nueva Revista Cubana* abril-junio 1959 : 156-162.
[372] Anderson, Thomas F. *Piñera corresponsal: una vida en cartas.* Universidad de Pittsburgh: Clásicos de América, 2016. Ob. cit. Carta de febrero 24 de 1959. pp. 89-90.

El 4 de septiembre de 1959 estrena *El flaco y el gordo* en un programa de teatro experimental en el Lyceum bajo la dirección de Julio Matas junto con *La jovencita casadera* de Ionesco. [373] Autor y director se reúnen con Rine Leal para una entrevista. Piñera declara que la obra surgió como un *divertissement* mientras escribía el tercer acto de *Aire frío*. "Aclaro bien aquí que no quiero que me cuelguen otra vez la etiqueta de Ionesco o Beckett ahora. Soy yo mismo, no otro autor. Yo hice absurdo antes que Ionesco, tú lo sabes –dice a Leal que asiente–. Quiero que mi comedia se defienda sola. Hasta ahora ningún dramaturgo cubano se ha colocado en un plano internacional, incluyéndome". [374] Pensó que ser declaradamente absurdo lo colocaría en ese Olimpo.

En dos cuadros y un acto, enfrenta a una pareja de contrarios, un flaco y un gordo confinados a sala de un hospital, eternos opuestos e intercambiables, víctima y verdugo. Con su pierna enyesada por "robarse una gallina", el Flaco escudriña a un Gordo sibarita que se regodea con crueldad en los menús que escogerá durante su estadía. Mientras el Gordo come arroz con pollo, el Flaco ingiere sopa aguada y harina con boniatos y somete al Flaco a lo que Piñera llama «pruebas», actos crueles que oscilan entre el chantaje y la humillación. Mientras el Gordo pide a la carta, el Flaco debe leerle al Gordo una receta de arroz con pollo como si fuese la música acompañante, "excitante como una película pornográfica". Pero al final de la lectura, el Flaco no recibe el bocado prometido y el Flaco se desespera y trama su venganza. En el segundo cuadro, El flaco se ha comido al Gordo como anuncia la cuarteta que se escucha en *off*: "Aunque el mundo sea redondo/Y Juan no se llame Paco, /Es indudable que al Gordo/siempre se lo come el

---

[373] Eugenio Domínguez, Carlos Fernández, Jaime Soriano y David Camps en *El flaco y el gordo*. En *La jovencita casadera*. Elena Huerta, Leonor Borrero y Carmelo de Paula.
[374] Leal, Rine R. "El flaco y el gordo". *Lunes de Revolución* 25. 7 de septiembre de 1959. pp. 10-16. Se publica además el texto de Piñera. Fotos de ensayos de Jesse Fernández.

flaco. Pero cuando el nuevo Gordo se dispone a salir del hospital, arriba a la habitación un nuevo Flaco". La historia en su implacable circularidad, "*ritornello* in *crescendo* sobre una de las fases más angustiosas de la tortura humana, el hambre",[375] los dos personajes sostienen un duelo verbal que va más allá del divertimento.

Piñera vuelve a un tema cercano, el carnaval del cuerpo de *La carne de René,* cuyo protagonista se desmaya frente a una exhibición de abundantes cuartos de res, jarretes y masas de variadas carnes, como El Flaco se deleita ante la golosa demostración culinaria del Gordo. René se resiste a ser marcado en el trasero y huye de su propio destino como "carne". Un guiño sarcástico: escapó del hambre cubana y encontró los bifes. Si en la novela, como apunta Gombrowicz en su *Diario argentino*, la carne humana aparece "como servida en un plato, sin posibilidad de redención", aquí la comida se sueña, recita, evoca, para despertar en el otro un deseo incontenible de venganza y sometimiento. Es un ejercicio sádico. Ni el Gordo ni el Flaco escapan al *fatum*, ciclo repetitivo por el que la misma historia se reproduce, inexorable. *El flaco y el gordo* no es una obra sobre al hambre sino sobre la constante piñeriana del opuesto, blanco-negro, sí-no, turgencia-flacidez, semejante-diferente, oposiciones que combinadas crean situaciones que crecen y exasperan. "¿A qué se debe, pregunta Gombrowicz, el sadismo de esta carnicería, tan hondamente americano que para la América no oficial, oculta, adolorida, podría servir casi de himno?"[376] Han transcurrido siete años desde la publicación de *La carne de René*, pero el sadismo adolorido de Virgilio y su alma trágica permanecen intactos. Intentar incorporarlos al mundo cambiante de la Revolución recién nacida tropezó con la incomprensión y el rechazo. Las farsas del 57 naufragan con los espectadores y encuentran la indiferencia crítica,

---

[375] Leal, Rine *En primera persona* (1954-1966). ob. cit. p. 115.
[376] Gombrowicz, Witold. *Diario argentino*. Ob. cit.

incluido el juicio de Leal: Para el crítico, "*El flaco y el gordo* es una aburrida experiencia teatral; para el espectador medio, una «epatante» historia canibalesca, para el teatro cubano el estreno más alucinante de 1959".

Dos años después, en medio de la conmoción que la Revolución significó en todos los órdenes, la crítica no quiere minimizar su alcance pero no logra adherirse a él ni encomiarlo, a veces con argumentos enrevesados: "El espanto del hombre frente al hombre, la lucha feroz por la supervivencia en un mundo de desigualdades ha convertido la existencia en el mundo de la libre empresa, en un "comedor antropofágico", y esto es lo que Piñera ha querido reflejar en su pieza pero aunque el autor establece un desacuerdo con sus circunstancias sociales, el absurdo como forma de protesta se ve eclipsado porque al romper con la lógica, la protesta no comprende el proceso del devenir de esa realidad".[377] El público tampoco. Ni siquiera la minoría culta de los entendidos. Quizás la perspectiva de un cambio social liquida la efectiva circularidad de la pieza y el público se frustra no porque un Flaco se coma a un Gordo, sino por la posibilidad de que esa dialéctica se reproduzca hasta el infinito. Después de todo el imaginario social espera y lucha por algo más que una vuelta en redondo o un cambio que retorne al punto de partida. Natividad González Freire escribió que "el pasado traicionó a Piñera". Controvertida y polémica, casi nadie comprende su dimensión.[378]

El 20 de agosto de 1960 y no el 4 –como pensaba Piñera por su cumpleaños– estrena *El filántropo* en la sala Covarrubias del Teatro Nacional. Se repite en septiembre y el 8 de octubre por televisión o ¿al

---

[377] Fornaris, Fornarina. "El flaco y el gordo y La jovencita casadera". *Hoy*. jueves 10 de septiembre de 1959. p.
[378] González Freire. Ob. cit. 161.

año siguiente? [379] A partir de un cuento suyo, escribe con bastante rapidez otra obra absurda que como la anterior, tiene un montaje poco brillante, más bien gris y convencional. Dirigida por Humberto Arenal, es su primera puesta profesional [380] ya que la anterior, *Cantata a Santiago de Cuba*, de Pablo Armando Fernández, se estrena en Nueva York en un círculo de emigrados y en la isla, en el masivo acto de El Caney, en Las Mercedes. Virgilio se sorprende con la calidad del programa de mano y los carteles así como el generoso presupuesto de *El filántropo*. También supongo con el despliegue mayúsculo del periódico *Hoy* (una página el 26 de agosto con dibujos de López Nussa y media página al día siguiente).[381] Alejo Beltrán escribe: "Virgilio ha sido arrastrado por la ola revolucionaria, cabalgando sobre ella, pero no dentro de ella. A los cuarenta y cinco años no se cambia un estilo". Aunque celebra los logros del absurdo, sintetiza así la fábula de la pieza: "Coco es un millonario sádico que se empeña en hacer insoportable la vida de sus semejantes y estos también quieren y pueden ser vejados e insoportabilizados. Si Coco necesita pisotear, ellos necesitan ser pisoteados, hasta la joven revolucionaria siente cierto placer en someterse a la maldad de Coco, balanceado por el placer de rebelarse. Es el mismo procedimiento de *El flaco y el gordo*, al extremo de que los personajes se asemejan a hambrientos que adquieren conciencia de su condición de parias". Una situación llevada a su contrario, derivada de

---

[379] Anderson. *Piñera corresponsal.* Ob. cit. Carta de abril 12 de 1961 a Rodríguez Tomeu. pp. 150-152. Me inclino a pensar que la versión televisiva es de 1961.
[380] Coco (Florencio Escudero), Serafín, (Silvio Falcón), Prostituta, (Omega Agüero), Billetero, (Elio Villate), Motica, (Rebeca Morales), Sultán, (Sergio Cabrera), King, (Tony Vega), Carlos, (Juan Cañas). María, (Elena Huerta), Elisa, (Herminia Sánchez), Periodista (Daniel Jordán) Amordazado.(Sergio de Mesa), Amordazada. (Amalia Montiel), Oscar, (Romelio Montiel), foto, Jorge Ronet. Dir. Humberto Arenal. Escenografía de Osvaldo, asistente. Magdalena Sorás. Música. Salvador Díaz. Programa en el Archivo digital de teatro cubano.
[381] Beltrán, Alejo. "El Filántropo en el Nacional". *Hoy*. 26 de agosto de 1960. p. 11 y "Trópico filantrópico". 27 de agosto de 1960. p. 11.

la injusta distribución de la riqueza objetivada en Coco. (Matías Montes Huidobro en las notas al programa).

Piñera no está totalmente satisfecho con el montaje porque Arenal confió el papel de Coco a Florencio Escudero, un actor "blando y sin personalidad" y él hubiese preferido a Roberto Blanco, Egisto en la *Electra…* de 1958.[382] Beltrán consideró débil a Escudero (actor muy destacado en los montajes de Morín) porque le faltó la «noción del matiz» aunque "sale airosamente de la prueba a pesar suyo". Arenal lo selecciona a ciegas, no solo es la primera obra de esta envergadura que dirige sino, según el crítico, a él también le faltó la noción del matiz.

Decenas de obras de los primeros años miraron hacia el pasado cubano y sentaron en el banquillo a los explotadores. Una oleada de burgueses castigados aparecen en las obras de urgencia y agitación. Piñera le incorpora el componente sádico. Su Coco no sólo explota a sus empleados sino se deleita en someterlos a pruebas vejatorias: hacer de perros satos, ladrar, humillarse, pelar papas o escribir «yo quiero mil cocos» como en los castigos escolares. Insensible a las necesidades de sus trabajadores —maltratados— los considera basura humana, mientras éstos, aleccionados por una maniquea agitadora política, María, intepretada por Elena Huerta, en ambiente de farsa, lo vencen en delirante y absurda alegoría política. El motivo se repite en "Pompas de jabón", en sus inconclusos, ágil y divertida variación sobre el tema. El procedimiento se agota pronto a pesar de su ingeniosidad.

El 14 o el 15 de marzo de 1961 se representa en Bolondrón, en el Festival de Teatro Obrero y Campesino, *La sorpresa*, de Piñera comentada en *Hoy* el 16 con fotografías de su representación en el Payret "nacionalizado" aclara en una carta. Dirigida por Manuel Bachs, escenografía de Rubén Vargas y supervisión de Adela Escartín, integran el reparto los aficionados Gladys Pérez, Chavela Mesa y Ramón López.

---

[382] Anderson. *Piñera corresponsal.* Ob. cit. Carta del 17 de agosto de 1960. p. 123.

"Pancha y Severo, un matrimonio campesino, recibe la visita de Doña María Venegas de Elizondo, dama propietaria de extensísimas tierras. Asunto de su visita: necesita la finca que ocupan Pancha y Severo. Los guajiros hacen resistencia: la finca es nuestra, dicen. ¿Y quién pagará las deudas que tienen conmigo? riposta la dama de alcurnia monetaria. Esta *obrita* […] cumple su cometido que para eso él la escribió. Su pintura del latifundista y los campesinos es bastante cruda, sin matices. Es natural. Se trataba de poner en la balanza dos elementos en juego, dos fuerzas, dos antagonismos"...[383] Cuando se publica en *Lunes*, Piñera se enorgullece, feliz de escribir sobre la Reforma Agraria, tema que colmó los repertorios de los aficionados. Escribe a su amigo Humberto Rodríguez Tomeu: "Ayer fui al estreno de mi obrita *La sorpresa* en el Payret". Cobró 200 pesos para ponerla en las cooperativas. Su amigo Niso Malaret se ha peleado con él, dice en una carta, por ser comunista y haberla escrito.[384] Prolifera la obra de ese carácter, una de las más representadas, *Como dijo Fidel*, de Videlia Rivero, estrenada el 17 de mayo de 1961. Eugenio Hernández Espinosa, alumno del Seminario de Dramaturgia del Teatro Nacional, escribe a partir del título de Piñera, *La sorpresa de Virgilia*.[385]

En los años sesenta, como nunca antes, Virgilio es asiduo espectador: asiste a los ensayos de la Ópera de Pekín, *Our Town*, de Wilder, titulada *Nuestro pueblito*, dirigida por Julio Matas, *Yerma*, de García Lorca dirigida por Adela Escartín y en 1963, *Fuenteovejuna*, de Lope de Vega representada por Teatro Estudio, dirigida por Vicente Revuelta.

---

[383] *Hoy*. 18 de marzo de 1961. p. 10. Publicada en *Lunes* 27 de junio de 1960 pp.9-11.
[384] Anderson. *Piñera corresponsal*. Ob. cit. pp. 147-150.
[385] Sánchez León, Miguel. *Esa huella olvidada: el Teatro Nacional de Cuba (1959-1961)*. La Habana: Letras Cubanas, 2001. p. 196.

Electra electriza

Entre 1959 y 1962 resurge *Electra Garrigó* en dos ocasiones en la versión de Morín. El 25 de febrero de 1960 sube a escena en la sala Prometeo con un elenco integrado por Liliam Llerena, Elena Huerta, Eduardo Moure, Fausto Montero, Cecilio Noble, Silvio Falcón y Nuncia Povea, (sustituida por Zoa Fernández), Assenneh Rodríguez, Victoria Nápoles, Clara Luz Noriega, Emilio Rodríguez, René Ferrer, Andrés Fernández y Sergio Cabrera. La prensa publica que estará solo cuatro semanas y el *Diario de la Marina* encabeza la gacetilla con un llamado: "¡Estudiantes, aprovechen la rebaja de hoy! ¡El mejor espectáculo cubano! Tragedia, carcajadas, música y danza". Música por una orquesta de mujeres.

Virgilio comenta: "Andrés dice que me dará participación pero primero hay que cubrir gastos, que el montaje le ha costado más de 800". Es muy posible que el vestuario necesitase ser renovado y el diseñador era reticente en remunerarlo. Andrés ha invertido su dinero en la compra de la sala y el costo de los montajes. De acuerdo con Virgilio, Jean Paul Sartre y Simone de Beauvoir asistieron a la función de *Prometeo* y le acompaña a Rodríguez Tomeu una fotografía. "Él [Sartre] quiere llevarla a París. Está chocho con la obra". [386] El filósofo y la escritora cumplen un extenso programa de visitas y entrevistas, asisten al estreno de *La ramera respetuosa*, en el Teatro Nacional, dirigida también por Morín. Sorprende que *Lunes* no mencione la función de *Electra*... ni Morín la refiera en sus memorias. La visita se refleja como un asunto casi personal del periódico *Revolución* y Carlos Franqui, tanto que *Hoy* y *Bohemia* casi la ignoran. Y no me extrañaría que Morín hubiese dejado plantado a Sartre en la puerta de su salita.

No he hallado la fotografía de esa *Electra Garrigó*. En la publicidad aparece la imagen icónica de Liliam Llerena y Elena Huerta y en el suplemento del *Diario de la Marina* del 29 de marzo de 1960, se observa el escenario y parte de las primeras filas de butacas, pero la versión digital es tan borrosa que no se puede reconocer a nadie. En la primera, Electra y Clitemnestra se enfrentan peleadoras una frente a la otra, en bronca solariega, con un coro de personajes mudos detrás, en actitud expectante. *Electra* va muy bien, escribe Virgilio y "la salita se llenó de tal modo que hubo que colocar sillas de tijera". [387] Desde que Andrés paga la sala nueva de Galiano, se ocupa de los temas administrativos de Prometeo. Virgilio insiste en que está invitada a participar en Teatro de Naciones pero debido a una «fajazón» entre Elena y Andrés, terminado el compromiso, Elena sale del reparto. La obra no viaja a París.

Walfredo Piñera escribe en "El teatro es reflejo de la vida de los pueblos":

en tres años las pequeñas salas han logrado consolidar un movimiento que parecía ilusorio. Predomina, espontánea y

---

[386] Anderson. *Piñera corresponsal*. Ob. cit. p. 101.
[387] Anderson. *Piñera corresponsal*. Carta del 18 de marzo de 1960. pp. 99-101.

nacida al ritmo de la historia, la temática nacional con todos los matices del drama y la comedia. En Arlequín se representa *Función de gala*, de Clara Ronay; en Idal, *Gane un millón* de Barasch y Moore; en la Comedia, *Un color para este miedo*, de Ramón Ferreira; en Las Máscaras, *La oscuridad al final de la escalera*, de William Inge; en Prometeo, la tragedia cubana *Electra Garrigó*, que vierte a nuestro ambiente el clásico tema que inspiró a Sófocles; en El Sótano, una divertida humorada que pone en solfa la campaña contra Cuba de las agencias informativas, *La cortina de bagazo*, de Marcos Behmaras y en Talía, *Arboles in raíces*, de Raúl González de Cascorro, mención del premio Luis de Soto.

La fotografía del *Diario…* es de E. Ruiz de Lavín y alguien despejará si la pareja francesa asistió esa noche y cuál recorte envió Virgilio a su amigo.

Al año siguiente, alrededor del 7 de marzo de 1961, *Electra*… se repone en la sede de la Casa de las Américas (Tercera y G) y en el Hubert de Blanck con motivo de su premio literario, con entrada libre. Para Virgilio, es su quinta *rentrée* con una audiencia de 700 espectadores.[388] Adela Escartín asume el personaje de Clitemnestra, el resto del elenco lo integran Liliam Llerena, Julio Capote (Orestes), Silvio Falcón (Pedagogo), Raúl Xiqués (Egisto Don), Fausto Montero (Agamenón) y Cecilio Noble. Joseíto Fernández canta La Guantanamera. Asistieron dos mil personas en tres días, comenta Virgilio. Exagerada cifra dada la capacidad de la sala, el salón del tercer piso. Aunque la mayoría de los exiguos textos dedicados a las puestas hablan de Joseíto, canta solo en la Casa de las Américas.

"Cada vez que *Electra Garrigó* se representa y esta es la cuarta vez en trece años, nuestro teatro recibe algo así como un estremecimiento porque esa pieza es lo más logrado que poseemos en nuestro repertorio, y uno de los grandes instantes de Morín como director", escribe Rine Leal en el periódico *Revolución*.[389] Lamentablemente Escartín en sus memorias, destaca la rivalidad con Liliam Llerena que la «odiaba» y la premura con la que compuso el personaje, "el mejor de la obra", ya que no le interesaba *Electra,* que hizo en *Ligados* de O'Neill. Liliam es una actriz "cerebral, demasiado fría" para su gusto. Logra borrar el recuerdo de Elena pero no explica cómo vive uno de sus grandes momentos.[390] De acuerdo con Morín, Adela carecía de la gracia mulata de Huerta y fue calculadora y lenta. No guardó críticas de ese montaje o recibió demasiado pocas al ser una reposición.

---

[388] Anderson. *Piñera corresponsal.* Carta del 6 de marzo de 1961. p. 146-47.
[389] Leal, Rine. *En primera*… ob. cit. 130-133.
[390] Vizcaíno, Juan Antonio. *Adela Escartín: mito y rito de la actriz.* v. 2. Madrid: Fundamentos, 2015. pp. 41-44.

Indiferentes o ausentes al estreno de 1948, que no conocen a Piñera personalmente como Rafael Suárez Solís, la declara ahora "de su predilección".[391]

"Con un tema tan antiguo, Virgilio Piñera consiguió, a mi parecer, la obra más moderna del teatro cubano en aventura. Con una sola escenografía –y aquí un elogio para el escenógrafo Andrés– logró, al igual que en el escenario de Atenas sin tramoya, la intimidad de una época. El tema resiste los contrastes del vestuario que el dicho corriente tiene bien declamado a la manera de la estrofa coral, que la frase elocuente halle réplica llana en el habla de la germanía, que la Guantanamera valga por anti estrofa. Esto parecerá anacrónico a los acostumbrados a una representación escueta: dramas entre cuatro paredes, casi siempre quedados en alarma".

Desde luego manifiesta sus reparos. "El espectador no se aburre, pero el espectador de élite, recibiría mayor placer de su lectura que del "rigor fácil de la teatralidad" ya que los comediantes "no [están] todos bastante preparados para dar fuerza a la declamación y a los correspondientes ademanes. Es la obra cubana contemporánea que más hace suponer pueda esperarse un próximo destino eufórico para el teatro cubano. Tan antiguo de nuevo –y por nuevo– como si ya hubiera cumplido los doscientos mil quinientos años de Sófocles".

---

[391] Suárez Solís, Rafael. "Recado de *Electra Garrigó* al teatro cubano". Recorte.

Imágenes

Arriba, Liliam Llerena y Helmo Hernández (Orestes). Debajo, el director Francisco Morín rodeado del elenco y "una orquesta de mujeres".

De izquierda a derecha
Elena Huerta,
los músicos de la puesta de
1958 y Liliam Llerena en
diálogo con Omar Valdés.

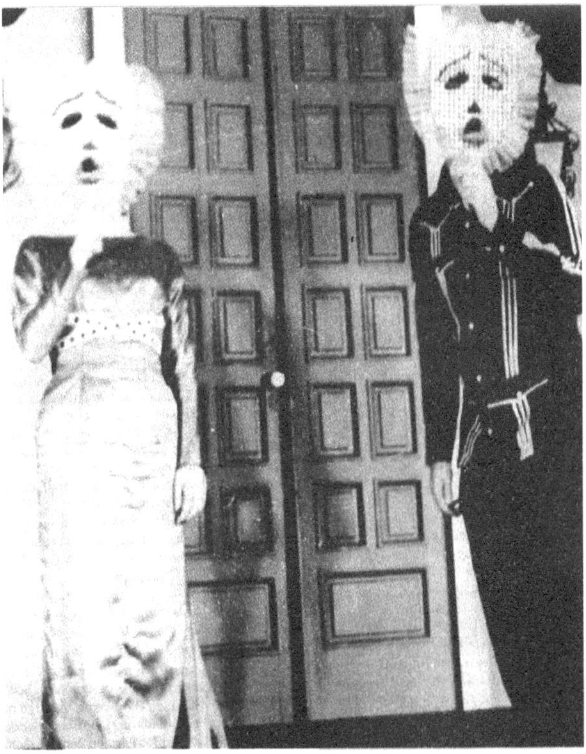

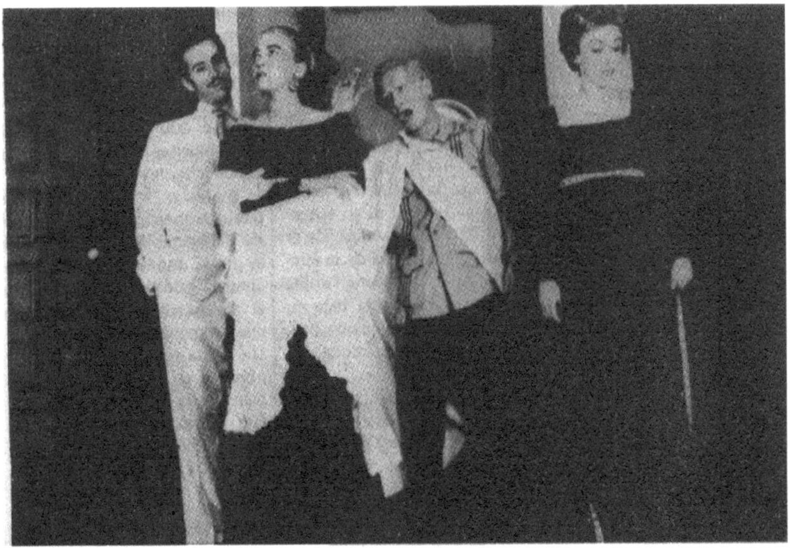

> Todo esto es un absurdo, como absurda ha sido la realidad pasada. Percatándose de una realidad nacional absurda, ha surgido la obra dramática de Piñera. No se extrañe pues el espectador de encontrarse en el terreno de lo inesperado. Después de todo, el pueblo cubano conoce los "madrugones" inesperados de nuestra historia. Por tal motivo, estas cosas que podrían parecernos "sin pies ni cabeza" llegarán a nosotros con mucha claridad. Piñera, como él mismo señala, acostumbra a utilizar elementos de "la vida cotidiana expresados a través de situaciones absurdas".
> "El Filántropo", la obra elegida para esta presentación del Teatro Nacional, nace de una situación absurda, como absurda es la injusta distribución de la riqueza, objetivada en la obra de Piñera a través de Coco. En esta obra, como en otras de Piñera, "hay sorpresas", pero no hay por qué sorprenderse demasiado. Debemos considerar que el absurdo nace de la razón misma. Porque no me parece razonable que un hombre tenga millones y el otro "no tenga donde caerse muerto". Ante situaciones como esa es menos absurdo utilizar el absurdo que utilizar la razón para explicar el absurdo. ¿Acaso el latifundio, la opresión, la tiranía y la miseria humana pertenecen al mundo de la lógica? ¿Hay alguna razón que los justifique? Ante la evidencia de ese desequilibrio, se produce la reacción final de los personajes de Piñera —y, como el espectador llegará a descubrir, se trata de una ficción conectada con la realidad de la cual procede. "El Filántropo", en tal sentido, constituye un acercamiento a la realidad en que ha vivido el pueblo cubano, vista a través del prisma de un autor cubano de reconocida permanencia: Virgilio Piñera.
>
> Matías Montes Huidobro

Florencio Escudero y Elena Huerta en *El filántropo* de Piñera.
Programa en el Archivo Digital de la Universidad de Miami.

En la tercera vuelta de Electra [392]
Notas al programa de Virgilio Piñera

En una charla sobre mi teatro, que ofrecí recientemente en la Biblioteca Nacional, dije: "En resumen ¿qué pienso de Electra? Tenía veintinueve años cuando la escribí, es la tercera de mis piezas de teatro (en realidad es la primera ya que las dos anteriores son infortunados intentos). No me planteo si mi Electra puede compararse a la de Sófocles y tampoco me planteo si puesta al lado de esa cumbre, la mía resultaría enana. El escritor que haga tales consideraciones está frustrado de antemano. En cambio, pienso que puede ser vista por cualquier espectador en cualquier teatro de cualquier país, sin que la gente se sienta mordida por el aburrimiento. Electra—me parece— tiene la virtud de gustar, tanto al público de «élite» como al gran público. ¿Qué mejor prueba para un autor teatral que pasar por gustos tan opuestos? Si a esto añadimos que mi pieza, en el momento de su estreno, hace once años. representó nuestra batalla de Hernani (lo han dicho algunos críticos, yo no creo tanto), si repuesta en 1958 fue la atracción del Mes de teatro Cubano, no puedo menos que sentirme –en lo posible–satisfecho.

Ahora el teatro Prometeo, vuelve por tercera vez, con Electra. Esta vuelta me trae el recuerdo de la primera vez y el recuerdo de los actores que en esa ocasión la interpretaron. Vuelvo a ver a Violeta Casal en el papel de Electra, a Marisabel Sáenz en Clitemnestra, a Carlos Castro en Agamenón, a Gaspar de Santelices en Orestes, a Eduardo Machado en el Pedagogo, a Modesto Soret en Egisto, a los

---

[392] Notas al programa de la puesta en escena de febrero de 1960.

actores y actrices que interpretaron la pantomima y a Radeúnda Lima en la Guantanamera.

De la segunda vuelta, con la excepción de Roberto Blanco, de Helmo Hernández y de Omar Valdés, son los mismos actores que ahora actuarán en la tercera. En fin, como director de siempre, Francisco Morín, que según el sentir general, ha hecho de *Electra Garrigó*, una creación.

Y Andrés García, gran admirador de mi pieza y que se ha encargado, con verdadero acierto, de trajes y decorados. Tengan pues todos, viejos actores y actores nuevos, mi sincero agradecimiento. Y no prosigo, pues ya Electra, desde bambalinas, me hace señas para que le deje libre el escenario.

Electra Garrigó, 13 años después [393]
Rine R. Leal

Para muchos *Electra Garrigó* es la batalla cubana del *Hernani*. El estreno de esta tragedia antillana en 1948 fue señalado por muy diversas opiniones, desde las que aseguraban que era un "escupitajo" al Olimpo hasta los que la consideraron entonces como la mejor obra teatral jamás escrita por un cubano. ¿A qué se debió esta lucha, qué señaló la importancia de *Electra Garrigó* para nuestra escena?

En primer lugar, Piñera introduce en nuestro teatro ese mundo entre mágico y mítico de la raza negra que es hoy un lugar común pero que trece años atrás era toda una audacia dramática. En segundo lugar, el autor hace una parodia intelectual de la *Orestiada* de Esquilo y salpica la obra de un humor negro, de un choteo a la cubana y de una agilidad

---

[393] Programa de mano de la puesta de Armando Suárez del Villar de 1986 que reproduce varios. Presentación en la Casa de las Américas en marzo de 1961.

mental que no son características muy acusadas en nuestros actores. La intervención de un coro de Guantanamera, la sabrosura de ciertas frases, el color local, los gallos, el ambiente general, tienen tal aproximación a nuestra realidad interior, que la tragedia (¿o la comedia? porque Platón ponía en boca de Sócrates que ambas cosas son una sola) se conviete en el más impresionante y completo de todos los aspectos teatrales cubanos. Para entender a Piñera y su mito heleno-antillano hay que reducirlos a términos mentales, no políticos o sociales. La cubanía de la pieza es de referencias, de cerebralismo, de ideas puras que en ocasiones juegan al absurdo (al que Piñera se adelantó en Cuba), de pura batalla intelectual.

Estos trece años no han pasado, afortunadamente, en vano. Hoy *Electra Garrigó* es un punto fundamental de nuestra dramática, todo un camino por el que muchos han transitado después, una poética versión que evidencia la calidad literaria de su autor. Virgilio Piñera se ha convertido en toda una marca de comparación para nuestros dramaturgos y su *Electra Garrigó* una insoslayable cita en nuestra historia teatral, el clímax de nuestra literatura dramática hasta la fecha.

Sobre Electra
Rine Leal [394]

La resurrección de *Electra Garrigó* de Virgilio Piñera promete ser uno de los más sonados espectáculos del año. La calidad literaria y teatral de la pieza, la labor de dirección de Morín y el trabajo de sus intérpretes, la sitúan hoy como ayer, como uno de los mejores momentos de nuestra escena. Cada vez que *Electra Garrigó* se representa

---

[394] Tomado de *En primera persona* 130-133.

(y ésta es la cuarta vez en trece años) nuestro teatro recibe algo así como un estremecimiento, porque esa pieza es lo más logrado que poseemos en nuestro repertorio, y es uno de los grandes instantes de Morín como director. El día que *Electra...* suba a la escena y nadie la mire, ese día repito, es que nuestros autores habrán escrito obras superiores que hasta el momento no han surgido.

Electra Garrigó es la evasión de nuestra realidad, como el propio autor la ha definido en el prefacio a su *Teatro completo* que «Ediciones R» acaba de publicar. Evasión que se explica perfectamente porque *Electra...* culmina toda una etapa dramática anterior a la Revolución y porque en el momento en que se escribió, ésa era una posición y una salida compartidas por la mayor parte de nuestros artistas. Es por eso que la cubanidad de la pieza es de mera referencia, de intelectualismo y cerebralismo de influencia francesa, de términos mentales más que realistas, de pura batalla intelectual. Piñera se acerca tanteando a nuestro mundo negro, parodia la tragedia griega (el autor es un formidable humorista), utiliza una guantanamera como coro griego, y sus personajes son una gran abstracción que hablan un lenguaje falso y alambicado, totalmente extraño a nuestra habla diaria. ¿Defecto de concepción? Tal vez, pero hay que comenzar por encuadrar a *Electra Garrigó* en el momento social en que se hizo y convenir que el defecto mayor sería que Piñera escribiera su *Electra..* en 1961 y no en 1948, año de su primera representación. Cualquiera que lea con detenimiento sus obras posteriores, comprenderá cómo el autor se ha ido acercando sensiblemente a nuestro mundo y cómo el tiempo mostrará que su *Electra...* no ha sido más que el punto de partida de un teatro que necesariamente, como la mujer de Lot, si mira atrás se convertirá en una estatua de sal.

Entonces, ¿cuáles son las virtudes de *Electra Garrigó* que este crítico encuentra y defiende? Muchas: la calidad literaria de la pieza, su teatralidad, la imaginación con que ha recreado el mito helénico, el sentido parodial y cómico, el choteo que se escapa de los parlamentos, el ambiente en general de la tragedia, su espectacularidad, y por encima de cualquier disputa, lo que ella significó de logro para nuestra escena hace trece años. Después de todo, *Electra Garrigó* está ahí y la pieza habla por sí sola.

Cada representación de esta tragedia es un buen momento teatral. Morín ha movido sus personajes con una plasticidad excelente y con un claro sentido de sus posibilidades teatrales y espectaculares, como la inclusión del episodio de los gallos y el juego de mímica de los negros y máscaras; si cualquier otro director hubiera tomado entre sus manos esta puesta en escena, su destino y repercusión serían bien distintos. Adela Escartín es una nueva y formidable inclusión en el reparto, y para comprender lo que digo, añado que hace olvidar el recuerdo extraordinario de Elena Huerta. El sentido y profundidad que da a sus frases (cuando dice «ponme el manto» o saborea la fruta bomba, o juega con su collar de plata para solo señalar unos pocos momentos, está haciendo eso muy raro en nuestra escena: gran teatro), el porte con que se mueve y la inteligencia con que ha interpretado su personaje, sitúan su Clitemnestra como uno de sus mejores papeles. Liliam Llerena, quien posee una elegancia personal que viene a su papel como anillo al dedo, ha logrado un buen trabajo de un alto sentido trágico, aunque la noche en que la vi (era el estreno y ya se sabe que entre nosotros eso equivale a un ensayo general) el resultado era desigual, especialmente en un segundo acto muy flojo. Pero como Liliam es una de nuestras mejores actrices, su Electra es siempre una actuación digna y sensible.

Los lunares (porque siempre los hay) son Julio Capote y Fausto Montero, especialmente el primero, tan alejado del sentido de la obra como era de esperar, un buen chico metido en algo que no entiende.

Silvio Falcón me ha complacido como nunca, quizás porque su personaje era tan falso como su actuación, y en general el coro negro dio un sentido de plasticidad a la representación moviéndose con ligereza y docilidad. Los guitarristas mejores que nunca, porque Joseíto Fernández es un excelente decimista.

Saludemos pues a Electra. Ella se ha convertido por derecho propio en una marca de comparación para nuestros dramaturgos, una insoslayable cita en nuestra historia teatral. Yo sigo pensando, mientras no se me pruebe lo contrario, que *Electra Garrigó* es en su conjunto el mejor momento que ha gozado nuestra escena. ¿De acuerdo? (1961)

Witoldo, Jarry y Virgilio[395]

"Quien se lo tomó a pecho, como si fuera algo propio, fue Virgilio Piñera", escribe Witoldo en su diario. Se refiere al presidente del comité de traductores del *Ferdydurke*, al frente de más de veinte personas entre los que se hallan asiduos y parroquianos del café Rex en la calle Corrientes, billar y centro de ajedrez. A partir del español precario del autor, dos o tres palabras en polaco conocidas por los traductores, el francés de algunos y la inventiva de la «gauchada», la novela se vierte al español. Aparece en mayo de 1947, con la ayuda económica de Cecilia Benit de Debenedetti, a quien el autor llama Condesa, publicado por la editorial Argos. Hace siete años que el escritor vive en Argentina, a donde llega en el viaje inaugural del trasatlántico Chrobry desde el puerto de Gdynia, viaje protocolar que lo conduce a un exilio de veinticuatro años. El 1⁰ de septiembre de 1939 Alemania invade Polonia, estalla la II Guerra Mundial y las tropas alemanas ocupan Varsovia. *Ferdydurque* se conoce en español. Colaboran en la "ímproba labor" Piñera y su amigo, el cuentista y traductor Humberto Rodríguez Tomeu, "dos niños terribles de América, hastiados hasta lo indecible, hastiados y desesperados ante las cursilerías del *savoir vivre* literario local. Olfateaban la sangre. Anhelaban el escándalo", escribe Witoldo. [396] En su conversación inicial, cuenta Piñera, él y W. se reconocen como "dos perros que huelen sus traseros". Advertido por Adolfo Fernández de Obieta del pasado aristocrático de quien, con algo de *snob*, se hace

---

[395] En este capítulo para abreviar se habla de W., V. y Jarry.
[396] Gombrowicz, Witold. *Diario argentino*. Buenos Aires: Editorial Sudamericana, 1968. Traducción del polaco de Sergio Pitol.

llamar Conde, Piñera descubre su forma especial de sostener la pipa: "un clásico de la pipa" y el "pitido del asmático". Piñera viene de "la lejana Cuba". "¡Todo muy tropical allá! ¿no es cierto? ¡cuántas palmeras!" le espeta Witoldo por saludo.

La odisea del *Ferdydurke* está más que contada. Es un libro de culto que pocos hemos leído en la versión de Argos, contestada sin embargo por gramáticos y puristas de la lengua. Se anunció en «prospectos» publicitarios, *Aurora* y *Victrola*, redactados por W. y V. respectivamente, con el que aspiraron a fabricar un sonado acontecimiento literario. Pero más allá del *Ferdydurke* o precisamente por él, la relación entre V. y W. sobrepasa la fase de generosidad intelectual de parte de los ferdydurkistas, éxito relativo si se piensa en un *best seller*, reconocimiento «olfativo» y empieza una subterránea, intensa y no muy estudiada influencia del uno sobre el otro que enriquece el horizonte del provinciano Piñera. Una recién iniciada revista teatral al otro lado del mundo, publica por iniciativa de V. dos colaboraciones relacionadas con su estancia argentina. *Prometeo*, editada en La Habana desde octubre de 1947, publica "Indicaciones para los actores y el director" de Witold Gombrowicz, especial para esta y "García Lorca y la tragedia" de Adolfo de Obieta.[397] Piñera debe haber traducido los fragmentos de la primera, ya citada.

Las "Indicaciones" aparecen en la primera edición en español de *El casamiento* y deben ser un gesto de reciprocidad del polaco al amigo cuyo estreno teatral se aproxima.[398] Se sabe que tienen mucho en común. Ernesto Sábato ha escrito que W. era un hombre teatral como se define Piñera. Ambos son difíciles y díscolos. Desean la consagración que el polaco conoce en vida y a Virgilio nunca le llegó. Los dos,

---

[397] Gombrowicz, Witold. "Indicaciones para los actores y el director". Y Obieta, Adolfo de. "García Lorca y la tragedia". Ob. cit. Ver página 105.
[398] Gombrowicz, Witold. *El casamiento*. Buenos Aires: Ediciones EAM, 1948. He consultado la edición de El Cuenco de Plata, 2010.

nacidos en lugares distantes uno de otro, se anticiparon a las corrientes aceptadas de su tiempo y son rebeldes,ególatras, individualistas, excesivos y radicales. Virgilio de un exceso frugal, apolíneo y W. de una exuberancia apabullante.

Una obra temprana de Witoldo tiene muchos puntos de contacto con la dramaturgia de Piñera a pesar de que no es hasta muy tarde que aparece en español. *Yvonne, princesa de Borgoña*, escrita en 1938. Publicada en la revista polaca *Skamander* y en 1958 en libro, con ilustraciones de Tadeusz Kantor, estrenada en Polonia después del deshielo y luego en París, nunca lo ha sido en la isla a pesar de la intención de Roberto Blanco. *La niñita querida* de Piñera, escrita en 1966, se estrena en La Habana en 1993 dirigida por Carlos Díaz.[399] Una obra aparentemente menor, tildada de imposible, se convierte por obra del montaje, a través del barroquismo y la desmesura, en una fiesta de los sentidos y la inteligencia, un juego para desnudar los mecanismos de la conducta irracional presentados como diversión macabra. Sus personajes transitan entre recitativos de Pushkin, secuencias de filmes rusos, carnaval, cine silente, melodrama cursi, citas del teatro cubano y la iconografía de los actos públicos, en una especie de apoteosis del choteo y la cubanidad, transgresor y lúdico. En esos montajes de los 90 empezó el renacer de Virgilio. Muchos jóvenes directores surgieron al calor de esas banderitas agitadas y el reclamo de "dame la F" para componer con nerviosismo Flor de té ya que la petición de la letra F en los actos políticos completaba el nombre de Fidel [Castro].

Como en *Yvonne...* lo esencial al desarrollo de la fábula es el mutismo de los personajes. El príncipe Felipe, en la corte de un país imaginario, escoge como prometida a una fea, harapienta y apática Yvonne cuyo silencio irrita al país. El príncipe quiere hacer lo no

---

[399] En una carta de Piñera del 21 de abril de 1966 dice que la ha terminado. Anderson, *Piñera corresponsal.* ob. cit. pp. 223-224.

acostumbrado y sus súbditos reaccionan con estupor. Como ella, en la obra de Virgilio, Flor de Té calla porque le disgusta el nombre que le han puesto. Ambas son un espejo en el que los personajes se miran y cuando este devuelve una imagen contrahecha o revulsiva, irrumpe la violencia que los mismos personajes provocan. A través de Yvonne "cada quien descubre su propia fealdad", escribe Jorge Lavelli, que la dirige en París en 1965 y la repite en el San Martín de Buenos Aires en 1972. [400] Su presencia silente es tan molesta como la mudez de *La niñita...* que exaspera a sus padres, cuyos escondidos deseos son muy parecidos a los de los cortesanos de Borgoña. Ambas usan muy pocas palabras. En la segunda edición de *Yvonne...* sus réplicas se reducen de veinticinco a siete, en ocasiones monosílabos como ¡Fuera! y hay versiones en la que es completamente muda. La corte de Borgoña se siente amenazada. Yvonne, por su aspecto físico y su indolencia, recuerda a cada quien pecados íntimos, asquerosidades, secretos y los encoleriza al punto de llamarla indeseable, tarada y desearle la muerte. El autor polaco la asesina en un banquete; *La niñita...* apunta a sus padres y los liquida con una metralleta en una fiesta de cumpleaños. Mientras Yvonne se atraganta una espina de pescado y muere ahogada, la Niñita, experta tiradora, no se deshace del nombre recibido pero se venga de sus padres y abuelos. *Yvonne...* termina con una misa y la corte arrodillada en pleno a sus pies. La niñita ha dado a su hija un nombre que también le disgusta: la historia se repite en una vuelta en redondo.

Alejandro Rússovich traduce *El casamiento* (1948), sentado en un café con el autor al lado, palabra por palabra, giro a giro, hasta encontrar la más exacta equivalencia en español. [401] La traducción es

---

[400] Gombrowicz, Witold. *Yvonne, princesa de Borgoña.* Trad. de Jorge Lavelli y Roberto Daniel Scheuer. Buenos Aires: Talía-Aquarius, 1975.
[401] *El casamiento.* ob. cit. p. 24.

soberbia, superior a la de *Yvonne*... por su teatralidad y misterio. Precisa y poética, es una pesadilla de Enrique, el hijo soldado que regresa de la Segunda Guerra Mundial y salvando las distancias, como Oscar en *Aire frío*, recuerda los muebles de su casa. La gran obra de Piñera sobre el tiempo estacionario, es un fresco realista, detallado y dolido de la realidad cubana, mientras ese viaje de retorno devuelve al hijo a un padre autoritario coronado como rey, que luego el hijo traiciona. En *El casamiento*, sin embargo, no hay fidelidad a ningún retrato realista.

PEPE. (Con cierta dificultad). Palabra, este cuarto me recuerda... Algo parecido al comedor de Malonyze... parecido y no parecido. El reloj. El armario. Allí estaba mi cuarto cuando llegaba de vacaciones a casa.

En "Piñera teatral" Virgilio habla de los muebles de su casa de Ayestarán, "que mis ojos venían viendo desde veinte años atrás. Pues habiendo vuelto a mi casa en Ayestarán me encontré con los mismos muebles". Es su quinta vuelta. A partir de esa imagen y "no de la influencia del Sr. O'Neill" escribe la obra.[402] Para los muchos que aman los paralelismos entre el exilio de Gombrowicz y las temporadas argentinas de Piñera, estos párrafos son definitorios. El soldado que regresa de la experiencia de la guerra confunde la línea del frente donde estuvo apostado mientras se desdibuja la fisonomía de su casa y apenas reconoce las maderas que se transforman en taberna.

PEPE. ¿Por qué no he de gritar? ¡Hola! ¿Hay alguien aquí? ¿Se han muerto todos? ¡Hola!

---

[402] Piñera, Virgilio. "Piñera teatral". *Las palabras del Escriba*. Ob. cit. pp. 207-323. Las anotaciones resaltan las diferencias entre el texto publicado en *Lunes de Revolución* y *Teatro completo*.

En el camino, todos han muerto. Un hermano y un sobrino de Gombrowicz son deportados a Auschwitz, su madre y su hermana huyen de la casa familiar y se alojan en el campo, Bruno Schulz muere en el gueto de Varsovia, otros se suicidan. Entre 1939 y 1949 mueren cientos de miles de polacos. Cuando Virgilio parte a Argentina, La Habana acoge a decenas de refugiados del nazismo. Muchos no encuentran las oportunidades que esperan y merecen, otros como los más de novecientos judíos del Saint Louis, impedidos de desembarcar, viajan hacia la muerte.

Opereta (1966-7) traducida por Piñera ¿para alguna edición? y publicada en la revista estudiantil *Albur* (reproduce el manuscrito mecanografiado de Virgilio) causa una impresión profunda en Piñera como *La tragedia del hombre*, de Imre Madach. Cuando lee la primera, rompe amarras, se apropia abiertamente del polaco y lo saquea a entera libertad, entendidas estas palabras en su alcance verdadero, dos creadores que se alimentaron mutuamente y se acercaron en la diferencia. La «boda» del cubano se frustra como la de *El casamiento*. El Piñera posniñitaquerida es decididamente gombrowicziano. Ha sido una relación creativa de ambas partes, en el fondo, cordial, mantenida desde que se conocen en 1946 hasta la muerte del polaco, no exenta por parte de Witoldo de demandas, órdenes, malos entendidos, consejos paternalistas y algún exceso y por parte de Piñera de un sentido de la conveniencia no siempre aclarado, como reflejan sus cartas de 1956, cuando *Ciclón* rechaza un texto de Witoldo sobre la edición argentina de *Cuentos fríos* y no publica las páginas de su *Diario*...

En septiembre de 1956 W. escribe a Piñera que "el libro lo consagrará definitivamente" y hay confusiones y falta de comunicación sobre esa colaboración de W. para *Ciclón*. Gombrowicz está dolido: "el elogio en este continente está totalmente desvalorizado y además todos dirían que lo elogio porque usted me ha elogiado a mí". Le señala que están en el "error" y son "consideraciones provincianas. Poca libertad de espíritu. Excesivo respeto para lo que dirá la gente". [403] Gombrowicz tiene alto aprecio del talento de V. y no sólo de su desprendimiento y audacia como traductor. Argumenta sobre su «alma trágica», a propósito de *La carne de René*, obra en la que la carne humana aparece "sin posibilidad de redención". Pero sobre todo, comprende su concepción del absurdo.

> Los hombres más aguda y más dolorosamente conscientes de su impotencia –como el cubano Piñera por ejemplo– son a veces demasiado conscientes del fracaso como para poder luchar. Piñera, al sentirse impotente, le rinde homenaje al Gran absurdo que lo aplasta. En su arte la veneración del absurdo es una protesta contra el sin sentido del mundo, incluso una venganza, una blasfemia del hombre cuya moral ha sido ofendida. Si el sentido moral del mundo es inalcanzable, me dedicaré a hacer monerías, tal es en rasgos generales, la venganza de Piñera, su rebeldía. ¿Pero por qué él como tantos americanos, duda hasta ese grado de sus fuerzas? Bueno, porque otra vez se trata del Universo y no de su vida. Frente al Universo, a la humanidad, a la Nación, se es impotente, aquello lo excede a uno, pero con la propia vida es posible, a pesar de todo, hacer algo, allí el hombre recupera su poder, aunque sea en dimensiones limitadas. [404]

---

[403] Anderson. *Piñera corresponsal*. Ob. cit. p. 503.
[404] Gombrowicz, Witold. *Diario argentino*. Ob. cit.

> Febrero 3/59
>
> Mon vieux copain:
> desde París mismo me llegaron noticias del triunfo de Ferdydurke. Esto no me sorprendió nada. Yo, primero que los franceses, descubrí las bellezas de esta novela. Me río ahora de ellos en sus barbas. No es lo mismo en 1946 que en 1958. No te parece?
>
> Te agradezco que hagas justicia a tu Lugarteniente. Por supuesto, haré esa Nota para Cuadernos. La mandaré directamente a Gorkin. Puedes decirle que en unos quince días o menos la tendrá en su poder. Será una Nota a tono con la situación, aunque no ponga la palabra genio, pero se comprenderá que lo eres.
>
> Te ruego escribas inmediatamente a Nadeau y le hables calurosamente de mis Cuentos Fríos. Ya é los tiene en su poder, y creo hará la traducción M.Bouffon, para Juilliard. Me importa mucho que te ocupes de este asunto.
>
> Posiblemente esté en París para el mes de mayo. Según toda probabilidad seré nombrado Agregado Cultural en París, de lo contrario sería en Buenos Aires. Es decir, donde me designen. Y tú, mon vieux, es cierto que vas a vivir en París? Tan pronto tenga la Nota sobre la edición latinoamericana de Ferdy te mandaré copia de la misma. La Revolución sigue su marcha triunfal. La isla está llena de barbudos y... barbudas. ¡Vivan las barbas! Aunque sé que no te gustan. Humberto sigue en Bs. As. Tú vives en Tandil todo el tiempo? Contestame en seguida. Abrazos,
>
> *Virgilio*

En las cartas a Rodríguez Tomeu, entrados los sesenta, Gombrowicz es una mención casi permanente. Virgilio le escribe muy eufórico el 3 de febrero de 1959.[405] Se despide con "la isla llena de barbudos y... barbudas" y "la marcha triunfal de la revolución". La carta es muy reveladora. Decide en buena parte lo que ocurrirá después con una amistad fraguada en la vida bonaerense, la bohemia de sus cafés y la pobreza de sus pensiones y atraviesa todas las fases hasta la consagración literaria mundial de uno de los dos.

---

[405] Colección de Witold Gombrowicz. General Collection, Beinecke Rare Book and Manuscript Library, Yale University. Del Archivo Gombrowicz. Reproducida en el suplemento digital de Ediciones de la Flecha por el centenario de Virgilio antes que los materiales del Archivo se retirasen de consulta en la internet. Extraigo esta cita del texto: "Posiblemente esté en París para el mes de mayo. Según toda probabilidad seré nombrado Agregado Cultural en París, de lo contrario sería en Buenos Aires. Es decir, donde me designen. Y tú, *mon vieux*, es cierto que vas a vivir en París? Tan pronto tenga la Nota sobre la edición latinoamericana de Ferdy te mandaré copia de la misma. La Revolución sigue su marcha triunfal. La isla está llena de barbudos... y barbudas. ¡Vivan las barbas!

El autor del *Ferdydurke* es famoso, aspira al premio Nobel, sus obras se representan en París y otras capitales europeas, sus libros se reeditan, «galopa» de una conferencia a otra, de una entrevista a la siguiente mientras conquista importantes distinciones. En "Gombrowicz por él mismo" Piñera no hace caso de ninguna de las observaciones de W. y reproduce cartas íntimas (algunos fragmentos nutren *Gombrowicz en Argentina* de Rita Gombrowicz) como anticipado homenaje póstumo. "Lo que nos une es probablemente más superficial de lo que nos separa" ha escrito W. en una carta anterior. ¿Está V. dolido por una carta todavía más punzante del 27 de enero de 1959 donde W. escribe Piñeyro y le aconseja tratarlo al nivel de su actual situación, es decir como «genio» y al «Ferdy» como su obra cumbre? ¿Es una *boutade*? Y de paso, con suprema ironía, le contesta lo de la *isla en marcha triunfal*. "¿Qué tal el embriagador aire de la libertad y el fervor patrio? Aprovechen para condenar a los infames… y alabar al gran jefe". A Piñera no lo guían instintos malignos, sino amarga aceptación del triunfo ajeno.

El otro tema teatral que lo cautivó fue el de los escándalos que sacuden la modorra y el cansancio de la escena. La batalla por *Hernani* de Víctor Hugo en 1830 y la de *Ubú rey* de Alfred Jarry en 1896 cuando Padre Ubú escandaliza al público parisino con ¡Mierdra! De regreso a La Habana a finales del 47, con ¿¿¿Teatro??? pretende algo parecido a lo aspirado para el lanzamiento de *Ferdydurke*. Pero el ambiente teatral habanero —profesoral, pacato y casi sin humor— no lo consiente. Además, sus dardos van a parar a un blanco equivocado ya que Virgilio es tan ajeno a la escena habanera como Gombrowicz al Teatro del Pueblo de Leónidas Barletta. Después del estreno de *Electra Garrigó*, enfurecido con la indiferencia de algunos, las críticas variopintas y no la unánime celebración, echa leña al fuego no de un ciclón tropical sino de un aguacero, para conseguir no la gran alharaca ubuesca, sino con palabras de Lezama Lima, un «sabroso escandalito». En 1958 escribe para *Sur* sobre la primera traducción al español de *Ubú* (Minotauro, 1957) realizada por Enrique Alonso y Juan Esteban Fassio.[406] Una breve nota remite al magnífico prólogo y traducción, sin entrar en asuntos lingüísticos ni discutir si es mejor traducir "nuestra candela" o "mi chápiro verde" sino validado en la frase ingeniosa o banal como eje de la acción. Lo suyo con Jarry es "el desparpajo del grosero".[407] En el "Diálogo imaginario", por una inexplicable necesidad de justificación, lo borra de un tajazo. "Estoy contra Jarry, y por ende, con usted por esa protesta basada en la fatalidad".

Fallecido Gombrowicz, el 24 de julio de 1969, a quien el «galope» duró escasos años, después de traducir un texto suyo, Virgilio vive un profundo dolor: "Acabo de traducir *Operette* y cada vez que miro una de sus páginas, pues lloro y me retuerzo. ¿Así que todo tenía que terminar, que Gombrowicz ahora es ceniza, que el Rex, que el maestro Friedman [sic], que el Querandí, que Corrientes, que… ¡Auxilio! Pero ningún auxilio, es como en mi soneto. Y yo cayendo de cabeza al hoyo. Perdona mi descarga, pero estoy desgarrado, más desgarrado que el desgarramiento que siempre me ha desgarrado".[408] Es significativo que cuando se entera de la muerte de W., escriba a Humberto una o dos frases triviales pero traducir *Opereta*, seducido por su "vacío guiñolesco" y su "celestial esclerosis", remueve en él un sentimiento intenso. Todavía en las páginas de *Albur*, requiere un cotejo con las existentes, no porque es superior, sino porque es un acto póstumo de entrega que actúa en Virgilio como acicate. Ha sumado contrariedades y negativas: no viaja a París para el recital de su poesía concebido por

---

[406] Piñera, Virgilio. "Alfred Jarry. Ubú rey". En *Virgilio Piñera al borde de la ficción…* pp. 255-257.
[407] Jarry, Alfred. *Todo Ubú*. Madrid: Bruguera, 1981. Traducción de José Benito Alique.
[408] Anderson. *Piñera corresponsal*. Ob. cit. Carta de febrero 11 de 1971. pp. 238-240.

Myriam Acevedo y el pintor Jorge Carruana, Vicente Revuelta no estrena *El no*, gana el premio Casa de las Américas pero *Dos viejos pánicos* no sube a escena en La Habana. Traducir la obra de W. favorece la suya en términos de libertad, bamboleo, trueque de escenarios y juegos humorísticos de identidades y opuestos. Por esas fechas menciona más obras que las que tiene su catálogo o se han localizado. *Pigmalión Pérez, El Cristo sexual* y *Handle with care,* entre las no halladas y *Los rinranistas* (versión de *Dos viejos pánicos*) y *Una caja de zapatos vacía,* entre las terminadas, sin contar sus "inconclusos" en los que ejercita obras que no llega a culminar.

A partir de ahora, más cerca de W., no recibe influencias sino préstamos, apropiaciones, quizás los más señalados, los de *Un arropamiento sartorial en la caverna platómica.* Como en *Opereta* explora el conflicto desnudez-vestimenta y las fachas vs. las jetas. Un recuerdo a las discusiones del café Rex, ahora ventiladas en un espacio libérrimo, ceremonial y barroco. En *Opereta* los trajes grotescos aprisionan a los personajes, en Virgilio la vestimenta también es cárcel. Como Jarry y Gombrowicz, los personajes de Piñera se han desembarazado de sus atributos sicológicos y –salvo *Aire frío*– viven en su poder corrosivo y tornan el retruécano y la deformación de Jarry en el vapuleo del lugar común y la banalidad.

En 1947, en la dedicatoria de *La carne de René,* Virgilio escribió: "A Witoldo que me dijo un día ¡Piñera! y yo me di cuenta que un soplo poderoso me cruzaba el rostro".[409] El soplo ha sido contundente.

---

[409] Citado por Espinosa Domínguez, Carlos. "El poder mágico de los bifes (la estancia argentina de Virgilio Piñera)". Ob. cit.

Pirandello, el sainete y Felipe

Autodidacta, hombre de muchas lecturas, aprende inglés, francés e italiano por su cuenta, dependiente de un café, vendedor de gomas de automóviles y por más de treinta años empleado de la Aduana en el puerto de La Habana, Carlos Felipe es un caso único en el teatro cubano. Cuando en 1948 le preguntan por sus influencias, se decanta por el teatro francés, Giradoux y Sartre, pero cada vez que reflexiona en profundidad, su mundo se concentra en su experiencia vital, la historia del desclasado, marginal, pobre, que habita posadas miserables, las viejas mansiones derruidas de *Tambores* o mimetiza la alta clase social que observa de lejos, el excluido que asiste a la fiesta de *Capricho en rojo* o la escudriña detrás de un biombo, sin rencor ni envidia, acaso con piedad. Si Pirandello es la huella más persistente de *El chino*, mientras reconstruye la obsesión de Palma, esta se reitera en El *travieso Jimmy*, quien no introduce el "mal en la casa", sino es portador de otredad. Con su cabellera rubia y su ropa ripiada, irreal y fantasmagórico, transforma la vida pueblerina. Su nombre sugiere un extranjero, su conducta, sin dudas, el *otro*. Irreverente, despiadado y en ocasiones seductor, casi todos coinciden en que es misterioso e imprevisible, crea el caos en el orden y posibilita nuevas expectativas y sensaciones. Jimmy actúa como un Cupido, celestino o azar concurrente que teje con hilos invisibles la fortuna de los personajes. ¿Ángel, duende, jiribilla, diablo?

El joven Felipe debió enterarse de las discusiones intelectuales entre Jorge Mañach y Rafael Suárez Solís sobre la conveniencia de estrenar a Pirandello en 1924 cuando aún Mañach, que favorecía su estreno en El Principal de la Comedia, consideraba *Seis personajes en busca de autor*, una pieza cuya intensidad emocional, desconcertante presentación, doble trama y rousseauniana franqueza, podía tropezar con el rechazo del público.[410] La batalla sigue en 1936 cuando "Pirandello, sin quererlo acaso, está sembrando los cimientos para la revolución del teatro del futuro, que no será más que el hombre, desenmascarado por el hombre. [...] es el gran faccioso del siglo XX en materia de cajas, bambalinas, telones, escenario y tramoya".[411] La Cueva estrena *Esta noche improvisa la comedia*. Felipe estudia italiano para leerlo en su lengua y tres años después gana un premio con la menos pirandelliana de sus obras. Así todo es su mayor influencia.

Desinteresado por la tipicidad, la historia o la sociología, aunque ama el sainete, no lo reproduce, no se ocupa del bohío de yaguas o la casa patriarcal, sino crea en La Habana Vieja o en Isla de Pinos en *El travieso Jimmy*, el confinamiento de unos seres humanos, atrapados en una isla con el mar como horizonte. La insistencia del autor es el mar, siempre el mar, que puede verse desde casi todas sus locaciones. Otro, el ambiente inaccesible. Desde la comparsa, que une en la casa de inquilinato a los vecinos de *Tambores* y arrolló antes por las calles de Santiago de Cuba en *Juana Revolico*, de Flora Díaz Parrado, a la fiesta inalcanzable, la del disfraz de los ricos de *Capricho en rojo*, desafía lo establecido en materia de normas y comportamientos. No juzga a sus personajes, no moraliza ni los condena. El autor merodea con un antifaz y descubre las películas pornográficas del condesito Soria y las modas del diseñador Laribeau pero también lo oculto detrás de las muchachas ataviadas como "caprichos" –y en especial la Silvia fantasmagórica– hasta que la conga "contorsionante y epiléptica" de las acotaciones, no es el fin de fiesta hipócrita del bufo con su mentira, sino la mezcla de realidad y fantasía, que descubre

---

[410] Charivari. "Telones y bambalinas". *Carteles*. 1º de junio de 1924. p. 9.
[411] Garrick (seud.) "La Cueva: teatro de arte de La Habana". *Social*. 20 julio 1936. p. 7.

otra. En el camino ha empleado la retrospectiva, el monólogo interior, lo onírico y lo real, el misterio y el ripio, el bosque de Pepe Pulgas en la playa Salada, la aparición del Chino y esas metáforas que decide dejar como las escribió. "No las tacho. "Queden ahí, para vergüenza del autor". Pero el autor no está avergonzado, al contrario, las exhibe, como no se arrepiente de sus lecturas de melodrama, dramones oídos en La Hora Múltiple, interpretados por Guillermo de la Mancha, Marcelo Agudo, Pilar Bermúdez, la radio como una gran escuela y el cine de barrio, el entretenimiento de los pobres en Cuba. "Cine o sardina" dijo Zoila Infante a su hijo Guillermo Cabrera.

Cuando llega la Revolución en 1959, Felipe tiene casi la misma edad que Piñera, pero en términos materiales, a lo único que accede es a un trabajo como asesor literario en el Conjunto Dramático Nacional. No lo tienta un viaje, un cargo, ni escribir una columna en el periódico. Su personalidad desafía la imagen habitual del intelectual.

A partir de la cancelación de *Ladrillos de plata*, por inmoral, mencionada por varios autores, pero de la que no existe testimonio de Felipe, hay un *impasse* en sus estrenos. En cambio publica fragmentaria y desordenadamente sus obras, incluida una nueva en la que trabaja desde 1955. *Réquiem por Yarini* (1960). El dramaturgo con suerte es visto por los jóvenes como una figura vencida. Mientras Piñera se venera como mentor en *Lunes de Revolución*, a Felipe lo publica la revista *Islas*, Paco Alfonso (Pagrán edita *Capricho en rojo*) y Samuel Feijóo. La Universidad Central de Las Villas edita *Teatro* e incluye *Réquiem...* en una selección. Al reseñar el primero, Antón Arrufat critica su "escaso dominio del diálogo", construidos con torpeza, su evidente "mal gusto" y sus personajes artificiales o poco convincentes. Se burla de su obsesión por el pelo y la luna, la "apotiosis caballl" (sic) (alusiones reiteradas a la luminosidad de las cabelleras). Una de las más sonoras erratas de *Lunes* y la ligereza de un autor inexperto, sin casi obra teatral que destroza la obra de un veterano. [412]

Felipe y Piñera son contemporáneos, compiten, ganan y/o pierden en los mismos concursos, ADAD, Prometeo y Patronato los estrena, pero mientras los jóvenes con *Lunes* a la cabeza celebran hasta la más pobre de las piezas de Piñera, apartan a Felipe. En 1961 el autor participa del conversatorio "Lunes va al teatro". Se presenta como "el autor marginado de la actividad teatral, un señor que está en su casa, que es difícil de localizar" y se construye una mentira. Felipe sin embargo habla de su admiración hacia las obras cubanas recién estrenadas, *Electra Garrigó, La taza de café*, [de Rolando Ferrer] *Medea en el espejo* [de José Triana] y declara "tengo una fe absoluta en el teatro cubano" aunque insiste en que no cree este deba ceñirse a un programa o a una definición. [413] Es el tema de "Los pretextos y el nonnato teatro cubano".[414] Un breve artículo sintetiza las principales objeciones contra el autor cubano, entre las que figuran tan temprano, las políticas, si la obra no es suficientemente revolucionaria o es kafkiana o de denuncia, un desmentido a los que piensan que permanecer en la isla significó para él aceptación ciega y claudicación. No hay en 1959 un documento más revelador. En el momento en que otros autores, entre ellos Piñera, acomodan su lenguaje y expresión al contenido del momento, léase *La sorpresa*, Carlos Felipe, contra viento y marea, defiende el mundo que ha creado desde 1939.

---

[412] Arrufat, Antón. "Saldo de una editorial" *Lunes de Revolución* 64, 20 de junio de 1960. pp. 20-22.
[413] "Lunes va al teatro". Conversatorio. *Lunes de Revolución* 101. 3 de abril de 1961 .pp. 3-7.
[414] Felipe, Carlos. "Los pretextos y el nonnato teatro cubano". *Islas* 2.1 (1959): 79-81.

Aires fríos

Ángel Espasande, Julio Matas, Verónica Lynn y Laura Zarrabeitia.

Cuando Ediciones Pagrán (sufragada por Paco Alfonso) publica *Aire frío* y dos de sus actos aparecen en *Lunes de Revolución,* Piñera escribe en el prólogo a su *Teatro completo* (1960) que "no ve las santas horas de verla representada", aún cuando tenía dudas si el público aceptaría sus tres horas y media de duración "sin revolverse en sus asientos". No quería esperar, como con las anteriores, siete u ocho años, consciente de que "un autor teatral se hace, en gran medida, con el agrado o desagrado con que el público acoge sus obras". El estreno de *Aire frío* por el Teatro Experimental de La Habana –antigua sala Las Máscaras– dirigido por Humberto Arenal (1962), fue memorable para Piñera. La consideraba su "mejor obra", en la que intentó la "historia de su familia" pero no su enjuiciamiento moral. En "Piñera teatral" se extiende sobre la que hasta hoy, para algunos, es su pieza cumbre. ¿Pero sabemos qué representación esperaba, qué actriz imaginaba para

Luz Marina y qué actor para Oscar? [415] Desde el principio rechazó vincularla con *Largo viaje del día hacia la noche* de Eugene O' Neill pues fue "mi casa y no el señor Eugene O' Neill la inspiradora de *Aire frío*". En su intento de apartarla de O'Neill, autor de culto de los cubanos, va una vez más va contra la corriente.

En uno de los dos libros escritos en los cincuenta sobre el norteamericano (el otro es de Mario Parajón), Rine Leal escribe: "el teatro cubano me ofrece la impresión de limitarse a una sensibilidad criolla que nos impide nadar y cuando se vive en una isla, nuestra expresión artística debe rápidamente aprender a cruzar los mares. En este sentido, O'Neill es un excelente maestro de natación". [416] Pero Piñera no necesita maestros para atravesar océanos reales ni literarios. No lo influyen las puestas cubanas de *Ligado*s (1948) y *Los endemoniados* (1955), dirigidas por Morín y sobre todo, niega *Largo viaje...* (1956) gran éxito de Teatro Estudio en 1958, dirigida por Vicente Revuelta, que disecciona el drama familiar con elementos autobiográficos. Sostuvo su originalidad y no le gustó la puesta de Teatro Estudio. Juan Antonio Hormigón vincula *Aire frío* con el melodrama sentimental de Eduardo Di Filippo y encuentra parentescos entre esta y Sean O' Casey y el Buero Vallejo de *Historia de una escalera*. Escribe que tiene un "espeso aroma tropical" con un noventa por ciento de humedad añadida. [417]

---

[415] Interpretada por Verónica Lynn (Luz Marina); Ángel Espasande (Ángel); Julio Matas (Oscar); Laura Zarrabeitia (Ana): Roberto Cabrera (Enrique); Roberto Gacio (Miranda); Max Beltrán (Don Benigno); Romelio Montel (Cobrador); Ángel Hidalgo (Pepe); Jesús Hernández (Chucho, fotógrafo); Josefina Martínez Otaño (Laura); Mario Fernández (Luis); Omega Agüero (María). Niños Héctor Pérez, Carmen Iglesias y Mercy Prieto. Escenografía de Guido Llinás.
[416] Leal, Rine. *Eugene O'Neill*. La Habana: Casa de las Américas, 1963. pp. 13-14.
[417] Hormigón, Juan Antonio. "Un espeso aroma tropical". *Aire frío*. Virgilio Piñera. Madrid: Asociación de Directores de Escena, 1990. 7-9.

Una acotación describe la escenografía.

Roberto Gacio, Laura Zarrabeitia, Ángel Espasande y Verónica Lynn.

Sala comedor. Derecha del espectador: mesa redonda, cuatro sillas. Izquierda, un sofá, dos sillones. Frente: librero, encima del librero un busto en yeso de Beethoven. A la derecha: puerta de la calle con su gancho. Al fondo: puerta que da a un cuarto. A la izquierda, cocina de la que se verá sólo una parte. Una reproducción de *La madre*, de Whistler, sobre la pared izquierda. Del techo cuelga una lámpara de cuatro bombas.

La acotación es un buen comienzo para analizar el texto. Piñera confiesa lo inspira, a su regreso de Buenos Aires, encontrar los mismos muebles en su casa, pero no construye sólo un dispositivo ni un marco. Al abrirse el telón, sorprenden dos detalles anacrónicos: el busto de yeso de Beethoven y una reproducción de *La madre*, de James Mc Neill Whistler. Desconcertantes dentro de un concepto naturalista, no es el decorado usual de una familia de la clase media.

Laura Zarrabeitia y Verónica Lynn

El autor quiere recrear la realidad pero no en su apariencia. El gancho de la puerta comunica con el exterior como es típico de las casas cubanas, donde el espacio interno y el externo se complementan. El recurso crea una promiscuidad casi obscena. La vecina Laura entra y sale como una más de la familia y visitantes y familiares acceden al interior con entera libertad, sin llamar al timbre. El busto y la reproducción expresan que los Romaguera no son una familia "típica" sino única. Virgilio comenta en «Piñera teatral»:

> Decirlo es casi una irrisión: nosotros hemos conocido desde las estrecheces de un cuarto para ocho hasta los pies descalzos y toda la gama y matices del hambre. Somos clase media, pero también somos clase cuarta o décima.[418]

El busto de yeso pudo pertenecer a Ana, maestra retirada, quizás obsequio de algún alumno. ¿Pero y la reproducción? ¿La cuelga Oscar

---
[418] "Piñera teatral" en *Teatro completo*. p. 48.

en la pared? Es posible, ya que se habla de su amistad con un pintor modernista. Piñera es tan estricto con sus objetos delirantes —las tijeras de Luz Marina, la victrola de *Falsa alarma* o los sillones de *El no*— que la reproducción de *La madre* de Whistler, que el texto ubica al lado de la cocina y apenas se ve, se indicó por algún motivo más allá del cuadro.[419] Inadvertido para la mayoría de los espectadores, enfatizó, para los que tienen «competencia teatral»,[420] la preponderancia femenina y otorgó a Ana su lugar definitivo en la obra. Cuando se lee, es tan importante como Luz Marina, aunque casi todas las puestas la han minimizado. Es la madre doliente que «pena y disimula», otra cara de la Luz Marina estoica y enérgica. Y aunque estudios recientes (Cabrera Fonte) recuerdan que fue un cuadro muy popular en los cincuenta, la decoración de los Romaguera es singular como sus personajes.[421] La familia cubana adoraba los cisnes de la Florida, las figuras chinas a las que falta una mano y aquí cuelgan un cuadro modernista (escenografía de Guido Llinás) mientras el perfil desolado de la madre vigila el desvivir familiar. El mobiliario es inalterable, recurrente y monótono. El sillón desde donde se abanica Luz Marina, el radio, omnipresencia en la escena cubana desde finales de los cuarenta y desde luego, la máquina de coser, pues la costura fue un empleo socorrido de las mujeres pobres como Lila en *Lila la mariposa* (1954), de Rolando Ferrer. Otros elementos, como el botellón de agua (puesta de 1962), indican la depauperación de una clase social que en el pasado tuvo algunas

---

[419] El cuadro es *Composición en gris y negro no. 1, retrato de la madre del artista, 1871.*

[420] Villegas, Juan. *Historia multicultural del teatro y las teatralidades en América Latina.* Colección Teatrología. Editorial Galerna, 2005. "Cada práctica cultural involucra la competencia del destinatario potencial para descifrar el mensaje". La competencia teatral indica la familiaridad del espectador con los códigos y lenguajes.

[421] Cabrera Fonte, Pilar. Dissertation. "Altamente teatral". *Subject, Nation and Media in the Works of Virgilio Piñera.* 2010.

comodidades. En el segundo acto, la bombilla amarilla será reemplazada por la luz «fría», "único cambio en diez años", como insiste Emma Álvarez Tabío en *Invención de La Habana* y sirve al autor para teatralizar el tiempo estacionario, congelado en sillas, sillones y un sofá-cama raído, pero que como reconoce Luz Marina, los ha paralizado. Desde que se abre el telón sabemos de las cuentas de la bodega y que los Romaguera no pueden llegar a fin de mes. Luz Marina posterga día tras día su única ambición: poseer un ventilador. Culmina el recorrido del que he llamado «objeto deseado» –que refracta necesidades más profundas–. Empieza con Fermín Borges, cuyos personajes ansían un Cadillac, un perfume de Guerlain o un premio de la Lotería Nacional. Luz Marina tiene los pies en la tierra y quiere las cosas en grande. Se abrasa de calor y ansía "no un ventilador de dieciocho pesos" sino "uno de pie, de esos que dan mucho aire y poco ruido, un ruido musical que acaba por adormecerte". Calcula que necesitará trescientos pesos, pero entre sus costuras y el retiro de Ana, reciben sólo 120.

LUZ MARINA. No hay como tener un ventilador. *La Vie en Rose*... La vida en fresco... (Pausa).Quisiera verte en mi cuarto a las tres de la mañana. ¡Un horno, querido, un horno!

La temperatura y la obsesión por el ventilador son ejes centrales de una obra sin conflicto, y el calor, como anota Reinaldo Arenas, un personaje más instalado en las habitaciones como un animal feroz.[422] La luz, intangible en *Electra Garrigó*, es agobio y sofocación. No pueden

[422] Arenas, Reinaldo. "La isla en peso con todas sus cucarachas". Rita Molinero. ed. *Virgilio Piñera: la memoria del cuerpo.* [San Juan]: Plaza Mayor Editorial, 2002. pp. 29-48.

ser mitigados, están a perpetuidad. Luz Marina se abanica. Su vida se debate entre "coser y rabiar". En el primer acto están trazadas las relaciones familiares y dibujados los personajes. Mientras Luz Marina saca cuentas, Oscar escribe. La madre sufre en su infierno doméstico la infidelidad de Ángel –acostumbrado a regir los destinos del clan– y Enrique llega, para enturbiar aún más el ambiente filial, pues a juicio de Luz Marina, su ayuda económica es insuficiente. Al final del primer cuadro del primer acto, Luz Marina revisa el cuaderno de su hermano y lee un verso "Veo rodar las lágrimas de mi hermana". En el segundo cuadro, Ángel llega borracho, Luis está en Nueva York y Oscar sigue ensimismado en su poesía. Uno de sus versos "El poeta con su linterna mágica, se aleja en busca del sueño", entronca con las apuntaciones, pues Luz Marina, anclada en la realidad, pregunta si son sueños para "apuntar" o son ¿sus sueños?

Laura Zarrabeitia y Ángel Espasande

Y los dos crean una escena delirante en la que ventilador y poesía se funden en la radial transmisión del sorteo de la lotería. Luz Marina se aproxima a su hermano como si fuera el aparato de radio con el número premiado. Fermín Borges y Ezequiel Vieta exploraron esa presencia de la radio como objeto y elemento dramático. Borges en *Pan viejo* mostró a unos viejecitos aferrados al aparato en espera del número afortunado mientras Vieta en *Los inquisidores* hace del radio y el melodrama personajes más de la pieza estrenada en 1956.

Luz Marina y Oscar viven sus ilusiones mientras los reúne el destino y la sensibilidad. En el tercer cuadro ya se ha impreso *Juegos profanos*, libro de poesía de Oscar, cuyo título recuerda el estilo radial de quienes oyen "Vidas cruzadas", la novela de las nueve y van al teatro a ver *La malquerida*. En el acto segundo, las bombillas amarillas reemplazan la luz fría y Luz Marina quiere saber la fecha exacta del acontecimiento.

Ángel trae de visita al señor Miranda, en busca de recuperar sus tierras robadas. El ambiente es tenso. Piñera sabe que no puede sostener la pieza a partir sólo de violencia y bofetadas. Luz Marina, otra vez lanza al público sus necesidades "¡Me gustaría mañana comer carne con papas!" En el segundo cuadro Oscar se despide. Parte a Buenos Aires en tercera en el Reina del Pacífico. Antes le confiesa a su madre le hubiese gustado ser mejor hijo mientras llora emocionado. Ángel y Luz Marina lo acompañan al puerto. El autor acota tres minutos de oscuro.

En el cuadro tercero, Luz Marina escribe a su hermano. Los precios han subido y La Habana vive el gansterismo en las calles. "El Colorado mató a dos". El padre ha viajado a Bayamo en busca de las tierras que quiere restituir. Cuando termina el cuadro, Ángel ha sufrido una mutación y en un momento trágico, abocado frente a un mapa, amenaza a las serventías con un desesperado ¡Carajo, aparece o te mato!

En el cuadro IV del segundo acto, están a oscuras. De manera simbólica, el apagón se corresponde con el golpe de estado de Batista en 1952 que terminó con las libertades constitucionales. Una lámpara de luz brillante sustituye la luz eléctrica porque no han podido pagarla. "Ya tenemos el mulato en la silla", dice Enrique, cuyo puesto de empleado peligra con el nuevo gobierno.

En el quinto, presagio de la hecatombe familiar, Luz Marina improvisa una escuela y mientras quiere enseñar a los niños y terminar un vestido, llama el Chino de la ropa y para colmo llega Ángel con Don Benigno, que quiere patentar sus famosos inodoros. No sólo hace una demostración delante de los niños sino ha sido invitado a almorzar. La llegada del antiguo vecino y la desconsideración del padre irritan a una Luz Marina que grita "roña y asco, mentiras, y los recuerdos de veinte años que él ha venido a plantarme en la boca del estómago como mordiscos" y sale de la casa en busca del primer hombre que se le presente.

En el primer cuadro del acto tercero, en 1954, Oscar está de regreso y sabemos qué hizo Luz Marina esa tarde. Encontró en un ómnibus a Pepe, su actual esposo. Sus sueños de distinción y amor de radio-novela quedaron atrás. Con él va a la pelota y a comer en una fonda del Mercado. Hay absoluta comprensión y ternura entre los dos hermanos, pero Oscar siente que sobre él pesa una acusación. El padre encegece y enloquece pero así todo Oscar irá al Archivo a buscarle datos sobre las tierras del marquesado. Las cucarachas invaden la casa. En el segundo, en 1956, Radio Reloj da la hora. El "mulato de mierda" sigue pegado al jamón y lo peor, caen las bombas, alusiones a la lucha clandestina en la ciudad. Oscar escribe y se burla de *El filántropo* y de *La malquerida*. Como en sus poemas, no hay nada sagrado. En el cuadro tercero, en 1958, la familia se retrata y en el cuarto, el diálogo es ya imposible. Luis está sordo y el padre ciego, la madre agoniza y la llegada del ventilador es inútil. No terminan las discusiones ni la familia deja de dirimir "los trapos sucios".

Mientras se estudia el texto de *Aire frío,* la iconografía de sus puestas en escena es precaria y elusiva. Muchas de las fotografías publicadas, debido a las características técnicas de la prensa, son manchas borrosas, sin rastro de definición, dispersas en archivos personales. Enrique Pineda Barnet y el fotógrafo Raúl Rodríguez filmaron veinte minutos indispensables para el Noticiero ICAIC que integra "Teatros de La Habana". [423] No me canso de verlo. Conserva para la posteridad uno de los grandes momentos del teatro cubano.

El programa –el 11 del TEH [424]– incluye un fragmento de Piñera (tomado de *Teatro completo*) y respuestas a la pregunta ¿qué piensa en caliente de "Aire frío"? Miriam Acevedo, Antón Arrufat, Alejo Beltrán, Calvert Casey, Nicolás Dorr, Abelardo Estorino, Adolfo de Luis, René Sánchez y José Triana, ofrecen opiniones más bien superficiales, elogian el texto y/o comentan la alegría que les produce su representación. Adolfo de Luis narra que Virgilio le dijo: "estoy escribiéndote una obra" pero razones ajenas a su voluntad le impidieron hacerla. Desconozco cuántas mediaciones, gestiones, y otros imperativos materiales preceden la puesta de Arenal ni cuántos otros se interesaron antes por montarla. Francisco Morín quiso dirigirla cuando la leyó en 1958, pero Piñera le sugirió a Adolfo

---

[423] http://youtu.be/yL9EvEEoq5I
[424] Teatro Experimental de La Habana, dirigido por Rine Leal, en la antigua sala Las Máscaras, de Primera y A, Vedado, nacionalizada después que Antonia Rey y Andrés Castro emigran a los Estados Unidos.

de Luis para Oscar y el director le contestó. "Tú sabes que con Adolfo no trabajo más".

Humberto Arenal, entonces un casi desconocido director teatral, uno de los tantos cubanos emigrados que regresaron entusiasmados en 1959 de los Estados Unidos después de más de once años, se escoge para hacerla. [425]Conoce a Virgilio en *Lunes de Revolución* donde colabora como escritor. Dirige sin mucho éxito *El filántropo* (1960) y una versión de *Jesús* para la televisión. *Aire frío* es su montaje más recordado. El sábado ocho de diciembre de 1962 tuvo su estreno mundial. Un elemento característico del programa –convertido con los años en su imagen emblemática– es la fotografía de familia. Muy difusa, aparecen caracterizados ocho personajes de la obra. Los hombres vestidos de cuello y corbata y las mujeres, con sus mejores galas. Luz Marina (Verónica Lynn) no sonríe, tampoco Ana (Laura Zarrabeitia) sino miran a la cámara como Oscar (Julio Matas). La fotografía será central al cuadro tercero del tercer acto, cuya acción ocurre en 1958. Con motivo del cincuenta aniversario de bodas del matrimonio, se retratan Ana y Ángel, Luz Marina y Pepe, Enrique y María, Oscar y Luis y la hija de Enrique, de quince años. Arenal respeta la indicación, aunque la joven no aparece en la puesta. Y detrás, el intrigante cuadro de *La madre*, de Whistler, encima del sofá-cama donde Oscar duerme. [426]

El programa de 1962 informa de la visualidad de *Aire frío* a partir de las anotaciones de "Piñera teatral". Cuando regresó de Buenos Aires en 1958, Virgilio se asombró al encontrar el mismo mobiliario en su casa, sita en Panchito Gómez 257, en Ayestarán, y se consideró maduro

---

[425] Según sus palabras dirigió dos o tres obras en inglés en *off–Broadway* y tomó clases de dirección con José Quintero y de actuación con Stella Adler. Desde 1959 dirige una obra semanal en Escenario 4, en la televisión cubana.
[426] Escribí uno de los artículos del pórtico, el otro es de Juan Antonio Hormigón. Edición de *Aire frío* de la ADE, Madrid, 1990. Incluye una cronología de la historia de Cuba de 1898 a 1959, de Pau Eguizábal.

"para escribir una pieza teatral con el asunto de mi casa" transformada en la vivienda de Ánimas 112 que habitan los Romaguera. Se puede suponer la importancia sígnica de los maltratados muebles, depauperados pero limpios y un elemento recurrente –la pátina sobre las paredes– central a la concepción de la escenografía de Guido Llinás que –miembro del Grupo pictórico Los Once– que por los mismos años realiza su exposición de expresionismo abstracto y otorga esa textura especial de las paredes, que según recuerdo, era fundamental en el ambiente opresivo de una obra que trabaja el tiempo detenido. Sobre ellas pasan los años, hay polvo y hollín, la casa da a la calle, tanto que Luz Marina quiere poner una "quincalla". Igual simbolismo tiene su nombre, Ánimas, almas en pena que vagan y recorren el purgatorio antes de ir a la gloria. Piñera vivió muy cerca, en Gervasio 121, esquina a Ánimas. Sólo que aquí desviven, consumidos por el calor mientras la realidad cruda interviene a través de un comentario, una noticia en la radio, el titular de un periódico o un desmentido. Del Colorado y de Grau a Batista, llamado el Mulato, el Indio o El Lindo. No hay obra cubana más anclada en un territorio ni recurso más auténtico para hablar de la sociedad que estas alusiones que la enmarcan desde 1940 a 1958, en dieciocho años cruciales, en los que el país transitó de los presidentes electos a la llegada del "usurpador", según Miranda, el marqués de Veguitas.

En el primer programa de mano se incluye la ubicación temporal de cada cuadro. También lo conserva el de México. La acción comienza en 1940, el segundo cuadro transcurre unos días después, el tercero, un mes más tarde. Entre el primero y segundo cuadro del segundo acto han pasado diez años; el tercero, se localiza tres meses después; el cuarto, en 1952 y el quinto en 1953. El acto tercero empieza en 1952, el segundo cuadro, en el 56, el tercero, en el 58 y el cuarto, unos días más tarde. En total, transcurren dieciocho años (1940-1958) en un espacio único, la sala-comedor de la familia Romaguera. El paso del tiempo, el deterioro sobre los cuerpos y el alma de los miembros de esta familia cubana constituye el gran tema de *Aire frío* que según Virgilio es una obra "sin argumento, sin tema, sin trama y sin desenlace".[427] El avance del tiempo –enfatizado por la división en cuadros y actos– hace inevitable pensar en las cronologías, tanto que para Luz Marina es importante saber la fecha de la instalación de la luz fría. Hay tan pocos acontecimientos en su vida que el ansiado frío marca un hito. El acto anterior termina con la escena cumbre entre Ana y Ángel, en la que éste rechaza las súplicas de su esposa, que intenta alejarlo de la sobrina con quien coquetea como un viejo verde. Con un ¡Me ahogo!, sale de la casa con un portazo. Si significativo es el espacio por el cual la obra se interpreta en en términos de fresco, pintura mural de una época, concreción del tiempo, *Aire frío* no es un drama de peripecias, pero sí de personajes.

Ana (Laura Zarrabeitia, 1962, Olivia Alonso 1967, Paula Alí, 1981) no sólo es «la madre», sino la esposa resignada que aguanta la infidelidad y las aventuras del marido. Tiene tiene cincuenta años al comienzo de la obra. Es como un paño de lágrimas en medio de la hostilidad de Oscar y Luz Marina contra el otro hermano Enrique.

---

[427] Piñera teatral. Ob. cit. p. 28.

Helmo Hernández y Olivia Alonso

Quiere mantener la paz del hogar y lucha por eso en las más difíciles circunstancias. Pilar de la familia, maestra retirada, firme, dolida, ve enloquecer a Ángel –entre quimeras, sueños y fracasos– mientras nadie le muestra demasiado afecto (nunca supo si a sus hijos "les faltó cabeza o corazón", un bocadillo de Oscar). Es la "estatua del sufrimiento" y la abnegación. Cuando se anuncia su agonía, se desploma el andamiaje que sostuvo con su sacrificio y exigió a la hija hembra como continuidad. Una crítica del 62, tomada de los recortes de Laura Zarrabeitia, no identificada, anota que:

> Laura Zarrabeitia encarnó a la madre dándole toda su difuminada personalidad. Alta, delgada, agobiada por el trabajo, por las penas, incapaz de rebelarse ante un destino absurdo al cual trata de encontrar justificaciones místicas, procurando cubrir de decoro ante los hijos al marido que la engaña, todo fue captado y proyectado hacia el espectador por esta actriz que día a día supera notablemente sus actuaciones.

Ángel Espasande (1962), Helmo Hernández (1967) y Omar Valdés (1981) interpretaron a uno de los personajes más difíciles, el padre. Empieza la obra con cincuenta y cinco años, retirado, pero fuerte, activo e ilusionado con una sobrina. Interesado como ningún otro personaje en la realidad del país y del mundo, masón, en el fondo, es un hombre débil, acorralado y desmoralizado, incapaz de proveer a su familia. Sin embargo, no será el padre autoritario de la tradición, a pesar de que en el pasado, ha pegado e insultado a su mujer. Paradójicamente, Oscar lo respeta y hasta le habla de su amiguito pintor que fue a París. Agrimensor como el padre de Piñera, lo caracteriza como un iluso cuyas reclamaciones alcanzan una dimensión cruel, grotesca y tierna, cuando al final, ciego, ha perdido una de sus serventías.

Luz Marina, (Verónica Lynn, Liliam Llerena, Miriam Learra-Micheline Calvert), es la protagonista absoluta. En dieciocho años se avejentará sobre la costura, armada de sus tijeras, en una batalla campal contra el calor, las cucarachas, la enfermedad y la muerte intentando buscar "una salida, una puerta, un puente". Tiene tantos matices y aristas que ha posibilitado ser plasmada rezongona y aburrida, luchadora y colérica. No hay forma de reducirla. Verónica Lynn era una joven actriz que triunfó con *Santa Camila de La Habana Vieja*, de José Ramón Brene en 1962. "Al igual que Adolfo de Luis con *Santa Camila...*, Humberto Arenal hizo un excelente trabajo de dirección con esta *Aire frío*, dijo en una entrevista. "Con la anuencia de Virgilio —con quien lo unía una gran amistad— suprimió algunos cuadros que resultaban reiterativos, en aras de que la dramaturgia ganara en concreción y dinamismo. Aún así, la obra siguió siendo larga, pero sin algunas escenas superfluas. Durante el montaje, Arenal me dijo que debía despojarme ante todo de la gestualidad de Camila, para poder asumir con veracidad a Luz Marina. Porque, por ejemplo, las dos pueden llevarse una mano a la cintura, pero ese gesto en cada una de ellas es distinto. Camila es una mujer que quiere y puede ser seductora, y Luz Marina es una mujer desprovista de esas artes, pues su vida ha sido regida por otras pautas y sometida a otros prejuicios. Por eso en el caso de Luz Marina recurrí a algunas vivencias y referencias para poder construir su personaje: por ejemplo, el recuerdo de las calamidades económicas que padecí en ciertas etapas de mi vida, y el comportamiento de una tía mía que se la pasaba rezongando todo el tiempo. [428]

Oscar es el poeta, poetastro lo llama Enrique, marginado, con el que Luz Marina, tiene una gran empatía. Cinco años menor que su hermana, muchos de sus rasgos coinciden con los del joven Piñera, también incomprendido por su familia, y amparado por su devota hermana Luisa, maestra y no costurera. Aunque Cabrera Fonte asocia su nombre con Oscar Wilde, no se descarta especular que puede llamarse así por el escritor que en *Tambores*, de Carlos Felipe, parte al exilio como Piñera a Buenos Aires. Oscar tiene una meta: imprimir su libro de poemas. Negado a aceptar concesiones o hacerlas (como escribir episodios para CMQ patrocinados por las galleticas La Estrella), parte no sólo en busca de los bifes sino a respirar un ambiente cultural. Antón Arrufat se ha referido a la sicología del agregado, que vive de la peseta de su familia, con la ropa prestada, los trajes gastados y remendados, pero inmerso en los libros y la cultura. La caracterización de Julio Matas acentuó su aspecto distinguido, sus buenos modales y su apatía irónica. Ni en la versión de Matas ni en las aquí reseñadas, que recuerde, se descubría al homosexual que apuntan

---

[428] "La bendita circunstancia de Verónica Lynn en Camila y Luz Marina". Entrevista de Rosa Blanca Pérez en Portal de la televisión cubana.
http://www.tvcubana.icrt.cu/seccion-entre-tu-y-yo/56-entrevistas/411-la-bendita-circunstancia-de-veronica-lynn-en-camila-y-luz-marina

recientes puestas en escena. Parte de la tragicidad del personaje es la no revelación de su intrínseca sexualidad que como el sufrimiento de Ana, se vive para dentro, como subtexto. Que los vecinos no oigan, no se enteren. Será Luz Marina, en la puesta de Arenal, quien grita a voz en cuello que se enteren, esta casa nos morimos de hambre. Si Oscar es homosexual como Piñera, está reprimido y no se acentuó mediante rasgos externos, pues en la obra el único bocadillo ambivalente es la alusión de Luz Marina al «amiguito» que viene a comer a cada rato. Si pensamos en lo cauto que fue Piñera al decidirse a hablar de su familia a quien no pedía cuentas, los "escrúpulos" que tuvo que vencer según "Piñera teatral", se entiende primase una versión sobria del personaje.

Verónica Lynn

La filmación de Pineda Barnet permite apreciar el ambiente naturalista, eje de la crítica de Rine Leal. El *zoom* a la edición de *Teatro completo*, refuerza la idea de que es una puesta respetuosa y en función del texto. Para Arenal era stanislavskiana, con "recursos del sicoanálisis" que sorprenden a Piñera, quien finalmente los acepta. "Cuando Virgilio ve un ensayo del primer acto queda gratamente impresionado, a pesar de que los actores —muy heterogéneos—

contribuyeron a los resultados finales. Según Arenal la dirigió de manera abierta, sin fórmulas preconcebidas, puesto que la historia no le era ajena en lo absoluto. "Y la riqueza de la propia obra que me iba marcando el camino" [429].

En conversación con Laura Zarrabeitia, entonces una joven actriz de Teatro Estudio, formada en el método de Stanislavski, cuenta que usó postizos para caracterizar a Ana –Arenal dudó en que pudiera interpretarlo por su edad– y tenía preparado un pañuelo –como el del cuadro– que sin embargo nunca usó. Recuerda a Virgilio en los ensayos, casi de manera permanente, como un fantasma. Lo adivinaba por una lucecita roja en la sala oscura, el cigarro encendido de Virgilio. Piñera comentaba en privado con Arenal, pero nunca con los actores. Sin embargo, recuerda que se hicieron cortes, por ejemplo, a su personaje, que tenía más texto, para evitar la «radio-novela». Ella guardó su ejemplar de Pagrán con esas anotaciones y cambios. [430] Recuerda una atmósfera muy «correcta», en la que le fue muy fácil trabajar con Ángel Espasande –veterano de la radio, la televisión y el teatro– y que mientras ella y Verónica se preparaban en las patas del escenario– con la técnica propia del Método– Espasande, en cambio, estaba muy relajado. Los actores todos fueron escogidos en la selección de los mejores de 1962.

Según Eddy Souza, que también la ha entrevistado, "la primera versión de *Aire frío* sería la del propio Piñera "y estaría documentada con el libreto de Laura". En "Piñera teatral" le preocupa la duración, ya que se calculan tres horas de hacerse como está escrita, y según Zarrabeitia, alejarla del melodrama. Arenal fue más proclive a aceptar los cortes y las sugerencias del autor de lo que hubiesen sido Morín o

[429] Arenal, Humberto. "Un aire dos veces frío". *Tablas* 2 (2001):29–33. p. 32.
[430] Piñera, Virgilio. *Aire frío. Escena cubana* 3. Edición inaugural extraordinaria. Noviembre de 1959. Paco Alfonso fue el director de la colección. La Habana: Pagrán. 164 p.

de Luis, aparte de la amistad forjada cuando *El filántropo*. Sin dudas, mientras los directores de la vieja guardia de ADAD, Prometeo y Arlequín, tenían más obra y experiencia, Arenal traía un punto de vista nuevo y renovador, poseía un carácter sosegado y gran carisma. Desde luego, esto es una especulación mía, pues conocí a los tres.

Satisfecho estuvo el autor de acuerdo a una entrevista de Rine Leal en el periódico *Revolución*.[431]

¿Virgilio, cómo ves tu pieza, *Aire frío*?

Rine, me gusta la pregunta, pues resume otras preguntas que me he venido haciendo. Cuando lo escribí me preguntaba ¿cómo lo verá el público el día de su puesta en escena? ¿cómo lo veré yo? ¿cómo *Aire frío* se verá a sí mismo? Es decir ¿qué aire presentará *Aire frío*? ¿Paralizará el corazón o o lo hará latir hasta salirse del pecho?

La respuesta a estas preguntas la tuve, el día del estreno a través de la actitud conmovida con que el público recibió la pieza: cada espectador asistía, en la medida que le tocaba, al desarrollo dramático (resumido en tres horas de representación), de su historia personal, de una parte; y de otra, de cincuenta y tantos años de historia nacional. En una palabra, se sintió identificado con mis personajes, respiró con ellos, lloró con ellos, rio, gesticuló, se vio en Luz Marina "haciendo vestidos mañana, tarde y noche para mal comer, mientras el calor como una divinidad implacable, presidía su vida", en la patética figura de Ángel con sus fantasías y sus ensoñaciones; en la grandiosa imagen de Ana, paño de lágrimas de toda la familia Romaguera; en fin, se vio en ese aire de ternura que recorre la pieza de principio a fin.

A *Aire frío*, cuya anécdota diríamos, es la vida de una familia habanera, habrá que verlo como la plasmación dramática de un ciclo de la vida nacional cerrado definitivamente.

¿Qué puedes decirme de la dirección y de la actuación?

---

[431] Leal, Rine. "¿Qué significa *Aire frío*?" *Revolución*. Viernes, 21 de diciembre de 1962.

Miguel Navarro y Liliam Llerena

Ambas me parecen sobresalientes. Como director, Arenal ha tenido el acierto de mantener, en toda su difícil concentración, la unidad de mi pieza. Ímproba labor si se cuenta que *Aire frío* no presenta ni argumento ni desenlace. Además ha logrado esa difícil labor de conjunto sin la cual todo se hubiera visto como un rompecabezas desarmado. Desde estas páginas deseo expresar mi agradecimiento al director y a los actores que han hecho posible la hermosa puesta de *Aire frío*.

En 1967, Arenal la dirige una segunda vez con Taller Dramático – fundado por Gilda Hernández– a quien solicita, como narra después, "entera libertad".[432] Según su testimonio era más «ideológica» y tenía más influencia de Brecht, que incorpora con la asesoría de Gloria Parrado. Es probable que cinco años después de su estreno, conservase los cortes originales. Lo sobresaliente es su politización, a partir de sus

[432] Luz Marina (Liliam Llerena u Orquídea Rivero. Oscar (Miguel Navarro), Ángel (Helmo Hernández), Ana (Olivia Alonso), Laura (Amelita Pita), Enrique (José Hermida), Miranda, (Silvano Rey), Don Benigno (Juan Troya), Pepe (Miguel Ángel A. Hernández), Fotógrafo (Ramón Ramos). María (Orquídea Rivero o Liliam Llerena). Dirección de Humberto Arenal. Asistente. Orlando Vigil Escalera. Asesora. Gloria Parrado. Escenografía. Eduardo Arrocha. Luces. Carlos Maseda. Música Jorge Garcíaporrúa.

experiencias en Londres y el Berliner Ensemble. "Creo que en 1967 hubo un énfasis en los aspectos políticos que no lo había en la primera puesta en escena, y también, como antes, establecí muy claro, como siempre hago, que los seres humanos somos seres sociales, políticos y psicológicos" [433].

Una crítica de José Manuel Valdés Rodríguez en *El Mundo* lo aclara.[434] En la obra la política es soterrada, subterránea y aunque se menciona a Grau, Prio y Batista por sus nombres, la mayor parte de las referencias son a El Lindo, El Mulato, El Colorado, etc., en deliberado propósito de integrarlos a las vicisitudes de los Romaguera, pero no de hacer historia o levantar el acta. Son referencias no explícitas que entran en la obra de manera tan natural y articulada como la carne con papas o las cuentas de la bodega. Sin embargo Valdés Rodríguez estima "recurso acertado la interpolación en los intermedios del retrato y las palabras de figuras públicas, Grau, Prio, Batista, rematada con la presencia del Comandante Fidel Castro. Con ellos se contribuye a esclarecer el fondo social y político en que se enraíza el asunto".

José Raúl Cruz es Don Benigno, escenografía de Severino Rodríguez

---

[433] Arenal, Humberto. Ob. cit. p. 33.
[434] Valdés Rodríguez, José Manuel. "Aire frío". *Tablas y pantallas. El Mundo.* 22 de mayo, 1967.

Si hay una pieza que incorpora la política a la entraña misma de los personajes y las situaciones, es *Aire frío*. En el cuadro primero Luz Marina contabiliza todos sus gastos y el padre se muere de dolor de muelas (real o fingido) para tener una excusa e ir a la Logia. Oscar refiere que el gobierno envía carne para el ejército norteamericano. Estamos en la II Guerra Mundial y Cuba es aliada de los Estados Unidos. En el segundo, la hija recrimina a la madre por disimular. "Nos pasamos hablando del calor, pero no nos atrevemos a poner los puntos sobre las íes. Y entretanto, nos vamos muriendo poco a poco". En el cuadro tercero, Ángel, habla de la toma de Dunquerque y de pronto reacciona "¿qué me dices de Grau? Ese es el hombre". Luz Marina dice "Ayer el mulato tumbó a Prío". En la mayoría de las conversaciones– acorde con la tradición del teatro cubano desde *Calibán rex*, de José Antonio Ramos– la política es referida, dicha en voz baja, vivida y comentada como una condena.

Sin embargo, dos escenas muy controvertidas, enfatizan la lectura ideológica de la pieza a través de su absurdización. Miranda –Marqués de Veguitas– y Ángel, intentan restituir las caballerías de tierra en litigio propiedad del marqués, robadas de manera fraudulenta. Y a pesar de que pareciera absurdo que dos viejos se empeñen en una empresa imposible, conmovedora es la ilusión de Romaguera de tener "diez mil pesitos" para comprar una casita y una cría de gallinas.

La otra escena absurda la protagoniza Don Benigno, inventor sanitario, caracterizado entre iluso y charlatán, al ensayar su inodoro para gordos y flacos en medio de la sala y en presencia de la escuelita de Luz Marina. Cuando le preguntan si lo regalaría al presidente, se niega, "ese perro mulato no es digno de mi invento. Si quiere uno, que lo compre". El "usurpador" no merece ni siquiera su artefacto sanitario. Aparte del guiño irónico a *El flaco y el gordo*, lo delirante es una demostración escatológica delante de los niños en la que Ángel se confunde de gobernante. "Batista está en la silla", pero él piensa en el doctor Prio. La sola concatenación de las alusiones –titulares, bolas y referencias del exterior– delata el paso avasallador del tiempo, también como el calor, un personaje de *Aire frío*. Nada sobra. Todo se articula en el propósito narrativo.

Los críticos sin embargo no lo consideraron así. Valdés Rodríguez apunta que "Benigno es un personaje postizo, sin interés, que nada añade al contenido ni a la tónica de la obra que puede suprimirse sin perjuicio, lo que eliminaría la gratuita nota sanitaria" y también, se refirió a Ana como un personaje sin contenido especial". Aparece la idea de los personajes gratuitos en *Aire frío*, que sostienen algunos otros críticos y directores hasta hoy. Sin esas escenas, Aire *frío* no sería el "retrato de nuestras vidas". Cuando la puesta asiste invitada a la Olimpiada Cultural de México (1968) junto a *La soga al cuello,* de Manuel Reguera Saumell, el programa de mano contiene una extensa nota biográfica de Reguera, Arenal y Gilda Hernández, pero sólo breves líneas sobre el texto y el contexto histórico cultural de *Aire frío*. Ninguna biografía o datos sobre Virgilio, a la altura de 1967, nuestro dramaturgo mayor. Ninguno de los dramaturgos viaja con el grupo a México. Arenal escribe en las notas al programa:

> Estoy convencido que *Aire frío* perdurará [...] por la fuerza de sus símbolos, por la universalidad de sus planteamientos, por la profundidad de sus ideas. En las dos ocasiones que he dirigido esta obra, he tenido la sensación (y esto lo he sentido muy pocas veces en el teatro) que estaba metiendo la mano en la clásica caja de Pandora para extraer ideas, conceptos, imágenes. Y al final, también como en la historia mítica de Pandora, he sentido la esperanza. La esperanza de que el hombre puede siempre resurgir, que siempre puede renovarse y aprender. Si

con esta puesta en escena, podemos, todos los que hemos laborado en este empeño, modificar en alguna medida la vida de los espectadores, yo creo que ha valido la pena la aventura que para mí ha significado otra vez el montaje de esta obra".[435]

Desde 1962 pareciera clave encontrar esperanza en la obra. De otra manera no se justifica esta observación de Leal: "la pieza se representa de jueves a domingo a teatro lleno y entusiasta" para concluir que "los personajes de Piñera solos o luchando unos contra otros, nos arrojan en cara que a pesar de todo la vida es hermosa." En su testimonio para *Virgilio Piñera en persona*, recuerda que se colocaron sillas de tijera pues Las Máscaras tenía 120 lunetas. Virgilio asistía todas las noches para ver la reacción del público". Hoy la obra interesa como entonces, pero nadie sentiría entusiasmo. [436] Cabe pensar que la euforia de los sesenta matizó de optimismo una puesta en escena cerrada en sí misma, detenida, cuyo final, con el sonido del ventilador ahora obsoleto, es un presagio de muerte y dolor. Leal advirtió una "total renovación del estilo de Piñera", que no se desarrolló, ya que *Aire frío* es única y la consideró una "biopsia de un cuerpo social en plena descomposición hasta llevarlo a la muerte". Otros como Randy Martin, vieron en el comentario de Oscar "No podremos respirar hasta febrero", una profecía: el calor que sofocó a los Romaguera fue abatido en enero de 1959. "The motiv of eternal heat, the interminable wait for a change of season, suffuses the play. Yet the heat appears to hold the members of the family together,

---

[435] Consulté tres programas en http://www.deporte.org.mx/biblioteca/PC/teatro.htm en 2008 pero el enlace no está vigente. Programa Cultural de la Olimpiada de México. Taller Dramático. Instituto Nacional de Bellas Artes, 1968.
[436] Leal, Rine. "Aire frío". *En primera persona*....ob. cit. pp. 160-163.

imprisoning them in the unchanging interior of their apartment while they dream of various ways of escape. [437]

Mientras hasta ahora la imagen icónica ha sido la fotografía de familia, la más conocida de esa puesta muestra a Luz Marina derribada sobre un sillón y un Oscar pensativo y melancólico. El personaje tiene aquí más presencia que en la puesta anterior, son mejores las fotografías que sobreviven del montaje o Miguel Navarro demostró su excelencia como actor. Entre las incluidas en el programa de México, aparece una Luz Marina furiosa, activa y colérica. Liliam Llerena le dio un matiz propio. "Se puede afirmar –escribe Valdés Rodríguez– que no hay en esa larga y compleja presencia escénica un sólo momento desvaído o endeble, siempre el gesto óptimo, el ademán mejor, la inflexión oral plena, la acabada composición de la figura en movimiento o en quietud". Según Arenal las interpretaciones de Lynn y Llerena, eran profesionales y excelentes, aunque muy diferentes.

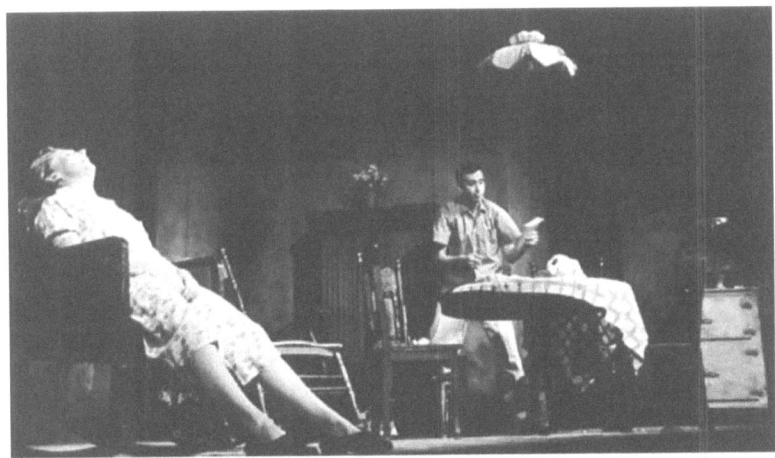

[437] Martin, Randy. *Socialist Ensembles: Theater and State in Cuba and Nicaragua*. University of Minnesota Press, 1994. p. 152. El bocadillo es de Luz Marina "Estamos en noviembre y seguimos achicharrándonos. Hasta enero... El texto de Martin: "El motivo del calor eterno, la interminable espera por un cambio de estación permea la pieza. Así el calor parece mantener unida a la familia, aprisionándolos en el interior de un apartamento que no cambia, mientras sueñan con varias maneras de escapar".

Ramón López ofrece una nota discordante. No muy convencido de la puesta de Arenal, destaca las "magníficas" actuaciones de Helmo Hernández (Ángel) y Liliam Llerena (Luz Marina) –almas de la puesta– frente a la deficiente de Olivia Alonso, que nunca da "el personaje de la clásica madre cubana". Desestima la escenografía de [Eduardo] Arocha –"falsa y convencional"– ya que "comentábamos cuando se abría el telón si se habría trasladado la obra a las cuevas de Luis Candelas". "Lo de los prólogos antes de cada acto, donde sale una fotografía de Grau, Prio, Batista y finalmente Fidel desde la Sierra nos parece completamente falso. Esa no es manera de solucionar aspectos que a la dirección de la obra se le van de las manos. Además, la prolongación de los discursos impacienta terriblemente al espectador." [438] El *Caimán Barbudo* de esos años insiste en que hasta ese momento las obras eran muy "limitadas e inmaduras" – y por las mismas fechas– que "el teatro padecía de una fuerte anemia, entre el populismo del teatro tradicional y el exclusivismo del nuevo teatro". Con relación a la recepción mexicana, por los títulos de las crónicas de Sergio Magaña en el Suplemento 15 de *El Nacional*, 30 de junio de 1968, p. 11 titulada "Dos obras cubanas en México" y *El Heraldo cultural*, "Aire frío: teatro anticuado", del 30 de junio de 1968, (no sé si del propio Magaña), que no he podido leer, intuyo una difícil y contradictoria recepción, que ojalá pueda documentar, avalada por los comentarios de Albio Paz, al que oí decir que "habían decepcionado". Como los «caimaneros», los críticos de México esperaban el teatro "revolucionario" de Cuba y llegaron dos obras sobre el pasado.

---

[438] López, Ramón. " Aire híbrido de Arenal". *El Caimán Barbudo*. Opus 14, mayo de 1967. p. 23.

La tercera puesta es de Abelardo Estorino (1981) en Teatro Estudio, [439]pionero del rescate de Piñera y víctima él mismo de una muerte civil durante el quinquenio gris. A dos años del fallecimiento de Piñera, Estorino, María Elena Ortega, Raquel Revuelta y Roberto Blanco comienzan la fiebre por redescubrir de su obra. "Según recuerdo –me dice Estorino– me propuse hacer la obra completa. Humberto le había cortado algunas escenas y me parecía, ya que era un homenaje porque Virgilio había muerto, respetar su texto. Las escenas del Marqués de Veguitas y del vendedor de inodoros son típicas del teatro de Virgilio. Eliminé todo naturalismo desde la escenografía: solo paneles como paredes de la casa con texturas formada por viejos periódicos pegados sobre los paneles; una puerta de entrada y un espacio entre dos paneles que daba al interior. A la izquierda del escenario un espacio pequeño lleno de contadores de electricidad y cordones eléctricos como una maraña. Traté de hacer lo más absurdamente posible la escena de Miranda, la escena con los niños, la escena entre el padre ciego y el hijo sordo y así".[440] En otra parte, Estorino argumentó sobre la importancia de "las escenas (im)prescindibles" de *Aire frío* y su imposibilidad de cortarlas no sólo con argumentos sentimentales, sino a partir de su funcionalidad. [441]

---

[439] Luz Marina (Miriam Learra o Micheline Calvert); Ángel (Omar Valdés); Ana (Paula Alí); Oscar (Julio Rodríguez); Enrique (Oscar Álvarez), Luis (Luis Otaño); Laura (Leonor Borrero); Miranda (Elio Mesa), Freire (Gaspar González); Empleado, Fotógrafo, Cobrador (Nelson Rodríguez); Don Benigno (José Raúl Cruz); Pepe (Francisco P. Salcedo); María (Aida Busto), Niños (Claudio Tamayo y Sady Domínguez). Equipo de dirección. Puesta en escena (Abelardo Estorino); escenografía (Severino Rodríguez); vestuario (María Elena Molinet); diseño de luces (Carlos Repilado); asesoría musical (Marta Valdés); asesoría literaria (Reinaldo Montero); asistente de dirección (Estela Padrón), jefe de producción (Alberto Oliva).
[440] Correspondencia electrónica de la autora con Abelardo Estorino.
[441] Estorino, Abelardo. "Las dos escenas (im) prescindibles de Aire frío". *La Má Teodora* no. 3-4 (1999): 48-49.

Miriam Learra y Oscar Álvarez

Con escenografía de Severino Rodríguez, hasta donde cabe reconstruir, la única no–naturalista, las paredes, antes marco, reciben un tratamiento de *collage* con periódicos viejos. Insisto en los periódicos porque la letra de imprenta que guarda la historia republicana, es un mensaje subliminal. Es significativo cómo adquieren valor de signo en una puesta enclaustrada entre cuatro paredes.

Mario Rodríguez Alemán la vio dos veces y en su crónica para *Trabajadores* no se sorprendió o dedicó un análisis especial a un texto mayor que no se representaba en quince años. Como si Virgilio estrenase todos los días, encomia al director que sabe "capotear las alternativas de melodrama y comedia que plantea el autor" pero reitera "debe podarse lo que ya resulta superfluo de Piñera" ya que las tres horas pudieron "aliviarse". Se trata de "todo un presupuesto de ideas y acciones, frustraciones y sueños que levanta en peso al espectador sin ser un gran arte, pero sin fatigarnos con un barato y vacío entretenimiento".[442] Hay otras críticas.[443]

---

[442] Rodríguez Alemán, Mario. *Mural del teatro en Cuba*. La Habana: Ediciones Unión, 1990. pp. 31-37.

Las tres puestas habaneras (1962, 1967, 1981) se realizan en salas pequeñas, Las Máscaras, El Sótano y la Hubert de Blanck, con el espectador próximo, y todas respetan la idea de que el escenario es una caja cerrada. En casi todas se realizan cortes al texto, sobre todo los personajes ocasionales. Ya en la primera desaparece Freire (un hombre distinguido que Luz Marina asocia con un político) y el empleado, (asoma la cabeza y arregla refrigeradores), a pesar de que no sobran pues el primero es una proyección de los deseos de Luz Marina. Ante la "aparición" súbita de Freire, ella canta el tango "Se fue para no volver". El empleado alude a la carencia del refrigerador en la casa ya que ahora compran al hielero, como Lala Fundora en *Contigo, pan y cebolla*, de Héctor Quintero, en 1964. Estorino utiliza un mismo actor para el cobrador, el fotógrafo y el empleado y logra una pieza de dieciséis personajes, un elenco difícil de reunir, incluidos los niños. Aunque en las dos primeras se recortan, al menos la de 1961, contó con la aprobación de Piñera.

Cuando se reestrena en 1981, el público la soportó sin abandonar sus asientos.

---

[443] Otero, José Manuel. "La necesaria reposición de Aire frío". *Bohemia*, 4 de mayo de 1984. pp. 23-24. Pérez Martín, Ezequiel. "Hubo demasiado aire frío". *Bohemia*, 18 de diciembre de 1981. pp. 24-25. Royero, Maida "La familia en el teatro cubano a partir de *Tembladera* y *Aire frío*" *Revolución y Cultura* octubre de 1981. pp. 75-78.

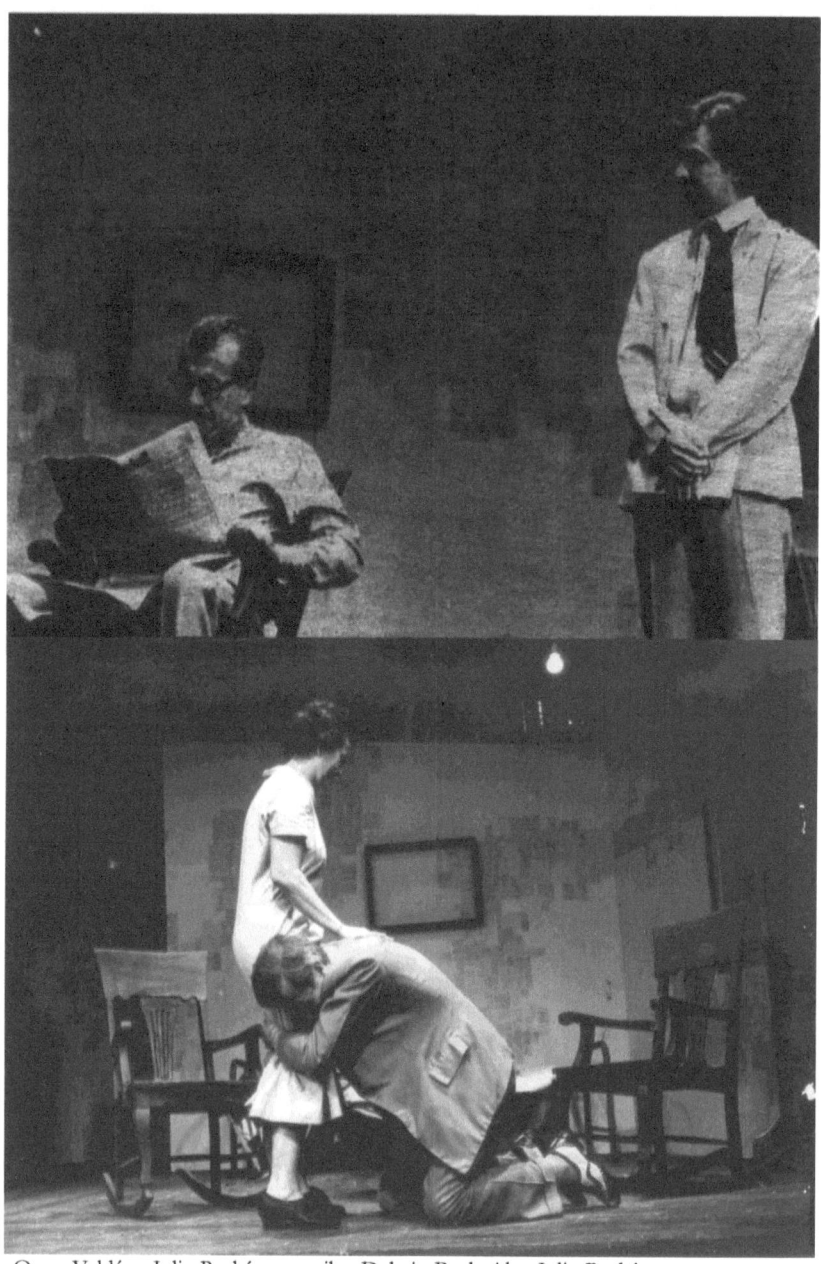

Omar Valdés y Julio Rodríguez arriba. Debajo Paula Al y Julio Rodríguez. Puesta de Estorino en Teatro Estudio.

Electra 1964

Electra sigue su recorrido. En abril de 1964 se representa en el Alcázar, la última dirigida por Morín; [444] en diciembre de 1969 la puesta-versión de Jesús Gregorio en el Museo de la Ciudad, con Nieves Riovalles; en 1986, la de Armando Suárez del Villar en Teatro Estudio con Adria Santana e Hilda Oates; en 1987 Flora Lauten la dirige en Buendía en versión de Raquel Carrió, ubicada en un circo, con Anabel Leal, Nelda Castillo y José Antonio Alonso. Después de 1990 hay muchas puestas dentro y fuera de Cuba, entre ellas la muy popular de Raúl Martín con Teatro de la Luna, versiones para ballet y danza, así como traducciones. Mientras Suárez del Villar respeta el texto e informa a través de los signos visuales la politiquería de la época ventilada en los recintos neoclásicos, Flora Lauten la historiza en un circo. Electra es acróbata y Orestes, un aprendiz de domador, mientras los tarugos del exterior desarman la carpa y le orientan su camino. [445] Incontables versiones, revisiones y nuevos montajes se acometen a partir de los 90. Mi recorrido, desde luego, es incompleto.

---

[444] Cf Boudet, Rosa Ileana. "A Electra le sienta el mito". *Tablas* julio-sept 1986, pp. 53-56. Carrió, Raquel. "De *La emboscada* a *Electra*: una clave metafórica", *Tablas* 2-1985. pp. 2 .8; "Dramaturgia y vanguardia: otras reflexiones *Tablas* 1-2006, enero mayo pp. 69-73.
[445] Una descripción y análisis del montaje en Muguercia, Magaly. "Electra Garrigó". *Indagaciones sobre el teatro cubano*. La Habana: Pueblo y Educación, 1989:48-52.

A Morín le sienta Electra
J. Corrales Aguiar [446]

Cuando el coro entonó los primeros versos de la Guantanamera que da comienzo a *Electra Garrigó*, de Virgilio Piñera, nuestra cabeza dio vueltas para encontrar una respuesta rápida a tantas preguntas. ¿Es la misma *Electra Garrigó* que desde 1948 aparece y reaparece en los escenarios dejando siempre confirmado que es un momento trascendental para nuestra escena? ¿Volverá *Electra Garrigó* a conmovernos? ¿Podremos, al fin, encontrar los desajustes, los fallos que pueda tener como obra escrita y como representación? ¿Qué nuevas cosas descubrimos en ese maremágnun de frases, de conceptos, de belleza? ¿De cuántos afeites necesitará para cubrir las arrugas y los desperfectos? ¿Es que los años no pasan sobre los monólogos de esta tragedia? ¿Podremos esta vez salir del teatro sin la admiración y el deslumbramiento que nos produjo sus anteriores representaciones?

Las respuestas son favorables a la obra. Muchos años han pasado y el encanto, el deslumbramiento son los mismos. *Electra Garrigó* sigue inconmovible. ¿Será que Virgilio Piñera primero y su director Francisco Morín después han construido la *Electra Garrigó* a prueba de fuego?

Después de asistir a esta nueva representación que se llevó a cabo el pasado 30 de marzo en el Teatro Musical de la Habana, auspiciada por la UNEAC, con motivo de la Jornada Mundial de Teatro, podemos afirmar que en la prueba del tiempo, esta obra cubana ha vencido. Como el film de Renoir, *La gran ilusión*, la Electra de Piñera siempre es joven, siempre nos muestra una cara que desconocemos, siempre es fresca, siempre dice y deja de decir y no sé por qué presiento que si en

---

[446] *Bohemia* 10 de abril de 1964. p. 25.

1970 regresa al escenario, los espectadores volverán a sentirse satisfechos.

Que con *Electra Garrigó*, Piñera y Morín hicieron un punto y aparte dentro de nuestro teatro es algo bien sabido. En las conversaciones sobre el tema se citan como referencias los monólogos de Electra y Orestes donde Electra invoca a los no- dioses y donde Orestes como un detective trata de esclarecer los hechos: el reconocimiento de Orestes por Electra; la escena que precede a la pelea de gallos, el momento en que Clitemnestra come la fruta bomba envenenada. Las escenas de otras obras de autores cubanos pueden estar por encima o por debajo pero *Electra Garrigó* sigue siendo la medida. Los autores serán mejores que Piñera o no estarán a la altura de Piñera. ¿Y no demuestra esto que *Electra Garrigó* continúa viva y gozando de perfecta salud?

Esta obra es el inicio, la arrancada. Antón Arrufat en su Nota al programa lo afirma con palabras que merecen repetirse: Empezar un teatro nacional con una pieza de esta naturaleza ha sido una verdadera generosidad, una delicadeza del destino.

Pues bien, este empezar de en nuestro teatro, volvió al escenario por una sola noche y es lástima, bueno será que *Electra Garrigó* con Liliam Llerena, Elena Huerta, Assenneh Rodríguez, Clara Luz Noriega, Roberto Blanco, Helmo Hernández, Fausto Montero, Omar Valdés y los demás miembros del reparto, dirigidos por Morín, continuara en cartel para que más y más personas puedan conocerla y recordarla.

Electra Garrigó por Antón Arrufat[447]

La primera vez que vi *Electra Garrigó* fue para mí un encantamiento. Es una pieza liberadora. Después de verla uno puede atreverse a hacer en el escenario lo que se le ocurra. Esta es su principal virtud, su virtud permanente, aunque gran parte de sus recursos imaginativos, de sus soluciones dramáticas estén agotadas, su impulso, su elan es lo que estremece, lo que libera. Empezar un teatro nacional con una pieza de esa naturaleza ha sido una verdadera generosidad, una delicadeza del destino. Recuerdo haber leído en Cocteau la afirmación de que el teatro es teatral. Todas obra importante tiene el don de la sorpresa, el poder de la audacia. En *Electra Garrigó* están estas virtudes y esa extraña nerviosidad, ese movimiento vertiginoso de las escenas, del diálogo, que marcha de una paradoja a otra, de una frase brillante a una afirmación disparatada que desconcierta al espectador y lo mantiene encantado, atento y despierto.

Virgilio Piñera, influido en la época que escribió su pieza por el pensamiento existencialista, sacó el teatro cubano de los viejos moldes naturalistas, de las superficiales comedias de salón y lo puso dentro de la corriente de las ideas de nuestro tiempo.

En su pieza hay una preocupación filosófica, una revaluación del mito de Electra. En la pieza de Sófocles, los hermanos Orestes y Electra son castigados por los dioses. En la de Eurípides los Dioscuros descienden para restablecer el orden divino y social en la tierra. Piñera libera a sus personajes de un falso castigo y Electra realizará un hecho puro, que no podrán juzgar los dioses inexistentes. El hombre queda liberado a sus propias fuerzas. El problema de la vida se resuelve en la tierra. Ese problema, para Electra y para Orestes, después de la bella

---

[447] En el programa de la función del 30 de marzo de 1964 en el teatro Alkázar con motivo de la Jornada Mundial de Teatro.

escena de la anagnórisis, es restablecer la pureza familiar, destruir la tiranía paterna. Después de la venganza, ella queda en su casa, sin partir. Su acto se ha consumado. Deja de ser un personaje de tragedia.

Es admirable en esta pieza su sentido de parodia y del humor. La negación de la trascendencia se logra mediante la risa, con las frases que liquidan la importancia. En eso Piñera retoma el sentido de la parodia del teatro popular cubano. No se trata ya, como en las piezas bufas, de destruir la falsa solemnidad de las óperas, sino la falsedad de la trascendencia y del juicio divino. Al retomar esa tradición, Virgilio Piñera la profundiza y eleva a categoría artística. Esta es la enseñanza de *Electra Garrigó*, enseñanza que consiste como casi siempre en la literatura, en permitirnos la negación y la ruptura. *Electra Garrigó* nos plantea el problema de la búsqueda. Electra quiere ser negada con otras obras, es decir, quiere ser afirmada.

Si la inmortalidad, la celebridad, la fama, como decían los antiguos, de una obra literaria, su perduración en el tiempo, depende y descansa en su representación renovada, en ese momento en que un director teatral, un grupo o varias personas cualesquiera sienten que la pieza debe volverse a poner, podemos afirmar la perennidad posible de *Electra Garrigó*, ante ella no hay que afirmar su valor permanente, su actualidad incesante.

El último Felipe

Un estreno ligero, con diálogos, pantomima, cantos y bailes, recibe unánime aceptación. *De película.* Estrenado el 17 de octubre de 1963, dirigido por Pierre Chaussat, coreografía de Guido González del Valle, escenografía de Eduardo Arrocha, vestuario de Salvador Fernández y música de Jorge Garcíaporrúa, es una creación de equipo a partir de una idea de Chaussat. Se destacan como actores-mimos, entre otros, Carlos Ruiz de la Tejera, Eduardo Vergara y Assenneh Rodríguez. El espectáculo mantiene llenos completos durante semanas en la sala Las Máscaras.[448] Felipe escribe el texto pero es ante todo creación de grupo que por su popularidad se repone al año siguiente bajo la dirección de Mario Rodríguez Alemán. Entrevistado en medio del éxito del espectáculo, Felipe afirma que "el público se inclina por lo del país" y "hay que llevar a escena de forma creciente, las obras de nuestros autores." [449]

No es hasta 1965 que se representa *Réquiem por Yarini*, a pesar de intentos anteriores. De la misma manera que *Aire frío* es el segundo aire de Piñera, el estreno de *Réquiem...* en 1965, por el Conjunto Dramático Nacional, dirigido por Gilda Hernández, es definitivo. Aunque escribe *Los compadres*, estrenada en el Lyceum bajo la dirección de Orlando Nodal, de temática contemporánea sobre el exilio, *Réquiem...* de acuerdo con la crítica, es su creación más acabada. Así todo una polémica sobre la sublimación del héroe marginal y otras incomprensiones impiden que Felipe viva su éxito a plenitud.

---

[448] Vieta, Ezequiel. "De película". *Revista Casa de las Américas.* Enero-abril, 1965. pp. 157-60.
[449] Rodríguez Herrera, Mariano. "Habla Carlos Felipe" *Bohemi*a 22 de noviembre de 1963. p. 15.

En 1961, en un aula de la Escuela para Instructores de Arte, en el antiguo hotel Comodoro, en la clase de actuación de Julio Martínez Aparicio, ensayé la Santiaguera para su autor. Era la primera vez que la veía representada y lloraba de la emoción. Agarrada a mi carterita de *flapper*, con quince años, nunca sería actriz pero guardaría para siempre esa imagen. Cuatro años después la protagoniza un elenco estelar, Helmo Hernández, Isabel Moreno, Assenneh Rodríguez y Eduardo Moure, entre otros.

En una entrevista para *Bohemia*, Reynaldo González escribe:

Alejandro Yarini anuncia por este medio que se ha instalado en Las Máscaras. Allí recibe y atiende a quienes lo visiten, de jueves a domingo. Siempre que se sale de un espectáculo los comentarios son muchos y muy diversos. Por eso, ante esta puesta en escena de *Réquiem por Yarini*, pensamos que era bueno pedir la opinión del autor, Carlos Felipe.

Réquiem... es una obra cubana de la cual uno ha oído hablar mucho y ha leído más desde que la Universidad de las Villas la publicara en el año 60, pero por diversas cuestiones no había llegado a escena, cosa, por demás nada asombroso tratándose de la creación teatral cubana, donde las obras de nuestros dramaturgos se demoran en llegar al escenario o no llegan –y siempre las razones son diversas. Pero ahora "el gallo de San Isidro" ha llegado a las tablas. Y con la puesta en escena surgen las interrogantes.

¿Fueron los sucesos tal y como la obra los presenta? ¿Interesó al autor representarlos con fidelidad, siguiendo un esquema cronológico e intentando dar cabalmente la sórdida realidad de los hechos? ¿Actuarían y hablarían así los personajes verídicos? Estas y otras preguntas nos llevaron hasta Carlos Felipe, un hombre que camina para viejo, calmo y sabichoso, que continúa estudiando música para dominar los ritmos criollos, que anota y desanota a toda hora y escribe en los parques "donde no haya nadie que me conozca".

"Es muy difícil expresar, en pocas palabras el objetivo de una obra, afirma Felipe. No la mía, sino cualquiera... Puedo decir que siempre me interesó la personalidad de Yarini, que a la vez se une a mi interés por todo lo cubano. Cuando yo era un muchacho se hablaba de Yarini como la representación viva de la masculinidad. Para mí, independientemente del medio en que se desarrolló y alcanzó su plenitud, fue síntesis del carácter del cubano simpático, subyugador, arriesgado.

¿Que el medio escogido era innoble y la profesión (?) también? ¿Pero qué cosas hacen las características del hombre cubano, independientemente del medio?

"En lo formal, desde hacía mucho tiempo quería escribir una obra partiendo de los moldes de la tragedia griega, pero integrando asunto y tratamiento cubano. Demostrar que la cubanía en el escenario no es incompatible con una corrección idiomática, una decantación del idioma popular. Quería no recurrir al realismo de la calle, a la copia fiel, que muchas veces no lo es. A la vez pienso que la realidad cubana está más allá de las apariencias y del lenguaje descuidado.

¿Si me preocupaba hacer una crítica social sobre el proxenetismo, etc.? Sí y no. Al menos, no puramente. Escribo teatro, no sociología.

[...]

"Siempre que *Réquiem...* estuvo en vías de montarse (en ensayo algunas veces) temía. Temía a la concepción de un director que se apartara demasiado de lo concebido por mí. Esta puesta en escena es muy satisfactoria. Claro, es Yarini visto por un temperamento diferente al mío, pero está también todo cuanto quise dar. En el trabajo con los actores, la dirección destaca el carácter social. Pero se ha dado cuanto concebí.

¿El verismo histórico?

— No me interesa. No me atemorizan los anacronismos ni muevo un dedo por seguir a pie juntillas la historia. En medio de una representación oí a un espectador decir "Es mentira, Yarini no murió de un estiletazo". Eso, más que atemorizarme, me alegra. Mentiroso es el mejor calificativo que me pueden dar. Más que contar una realidad dada, considero que el arte crea su propia realidad, aunque parta de un suceso real como sucede en *Réquiem...* Soy artista, no historiador o científico. Los anacronismos me son familiares y por eso digo que el verismo no me interesa.

El teatro cubano, una batalla que librar.

Seguimos y seguiremos luchando por el teatro cubano. El público ha demostrado de manera categórica su preferencia, asistiendo, repletando las salas donde se representan las obras cubanas *Aire frío*, *El robo del cochino*, *Contigo pan y cebolla*, *Santa Camila de La Habana vieja*.[450] Sin embargo, por distintas razones, esto del teatro cubano sigue siendo una batalla que ganar. Pero nuestra razón más objetiva es el público. Este se ve relacionado, se integra al escenario cuando la obra es cubana. Es una forma de votar. Llegará el momento en que el porcentaje de obras cubanas sea

---

[450] En este orden los autores de estas obras: Virgilio Piñera, Abelardo Estorino, Héctor Quintero y José Ramón Brene.

digno en la programación teatral del país. Y que comprendamos que se puede encauzar, dirigir, pero no luchar contra el gusto manifiesto de la mayoría.

Un ejemplo reciente es *El solar*.[451] A propósito, estudio música con el objetivo de integrar, de manera eficaz en algunas comedias *in menti*, el texto y la parte musical. Ahí reside el fallo de nuestras comedias musicales hasta la fecha. Una especie de divorcio entre la música y la acción dramática".

Después veremos esa versión romantizada de un burdel de la calle San Isidro, donde señoreaba un caballero distinguido y conocedor de su oficio, Alejandro Yarini".[452]

En esos años nadie hubiese osado preguntar a Piñera si sus personajes eran verosímiles o si había seguido un orden cronológico para estructurar *Jesús*. ¿O conocía a alguien parecido a *Electra Garrigó*? Pero en 1964 el tema de los autores de los cuarenta era casi intocado.

Felipe menciona el temor que sintió frente a cada uno de los proyectados estrenos de *Yarini*... Según una entrevista inédita de Armando Suárez del Villar a Carlos Felipe, en los Fondos de la Biblioteca Nacional, citada por Elina Miranda Cancela, cada vez que se aproximaba alguno, algo lo frustra, por lo general, la opinión de su hermana, la actriz Rosa Felipe.[453] Comenzada a escribir en 1947, con el barrio de San Isidro cerca, Felipe "conversaba con las putas, la gente de los muelles, los estibadores, casi todos abakuá", la opinión de Rosa la interrumpe porque temía iba a considerarse inmoral. Carlos la retoma en 1954 a partir de conocer a una de las mujeres de Yarini. Se llama *El rey de la zona* y el criterio de Rosa determina otra vez que la abandone. La versión publicada en 1960 se termina dos años antes. Según el autor, fue blanco de los extremistas. La titula *Réquiem por Yarini* "porque con

[451] Ballet de Alberto Alonso, libreto de Lisandro Otero y música de Gilberto Valdés.
[452] González, Reinaldo. "Diálogo con Carlos Felipe (Yarini entona el réquiem). *Bohemia*. 28 de mayo de 1965. p. 25.
[453] Miranda Cancela, Elina. "¿*Réquiem por Yarini*, una tragedia cubana?" *Calzar el coturno americano: mito, tragedia griega y teatro cubano*. La Habana: Tablas-Alarcos, 2006. Cito indirectamente esta entrevista no disponible hoy en la Biblioteca.

la Revolución los chulos desparecieron y también la caricatura de los chulos".

Existe el testimonio de Morín. Después de acordar con el autor suprimir el diálogo de la Macorina, que en su criterio enfatizaría el misterio del texto, con el reparto escogido y ensayos muy "prometedores", (Pedro Álvarez (Yarini), Verónica Lynn, (la Jabá), Eduardo Moure, (Lotot), Marta Farré, (la Santiaguera) y Luis Carbonell (Bebo la Reposa), Felipe llegó y les dijo.

—Mi hermana Rosa dice que la obra debe ir así porque la escribí yo y no Francisco Morín. [454]

¿Se cancelaron así sus otros estrenos de 1958? *El chino* se anuncia junto con *Ladrillos de plata,* pero nunca se ha explicado por qué no se representan. Sensible y retraído, ¿temió posibles represalias o se negó a participar en una temporada en un momento tan difícil? Pero esa justificación se desmorona porque la obra se escribe a partir de las características y necesidades de las salitas y del personaje central, Lisia, a ser interpretado por Marisabel Sáenz.

No he encontrado una crítica del montaje de *Réquiem...* que a juzgar por la cartelera, se presenta desde el 14 de mayo hasta principios de junio de 1965 con esas frases cortas que estuvieron de moda y se observan en los artículos de Leal y Calvert Casey: "El mito de la falsa elegancia", "La noche de los cuchillos en San Isidro" y "Ni tan macho ni tan bicho".[455]

---

[454] Morín, Francisco. *Por amor al arte.* Ob. cit. p. 281.
[455] En las Carteleras de la revista *Bohemia* a partir del 14 de marzo de 1965.

Eduardo Moure y Helmo Hernández, Assenneh Rodríguez al fondo.

Isabel Moreno, La santiaguera

Se dice que la puesta utilizó documentos de la época con la asesoría literaria de Gloria Parrado y Alberto Pedro padre en materia de folklore. Enérgica y decidida, Gilda Hernández comienza a dirigir, pero tiene relativa poca experiencia. Antes de repetir mi valoración del texto de *Réquiem por Yarini*, remito a ese capítulo de *Cuba: viaje al teatro en la Revolución*. [456] Sin embargo, las fotografías del álbum de Eduardo Moure (intérprete de Lotot) y la bibliografía sobre la obra, confirman su concentración y cohesión. La acción transcurre en el salón del prostíbulo en un solo lugar y en un día –el 22 de noviembre de 1910–

[456] Boudet, Rosa Ileana. "El réquiem de un Carlos llamado Felipe". *Cuba: viaje al teatro en la Revolución*. Santa Mónica: Ediciones de la Flecha, 2012.

como corresponde a la tragedia clásica, de acuerdo a la estructura aportada por Miranda Cancela. Montes Huidobro introduce el acto ritual que extiendo a las ceremonias de la obra, la llegada de Yarini, al cubilete, la aspiración del tabaco, el danzón, los caracoles y la charada. Todo es erotismo: ritual de sexualidad y sangre (Correa), hedonismo, gusto por la vida, placer por el juego, la mujer y respeto al código de hombría. Se apuntan otras aristas de *Yarini...* reprimidas por el autor, la relación de admiración y homo erotismo entre Ismael Prado, su guardaespaldas y Alejandro, así como las ambiguas, complejas y triangulares entre la Jabá, "la reina de las prostitutas", la Santiaguera y Yarini-Lotot.

En brillante revisitación, vuelven las constantes de Felipe, la búsqueda de lo perdido, la alta sociedad seducida por los barrios bajos, el magnetismo del proxeneta y el juego del rostro y la máscara, verdad y mentira con el trasfondo del burdel adornado con guirnaldas de colores, en medio de la persecución del gobierno desde donde viene "el peligro". En una atmósfera de misterio y muerte, las creencias religiosas se imbrican con el mundo mágico, los poderes de la adivinación y el designio de los dioses, no en los altares, sino en el fango (Cintio Vitier).[457] Felipe no los invoca, pero estos dictan, sin variación, el curso de los hechos, el *fatum* de acuerdo al rigor de su concepción y el modelo escogido.[458] Varios ensayos no han sido suficientes para apresar su riqueza y lo que ya es un lugar común, su "magia escénica".

Al lado de las fotografías de poca calidad de ese primer montaje, conservadas por el actor como parte de sus memorias y no para su publicación, se observa un escenario atestado de objetos y figuras –un coro de mujeres (público pasivo que mira), la Jabá medio

---

[457] Vitier, Cintio. "Eros en los infiernos". *Revista de la Biblioteca Nacional José Martí* 59. 10 (1968). pp. 168-175.
[458] Estudiado en profundidad por Miranda Cancela y Leal, Rine en "Este nuevo, este tercer libro de Carlos Felipe". *Casa de las Américas*. mayo-abril, 1968. pp. 144-145.

desconcertada y en el centro, Lotot a la izquierda (Moure) y Yarini (Hernández) en su eterno *agon*. El vestuario es atildado, decorativo, sin pátina. El escenario minúsculo de Las Máscaras acogió *Aire frío*, un drama de familia, pero *Réquiem...* necesitaba más aire, no más espacio físico sino amplitud en la concepción. Por eso en posteriores montajes rebasó el marco cerrado y se alió al ritual. En otra fotografía, más conocida, la Santiaguera baja la cabeza en signo de sumisión y entrega.

Casi todas las representaciones posteriores a 1965, a excepción de la dirigida por Gerardo Fulleda León, son versiones. "Porque su sustancia es aleatoria, ha escrito el dramaturgo-director, gracias a la provocación que nos despierta, y que nos lleva [...] a interpretarlo, a contar la experiencia de la trama desde el punto de vista que nos toca y atañe." La nota se inserta en una encuesta sobre las veinte mejores obras del siglo XX cubano. [459] Piñera y Felipe de nuevo al ruedo se escogen con sus caballos de batalla. Sin embargo en la mayoría de las puestas, *Réquiem...* se aligera o cambia (se introducen personajes a partir de la línea argumental o inspirados en el texto) y surge *Baroko* (Rogelio Meneses, Cabildo Teatral, 1990), *La vida en rosa* (Raquel Carrió-Flora Lauten, Teatro Buendía, 1999) y el montaje de Huberto Llamas, con la comunidad como trasfondo y copartícipe. (Plaza Vieja, 1991). Pero esos guiones no se publican. Lo más cercano a *La vida...* son las notas al programa y un artículo y de *Baroko*, una descripción crítica.[460] Los años 90 reescriben los clásicos. Nadie se sorprende. Los montajes de Piñera y Felipe más recientes son reinterpretaciones.

El 16 de junio de 1967 el grupo Jorge Anckermann estrena *Tambores*, puesta de Modesto Centeno, más de veinte años después de

---

[459] Fulleda León, Gerardo. "Más allá de la magia y el misterio" *La Ma Teodora* 3-4 abril sept, 1999. p. 51.
[460] Carrió, Raquel. Notas al programa tomadas de "*La vie en Rose*: un intertexto musical" (mayo, 1999). Martiatu, Inés María. "Baroko: el rito como representación". *La Escena Latinoamericana*. Año 1, no 1 (1993): 33-37.

escrita. Una reparación. Se realiza en un momento de intensa politización.

En 1973 Matías Montes Huidobro le dedica un extenso estudio en el que esboza sus constantes temáticas y sus relaciones con el mundo erótico y el ideal martiano, enriquecidas en sus otros libros. [461] Entre 1967 y 1978 hay dos ediciones cubanas. Entre 1984 y 1988 aflora un nuevo interés por su teatro. Armando Correa discute su tesis en el Instituto Superior de Artes (1984) y Escarpanter y Madrigal editan su *Teatro* (se rescata "Esta noche en el bosque", "La bruja en el obenque" y "Tambores").[462] El misterio sobre el destino de sus obras inéditas se acrecienta y la distancia se hace insalvable. ¿Se conservan acaso *El divertido viaje de Adelita Cossi, La bata de encaje o Tren para mi noche criolla?* Por los años que nos separan de sus últimas creaciones, pareciera que son irrecuperables o Felipe las destruyó. Sin su hermana Rosa, que sale al exilio y sin su madre, a la que asiste en su enfermedad hasta el final, no se conoce actividad teatral alguna de Felipe entre 1968 y 1975. En su última edición cubana reitera: "El teatro cubano es mi meta absoluta". En el programa de mano de la puesta de *Réquiem...* en Los Ángeles, Leal inquieta a los estudiosos. Escribe "No me gusta hablar de mí mismo" me dijo Felipe una noche antes de morir."[463] ¿Es posible que Felipe nos dejara, como su personaje, no el enigma de una leontina de brillantes, sino de su "caudal de comedias"?

---

[461] Montes Huidobro, Matías. *Persona, vida y máscara en el teatro cubano*. Miami: Ediciones Universal, 1973.
[462] Correa, Armando. "Carlos Felipe: al encuentro con la imagen". *Tablas* 1 (1984, enero-marzo). pp. 13-23. *Teatro* de Carlos Felipe en edición de Escarpanter y Madrigal citada.
[463] Puesta de Yvonne López Arenal en Los Angeles Theatre Centre. Notas al programa de Rine Leal, Caracas, 1994.

Baroko, versión de Rogelio Meneses con el Cabildo Teatral Santiago.(1990)
En primer plano Angel Elisástegui (Bebo la Reposa) y Fátima Patterson (la Jabá).
Al centro, fondo, Agustín Quevedo (Yarini.). Cortesía de Carlos Padrón.

El último Piñera

Hasta que la edición crítica de la obra de Virgilio Piñera lo desmienta, con tantas nuevas aproximaciones a su creación, "El trac" es su última pieza terminada aunque escribía "¿Un pico y una pala?" cuando le sorprende la muerte. El conjunto de sus obras «rechazadas» ("Los siervos", "Clamor en el penal" y "En esa helada zona") y los «inconclusos» e ¿inéditos? recuperarán la totalidad.

El último Virgilio, de finales de los sesenta, quiere sintonizar con las experiencias más audaces del país y el mundo, conmocionado no sólo con el éxito de *La noche de los asesinos* de José Triana, sino con el teatro representado en los escenarios habaneros. Es uno de los períodos más ricos de su obra y más difíciles de comprender. En el recitativo-monólogo que escribe para Alicia Bustamante "Ejercicio de estilo o nacimiento de las palabras", parte integrante de *Juego para actores,* dirigido por Guido González del Valle (1969), se acerca a las posibilidades sonoras y rítmicas de la palabra más allá de su significado. La actriz "babeliza", la luz debe concentrarse sobre su boca mientras las alumbra con la ayuda del público. Desde un altoparlante –con rango de personaje– se oyen voces "sueltas y vociferadas". Con las manos en el vientre, la intérprete debe pronunciar, entre otras, FETOSER, FETOSIENDO, FETUMBILICAL.

A los vocablos compuestos-deformados-inventados, le siguen otros, mientras (¿el director?) indica que dilate o delire o realice una contracción con cierto autoritarismo. Una voz femenina por el aparato dice un verso "profético y engalanado". "Durante el recitativo, la actriz mostrará todo el furor y el rapto que se supone mostraba la pitonisa", acota. Al final, el cono de luz vuelve a detenerse en la boca parlante y desmesurada con el grito de ¡Ella nace! y un juego con expresiones del sonido de la ye a manera de aliteración, completa el ejercicio de estilo y de colaboración con un director escénico.

Obra minimalista para un solo actor y una voz grabada como únicos elementos requeridos, *El trac* (1974) es austera y "pobre" frente a la exuberancia de *Electra Garrigó*. Aquí un posible argumento es irreconocible. En el escenario, hay veinte estacas de madera y el actor camina a través de ellas o se detiene y acompaña el recorrido con "sonidos inarticulados" y "movimientos bruscos". Son "ejercicios" y para ser creados en el momento de la representación, con lo que la contribución directa y explícita del intérprete se establece por primera vez en su escritura. Se trata de un hombre que inventa su propio juego. Uno que articula-desarticula las palabras con la intervención de una grabación. A pesar de emplear sonoras onomatopeyas (trac, fiat, lux, plash, clash), vocablos sin sentido o reelaborados, términos compuestos, en un juego aparentemente destructor, reivindica a los grandes poetas del Siglo de Oro, Calderón y los sonetos de Lope de Vega y Quevedo. Si en *La última cinta de Krapp*, de Beckett (1962), prevalece una relación con el magnetófono, Piñera recurre a una cinta que en *off* fija para la posteridad los versos de algunos autores, entre ellos, su poema de 1963 "Mientras moría."[464] Extenuado del verbo, la pieza termina con la afirmación "podemos comenzar… /podemos comenzar". El énfasis debía convertirse en murmullo. Subyace la oposición entre la elegíaca estrofa sobre el final de la vida y la propuesta de reanudarla.

Cuando fue representada, en el apartamento de Vicente Revuelta, para un escaso público de invitados, en el Vedado, en 1999, en una atmósfera de desolación y precariedad tan afines a la obra, "El trac" decía más que cualquiera otra acerca de la permanente búsqueda que

---

[464] "… Expirando/encima de mi boca desbocada/ordenando mi escoria/mi contraria/colocando mis huesos en la nada/y vomitando mi imagen funeraria".

recorre su obra. Alexis Díaz de Villegas y el gran director realizan la intuición de Virgilio, la que no logró representar. La relación intérprete-maestro se confunde cuando el autor del drama deja atrás un texto centrado en su logos para aventurarse en las propuestas de un imaginativo actor.

En otras ocasiones he relacionado "El trac" con su artículo "Los dos cuerpos", titulado antes en la revista *Conjunto* "Se habla mucho...", "un hombre empeñado en encontrarse consigo mismo mediante la fusión de su cuerpo de carne y huesos con su cuerpo-teatro" [...] ya que el teatro es "un cuerpo, con brazos, cuerpo, cara y carácter". [465] El teatro es un cuerpo-teatro, y él asume su carnalidad con todos los riesgos de la aventura. Sin embargo, un rastreo más atento me hace pensar que, aunque fechado en 1969 por *Albur*, la revista universitaria que lo publica en 1990 "Contra y por la palabra" expone con más claridad el devenir desde "Ejercicio..." hasta "El trac". [466] Muy preocupado por lo que llama el esplendor, el declive y la muerte de las palabras que hemos recibido fosilizadas, a pesar de que la cibernética y la astronáutica han inscrito nuevas, éstas —escribe en su artículo— no han hecho más que extenuar el lenguaje. Propone "babelizar para desbabelizarme" como en el siguiente diálogo.

Pansebur interdiponeta solfalón

Solfalón dursepan damecalófago diponeta

---

[465] Piñera, Virgilio. "Los dos cuerpos". *Tablas* 2 (2001): 21-22.
[466] Piñera, Virgilio. "Contra y por la palabra". *Albur* XI (mayo de 1990) 143-144. Recogido en *Albur: revista cultural cubana*. Izivate González, Diana María y González Cruz, Iván (ed.). Valencia: Generalitat Valenciana, 2002. En *Virgilio Piñera al borde de la ficción* que lo ubica en *La Gaceta de Cuba* no. 80. La Habana, febrero-marzo, 1970. p. 8. p. 655-658.

Como Mitrídates logró inmunizarse contra el veneno con el veneno mismo, el autor quiere que "mitridaticemos el babelismo recurriendo al propio babelismo" para instaurar un nuevo lenguaje desprovisto de lógica, su homenaje a Artaud, que tiró la primera piedra. Con sus obras de mediados de los setenta es, dentro de los grandes autores, el latinoamericano más cercano al teatro posdramático de Lehmann junto a Robert Wilson, Heiner Muller y Elfriede Jelinek, entre tantos, pero que como casi toda teoría europea, mira de soslayo a otras zonas del mundo.[467] Virgilio subvierte el teatro entendido como "drama" y se reinventa. Es imprevisible lo lejos que hubiese llegado por este camino. A pesar del abrumador desinterés que estas últimas piezas han despertado (también *El arropamiento sartorial en la caverna platómica* (1971) y *Las escapatorias de Laura y Oscar* (1973) entre estudiosos, críticos y directores teatrales, como en 1948, Virgilio anticipó el futuro.[468]

De lo ridículo a lo sublime no hay más que un paso o *Las escapatorias de Laura y Oscar*, escrita en 1973, (otros deben tener más referencias de su proceso de escritura) y publicada en *Primer Acto* en 1988 (Rine Leal adelantó el texto que aparecería catorce años después) es sobrecogedor que a la edad en la que muchos autores se atrincheran en su zona de seguridad y no se aventuran fuera de lo conseguido, Piñera se proponga algo muy diferente: hacer una pieza en verso, calderoniana, barroca y desmesurada. Desmitifica la idea del viaje (presente en uno de sus "inconclusos"). Con mucha imaginación, hay algo de su periplo en el Reina del Pacífico en 1958, relatado en carta a Rodríguez Feo, donde las damas a bordo realizan concursos de vómitos. Virgilio Piñera la consideró, con Edgar Allan Poe, un "drama de locos". En *Una caja de zapatos vacía*, Berta dice "Si está loco puede hacer algo. El único modo

---

[467] Lehmann, Hans-Thies. *Postdramatic Theatre*. Nueva York: Routledge, 2006. Cf. Traducción de Paula Riva del prólogo en www.telondefondo.org no. 12 (dic.) 2010.
[468] Un aparte es la puesta de María Elena Ortega, quien dirigió *Un arropamiento sartorial...* en La Habana (1992).

de hacer las cosas en grande es enloqueciendo." El destino de Oscar no será enloquecer sino como Orestes en *Electra...*, partir, escapar de la mano de Laura −real o soñada− como a Buenos Aires partió Oscar en *Aire frío*. Siempre existe una Electra-Luz Marina-Laura que prepara la partida, sólo que en *Las escapatorias...* el ciclo se clausura: "no hay salida posible; lo hemos perdido todo; sólo nos queda el juego del gato y del ratón". Escrita en verso y dividida en jornadas, continúa su preocupación por los ejercicios de respiración, en angustiosos alaridos, voluptuoso y calderoniano gran teatro del mundo. En el escenario, poblado de sillas y maletas, el padre de Oscar lleva un ano artificial color plateado y Coralia, en su seno izquierdo, un monograma con a letra C, de cáncer o cangrejo, como padecía La Mujer de *El álbum* En la primera jornada Oscar se dispone a traspasar el umb a para encontrar lo nuevo. "Cuando den un paso dejarán atrás [...] la cara de lechuza de la madre de Silvia,/la nariz de Pinocho del padre de Mercedes/ la belleza insolente y voraz de Coralia/el ano artificial del tío de tu padre,/la baba permanente del idiota de enfrente,/el mal parkinsoniano de mi primo Rodolfo/ la ablación inminente del seno de Pilar/ la epilepsia morada de tu tío Manolo,/y la eterna cojera de Fermín el filósofo." En la segunda, en un anfiteatro, desnudos, esperan el avión de las ocho. Pero Laura desiste ya que "la única salida es hacia otra ratonera." El viaje o la huida ocurre en un ambiente de sueños como oníricos son los atributos de los personajes y las alusiones al decorado. La muerte es una presencia insistente como la música de John Coltrane.

Los viajeros esperan a los que regresan: la madre, confiada en las aguas de Carlsbad para una curación; Manolo parte "para morir un poco", Coralia, a un *fashion show*, Rodolfo, a Calcuta para remediar su Parkinson. Y aunque la esperanza se ha cifrado en el viaje, los personajes se fugan pero abandonan sus maletas: "puras ficciones de un mundo enloquecido". En la quinta jornada, Laura y Oscar han naufragado y dialogan sobre una balsa "en un mar de utilería". La imagen de la balsa en medio del mar ficticio y acartonado es muy poderosa y tal vez hay que pensar en la danza que tantas obras osadas ha creado a partir de Piñera.

Sumario

Pórtico	1
La puesta en escena 1940-1945	5
Experimentos en la Academia	41
Guerra al telón pintado: Carlos Felipe	63
Críticas de *El chino*	71
Antes de Electra	79
Electra o la provocación	88
El estreno	109
¿Los críticos contra *Electra Garrigó*?	135
¿Teatro de la fruta podrida?	183
De Tambores al travieso Jimmy	196
Jesús García, vecino de Aguacate no. 5	203
Críticas de *Capricho en rojo* y *Jesús*	209
Farsas de un ciclón	224
Atelier: la mala palabra	235
Puntos de vista en 1958	252
Resurrección de Electra	262
Electra electriza	273
Imágenes	278
En la tercera vuelta de Electra	282
Witoldo, Jarry y Virgilio	288
Pirandello, el sainete y Felipe	299
Aires fríos	303
Electra 1964	334
El último Felipe	339
El último Piñera	350

Documentos

El chino por Manuel Casal	72
El chino por Francisco Ichaso	74
¿Los críticos contra Electra Garrigó?	
Notas al programa de Virgilio Piñera	136
Electra Garrigó por María Zambrano	139
Electra Garrigó por Francisco Ichaso	143
Electra Garrigó por José Manuel Valdés Rodríguez	147
Electra Garrigó por Luis Amado Blanco	150
Electra Garrigó por Mirta Aguirre	157
Electra Garrigó por Matilde Muñoz	161
Electra Garrigó por Manuel Casal	166
¡Ojo con el crítico...! Por Virgilio Piñera	171
Los intocables por Luis Amado Blanco	176
Editorial de la revista *Prometeo*	181
Capricho en rojo por M. Rodríguez Alemán	209
Capricho en rojo por Manuel Casal	212
Capricho en rojo por Regina	213
Capricho en rojo por Mirta Aguirre	216
Jesús por Luis Amado Blanco	220
Puntos de vista de 1958.	
Cubanidad postiza por Luis Amado Blanco	252
Seudo criolla por Héctor García	256
La boda por José Massip	259
En la tercera vuelta de Electra	
Notas al programa de Virgilio Piñera	282
Rine R. Leal	283
José Corrales Aguiar	335
Antón Arrufat	337